उत्तर प्रदेश का स्वतंत्रता संग्राम

गोंडा

संरक्षण

योगी आदित्यनाथ

माननीय मुख्यमंत्री, उत्तर प्रदेश

मार्गदर्शन

श्री जयवीर सिंह

माननीय मंत्री, संस्कृति एवं पर्यटन विभाग, उत्तर प्रदेश

निर्देशन

श्री मुकेश कुमार मेश्राम

प्रमुख सचिव, संस्कृति एवं पर्यटन विभाग, उत्तर प्रदेश

अध्यक्ष-संस्थान

श्री शिशिर

निदेशक, संस्कृति निदेशालय, उत्तर प्रदेश

उपाध्यक्ष-संस्थान

राज्य स्तरीय परामर्श समिति

श्री मुकेश कुमार मेश्राम

प्रमुख सचिव, संस्कृति विभाग, उत्तर प्रदेश शासन—अध्यक्ष

श्री शिशिर

निदेशक, संस्कृति निदेशालय, उत्तर प्रदेश—सदस्य

श्री आनन्द कुमार

विशेष सचिव, संस्कृति विभाग, उत्तर प्रदेश शासन—सदस्य

प्रो. आर.के.पी. सिंह

कुलपति, डॉ. शकुंतला मिश्रा राष्ट्रीय पुनर्वास वि.वि., लखनऊ—सदस्य

प्रो. आलोक कुमार राय

कुलपति, लखनऊ वि.वि., लखनऊ—सदस्य

डॉ. आनन्द कुमार सिंह

निदेशक, उत्तर प्रदेश संग्रहालय निदेशालय, लखनऊ—सदस्य

प्रो. सूर्य प्रसाद दीक्षित

पूर्व अध्यक्ष, हिंदी विभाग, लखनऊ विश्वविद्यालय—सदस्य

डॉ. विद्याबिंदु सिंह

वरिष्ठ साहित्यकार, लखनऊ—सदस्य

प्रो. डी.पी. तिवारी

पूर्व अध्यक्ष, प्राचीन भारतीय इतिहास विभाग, लखनऊ विश्वविद्यालय—सदस्य

डॉ. रवि भट्ट

इतिहासवेत्ता, लखनऊ—सदस्य

डॉ. लवकुश द्विवेदी

निदेशक, अयोध्या शोध संस्थान, संस्कृति विभाग, उत्तर प्रदेश—सदस्य/सचिव

उत्तर प्रदेश का स्वतंत्रता संग्राम

गोंडा

डॉ. निशा गहलौत

कार्यकारी संपादक

डॉ. लवकुश द्विवेदी

राजकमल प्रकाशन

ESTD.-1986

अयोध्या शोध संस्थान के सहयोग से

ISBN : 978-93-94902-47-3

मूल्य : ₹500

पहला संस्करण : 2023

प्रकाशक : राजकमल प्रकाशन प्रा. लि.
1-बी, नेताजी सुभाष मार्ग, दरियागंज
नई दिल्ली-110 002

शाखाएँ : अशोक राजपथ, साइंस कॉलेज के सामने, पटना-800 006
पहली मंजिल, दरबारी बिल्डिंग, महात्मा गांधी मार्ग, प्रयागराज-211 001

वेबसाइट : www.rajkamalprakashan.com
ई-मेल : info@rajkamalprakashan.com

शब्द संयोजन : राजकमल प्रकाशन प्राइवेट लिमिटेड, दिल्ली-110 002

मुद्रक : बी.के. ऑफसेट
नवीन शाहदरा, दिल्ली-110 032

Uttar Pradesh Ka Swantantrata Sangram : GONDA
by Nisha Gahlot
Executive Editor : Dr. Lavkush Dwivedi

भूमिका

गोंडा जनपद की स्वातंत्र्य चेतना भारत के प्रथम स्वतंत्रता संग्राम से भी बहुत पहले की है। पौराणिक कालीन है। सतयुग में भगवान विष्णु ने अपने तीसरे अवतार वाराह के रूप में यहीं सरयू-घाघरा के संगम स्थल सूकर खेत में अवतरित होकर हिरण्याक्ष से त्रस्त धरती को मुक्ति दिलाई थी। कालांतर में यह पुण्यभूमि तीर्थ रूप में प्रतिष्ठित हुई। यहाँ के सघन वन, प्राकृतिक सौंदर्य और नदियों ने अपनी संयुक्तता में इस भू-क्षेत्र को ऋषि-मुनियों के ध्यान और साधना की उपयुक्तता प्रदान की। अयोध्या के इक्ष्वाकुवंशीय चक्रवर्ती राजाओं की अभय छत्रच्छाया में यह पूत भूमि आश्रम संस्कृति का केंद्र बनी और कितनी ही अभूतपूर्व घटनाओं की साक्षी भी। राजा दशरथ का पुत्रेष्टि यज्ञ, हिरण के भ्रम में दशरथ के तीर से श्रवण कुमार का वध, अगस्त मुनि का अल्पकालीन विश्राम, च्यवन, पाराशर, शौनक और जमदग्नि ऋषि का आश्रम, महाभाष्यकार पतंजलि का निवास, रघुवंशीय राजा दिलीप द्वारा नंदिनी गाय की सेवा और पुत्र-प्राप्ति का वरदान, दशरथ और राम की गायों का गोचारण, भगवान बुद्ध का संचरण और विश्राम, पांडवों के अज्ञातवास काल में यहाँ निवास, राम-कथा के अमर रचनाकार तुलसी का जन्म और विवाह इसी प्रकार की घटनाएँ हैं, जिन्होंने अपनी समग्रता में इस भू-क्षेत्र के अतीत को गौरव दिया है।

देश की स्वतंत्रता के निमित्त गोंडा जनपद के रियासतदारों ने जिस उत्कट वीरता और जुझारूपन से अंग्रेजी सेना के दाँत खट्टे किए, विशेषकर गोंडा नरेश देवी बख्श सिंह ने अपने प्राणों की बाजी लगाकर जिस शौर्य के साथ शत्रु सेना का मुकाबला किया, वह जितना श्लाघनीय है, उतना प्रणम्य भी। राष्ट्रीय आंदोलन के सभी चरणों में गोंडा जनपद की निरंतर सक्रियता रही है।

भारत को स्वतंत्र करवाने के लिए पूरा देश ही संघर्ष में कूद पड़ा था। अभीष्ट की प्राप्ति के लिए राष्ट्रभक्तों ने अमानवीय यातनाएँ सहीं, मातृभूमि की बलिवेदी पर अपने प्राणों को निछावर कर दिया। देश की आजादी के लिए अमानवीय कष्ट सहनेवाले और अपने प्राणों का उत्सर्ग करनेवाले इन राष्ट्रभक्तों में से कितनों के नामों से आज हम अवगत भी नहीं हैं।

उत्तर प्रदेश के मुख्यमंत्री योगी आदित्यनाथ जी का 'आजादी के अमृत महोत्सव' के अवसर पर उत्तर प्रदेश के प्रत्येक जिले के स्वतंत्रता-संग्राम-इतिहास को लेखनबद्ध करवाना निश्चित रूप से एक सराहनीय प्रयास है। इससे देश गुमनामी के अँधेरे में छिप गए उन सभी स्वतंत्रता संग्राम सेनानियों से परिचित हो सकेगा, जिन्होंने देश की स्वतंत्रता महत उद्देश्य को प्राप्त करने में अपना योगदान दिया था।

गोंडा की पावन भूमि के स्वतंत्रता संग्राम-इतिहास के लेखन का दायित्व मिलना मुझे सौभाग्य जैसा प्रतीत हुआ। इस भू-क्षेत्र का अप्रतिम पौराणिक और ऐतिहासिक महत्त्व भी मेरे लेखकीय उत्साह के प्रेरक बने।

स्थानीय सक्सेरिया बालिका विद्यालय (अब सरजू प्रसाद कन्या पाठशाला) में मेरी स्कूली शिक्षा और स्थानीय लाल बहादुर शास्त्री स्नातकोत्तर महाविद्यालय में एक दशक से अधिक किए गए मेरे अध्यापन ने मुझे सदैव के लिए यहाँ के प्रति भावनात्मक लगाव से बाँधे रखा। लेखन के ब्याज से गोंडा आवागमन का लालच भी इतिहास लेखन के अनुषंगिक कारणों में से एक था। वस्तुतः इस क्षेत्र के लोगों की आत्मीयता, सहज और निष्कपट स्नेह तथा सदैव दूसरों की मदद को प्रस्तुत रहने का भाव बड़ी आसानी से अपना बना लेता है। इस पुस्तक की सामग्री एकत्रण में मैं बार-बार इस सुखद अनुभूति से गुजरी हूँ। पुस्तक लिखने में मैं महाविद्यालय के सहयोगी रहे प्रसिद्ध साहित्यकार डॉ. सूर्यपाल सिंह, महाविद्यालय की ही सहयोगी स्नेही बहन डॉ. उर्मिला देवी सिंह और उनके पति श्री यादवेंद्र सिंह के प्रति श्रद्धावनत तथा महाविद्यालय में मेरे छात्र रहे डिप्टी सेल्स टैक्स कमिश्नर श्री भूपाल बहादुर के सहयोग के प्रति कृतज्ञ हूँ।

—निशा गहलौत

क्रम

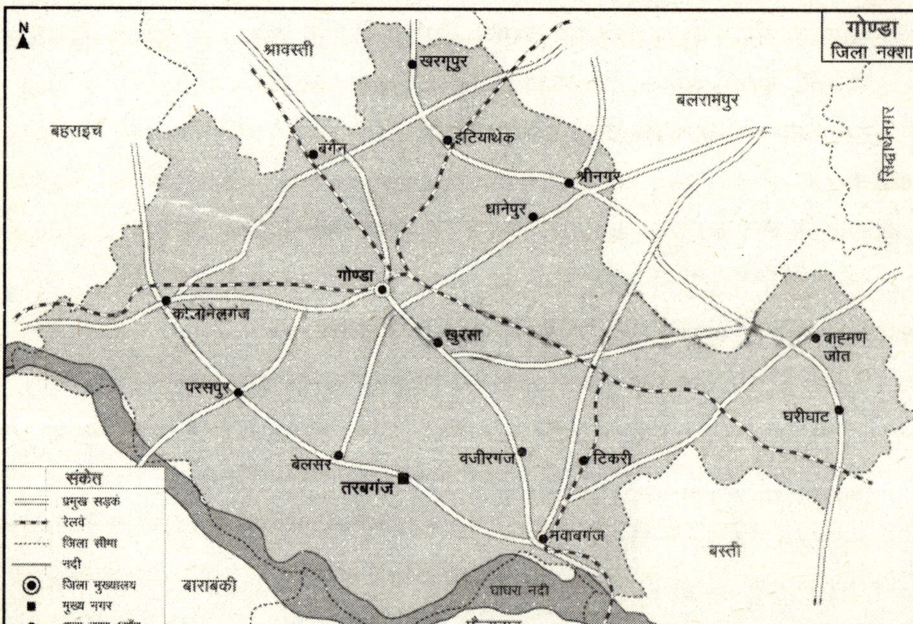
गोण्डा
जिला नक्शा
N
श्रावस्ती
खरगुपुर
बलरामपुर
बहराइच
बगैन
इटियाथेक
सिद्धार्थनगर
श्रीनगर
धानेपुर
गोण्डा
खुरसा
वाह्मण
जोत
परसपुर
घरीघाट
बेलसर
वजीरगंज
टिकरी
तरबगंज
नवाबगंज
बस्ती
बाराबंकी
घाघरा नदी
फैजाबाद
संकेत
प्रमुख सड़क
रेलवे
जिला सीमा
नदी
जिला मुख्यालय
मुख्य नगर
अन्य नगर / गाँव

अध्याय : 1

गोंडा जनपद : एक परिचय

गोंडा उत्तर प्रदेश के 75 जिलों में 26वाँ सबसे बड़ा जिला है। उत्तर प्रदेश की राजधानी लखनऊ से इसकी दूरी 130 किलोमीटर और भारतवर्ष की राजधानी नई दिल्ली से 665 किलोमीटर है। उत्तर प्रदेश के उत्तर-पूर्वी भाग में स्थित यह जिला देवी पाटन डिवीजन के अंतर्गत आता है। इसका मुख्यालय गोंडा में है।

सन् 1856 तक गोंडा 'अवध' का एक भाग था, परंतु बाद में इसको नया जिला बना दिया गया। देश की आजादी के समय इस जिले में तीन तहसीलें थीं—गोंडा, तरबगंज और उतरौला। 1 जुलाई, 1953 को उतरौला तहसील को विभाजित कर दो तहसीलें बनाई गईं—बलरामपुर तथा उतरौला। सन् 1987 को तीन नई तहसीलों का गठन हुआ—करनलगंज, तुलसीपुर और मनकापुर। सन् 1997 तक बलरामपुर तहसील गोंडा के अंतर्गत थी, परंतु 25 मई, 1997 को बलरामपुर को गोंडा से अलग कर उसे नए जिले का दर्जा दे दिया गया।

वर्तमान समय में गोंडा जिले का प्रशासनिक और राजनीतिक स्वरूप इस प्रकार है—4 तहसीलें—इनके नाम इस प्रकार हैं—गोंडा, करनलगंज, तरबगंज और मनकापुर, 16 बलॉक, 2 लोकसभा क्षेत्र, 7 विधान सभा क्षेत्र, 1 न्यायालय, 17 पुलिस स्टेशन, 347 डाकघर, 3 नगर पंचायत, 166 न्याय पंचायत, 3 नगर पालिका परिषद, 154 ग्राम पंचायत, 10 शहर और 821 गाँव।

4,003 वर्ग किलोमीटर क्षेत्र में फैला गोंडा जिला बलरामपुर, बस्ती, बहराइच, बाराबंकी और फैजाबाद जिलों के मध्य स्थित है। इसके उत्तर में श्रावस्ती, पूरब में बस्ती, दक्षिण-पश्चिम में बाराबंकी और उत्तर-दक्षिण में बहराइच जिले अवस्थित हैं।

सन् 2021 में गोंडा जनपद की जनसंख्या 29,78,539 थी। वर्तमान में यह संख्या 34,00,000 से ऊपर जा चुकी है। यहाँ साक्षारता दर 59 प्रतिशत हैं।

गोंडा जनपद में हिंदू धर्म के अनुयायी बहुसंख्यक हैं। इसके बाद मुस्लिम, सिक्ख, ईसाई, जैन तथा बौद्ध मतावलंबी हैं।

हिंदुओं की अनेक जातियाँ इस जनपद में निवास करती हैं। सबसे बृहत संख्या ब्राह्मणों की है। फिर अहीर, कोरी, कुर्मी, राजपूत, कहार, मुराव, दलित, वैश्य, तेली, लोनिया, कुम्हार, कायस्थ, नाई, गोसाईं, कलवार, बरई, भड़भूजा, लोहार, भर, केवट और खटिक जाति के लोग हैं। डोम, नट, कंजर और कलंदर जैसी खानाबदोश जातियाँ भी यहाँ अल्पसंख्यक तौर पर थीं, पर समयांतराल में ये खानाबदोशी छोड़कर स्थायी निवासी हो गए।

थारू तथा बरवार यहाँ की विलक्षण जातियाँ हैं। इनकी गणना जनजाति में की जाती रही है। थारू लोग तुलसीपुर के आसपास और बरवार मनकापुर के आसपास बसे हुए हैं। प्रगति की दृष्टि से बरवार थारुओं से काफी आगे हैं। अधिकांश बरवार कृषि और नौकरी क्षेत्र में उतर आए हैं। कुछ लोग तो तरक्की करते हुए पी.सी.एस., एम.एल.ए. और एम.पी. जैसे महत्त्वपूर्ण प्रशासनिक और राजनीतिक पद तक भी पहुँच चुके हैं। स्वतंत्रता से पूर्व थारुओं का मुख्य व्यवसाय खेती था। आजादी के बाद इनमें भी विकास की चेतना जाग्रत हुई। धीरे-धीरे ये भी शिक्षा, ऊँची नौकरी तथा तकनीकी क्षेत्र में आगे आ रहे हैं। नेपाल और भारत के सीमावर्ती तराई क्षेत्र में निवास करनेवाला थारू जनजाति गोंडा जनपद में भी बसी हुई है। इनके शारीरिक लक्षण प्रजातीय मिश्रण के द्योतक हैं। मंगोलीय तत्त्व की प्रधानता होते हुए भी इनका भारतीयों के साथ साम्य है। यह जनजाति हिंदू धर्म मानती है और हिंदुओं के सभी त्योहार मनाती हैं।

गोंडा जनपद की भौगोलिक और प्राकृतिक स्थिति

भू-तात्त्विक संरचना की दृष्टि से गोंडा जनपद गंगा मैदान का ही एक अंश है, जिसका निर्माण गंगा की सहायक नदी घाघरा तथा राप्ती द्वारा निक्षेपित अवसादों से हुआ है। भू-गर्भशास्त्रियों द्वारा इन निक्षेपित अवसादों के परीक्षणोपरांत ज्ञात हुआ है कि ये अवसाद हिमालय पर्वतीय शैलकणों के परिवर्तित रूप हैं। स्पष्टतः इनकी उत्पत्ति हिमालय पर्वतीय शैल की उत्पत्ति के बाद हुई होगी।

भौगोलिक दृष्टि से गोंडा जनपद का विस्तार 26.46^0 डिग्री से 27.50^0 डिग्री देशांतर पूर्व में है तथा 81.33^0 से 82.46^0 देशांतर पूर्व में है। इसकी अधिकतम लंबाई उत्तर-दक्षिण 109 किलोमीटर तथा अधिकतम चौड़ाई पूर्व-पश्चिम 106 किलोमीटर है।

प्राकृतिक रचना की दृष्टि से गोंडा जनपद को 3 उपसंभागों में विभाजित किया जा सकता है—

(1) तराई क्षेत्र (2) उपरहर क्षेत्र (3) तरहर क्षेत्र

तराई क्षेत्र गोंडा जनपद का उत्तरी भाग है। यह भाग छोटे-बड़े पत्थर के टुकड़ों तथा दलदल से रचित है। यहाँ की मिट्टी भारी, चिकनी और चिकनी दोमट है। यहाँ अपेक्षाकृत वर्षा अधिक होती है। उपरहर क्षेत्र तराई क्षेत्र के दक्षिण भाग में विस्तृत है। यह क्षेत्र खादर से निर्मित तथा जनपद का सर्वाधिक उपजाऊ क्षेत्र है। यहाँ की मिट्टी दोमट तथा बलुई दोमट है। उपरहर के दक्षिण में तरहर संभाग है। यहाँ तरी की अधिकता है। संभवत: इसी कारण इसे तरहर कहा गया। मनकापुर के समीपस्थ वनाच्छादित भू-क्षेत्र भी है। यहाँ की मिट्टी बलुई और बलुई दोमट है।[1]

प्राचीन काल में गोंडा जनपद का क्षेत्र सघन वनों से आच्छादित था। इस क्षेत्र का अंधवन (श्रावस्ती) पूरे भारतवर्ष में प्रसिद्ध था। यहाँ अब विगत जैसा सघन वन क्षेत्र न होने के बाद भी आज भी यहाँ का काफी भू-भाग वनों से ढका है। इस क्षेत्र का टिकरी वन उल्लेखनीय है।

टिकरी वन के अलावा इस जनपद की नदियों के किनारे भी वन उपलब्ध होते हैं। इनमें मनकापुर के समीपस्थ पलाश वन है। इस वन में जंगली सूअर, हिरन, बंदर आदि वनचर बहुलता में देखे जाते हैं। विशेषकर यहाँ मोरों की उपलब्धता है। जंगली पशुओं में शेरों की संख्या इस क्षेत्र में अप्रत्याशित रूप से बढ़ी है। अरंगा झील में वन विभाग ने पशु विहार बनाया है। यहाँ विभिन्न प्रजातियों के दुर्लभ पक्षी उपलब्ध हैं। साथ ही, जलीय वनस्पतियों की दुर्लभ जातियाँ भी इस झील में पाई जाती हैं।

इस क्षेत्र की मुख्य नदियाँ हैं—घाघरा, सरयू, कुआनो, बिसुही, मनवर और टेढ़ी।

घाघरा : घाघरा गोंडा जनपद की दक्षिणी सीमा पर प्रवाहित होनेवाली इस क्षेत्र की सर्वाधिक बड़ी नदी है। इसका उद्‌गम हिमालय है। वहाँ से यह नदी कौड़ियाला के रूप में प्रवाहित होती हुई भारत में प्रविष्ट होती है। बहराइच जिले में आकर यह सरयू की एक धारा के साथ मिल जाती है। तदुपरांत यह गोंडा जिले की दक्षिणी-पश्चिमी सीमा से प्रवेश करती है और 88 किलोमीटर का मार्ग तय कर अयोध्या पहुँचती है। घाघरा बहुत बड़ी नदी है। इसका पाट बहुत चौड़ा है। वर्षाकाल में यह नदी प्राय: जलाधिक्य के कारण निकटवर्ती क्षेत्रों में बाढ़ का कारण बनती है। घाघरा से सरयू कैनाल विकसित कर दिए जाने के कारण अब आम दिनों में नदी का प्रवाह सामान्य बना रहता है। इस नदी के बायें किनारे पर तटबंध निर्मित किया गया है।

सरयू : घाघरा की भाँति यह नदी भी हिमालय से निकली है। 16वीं शताब्दी के निकट बहराइच जिले में यह नदी प्राकृतिक कारणों से दो धाराओं में विभक्त हो गई। आज यह नदी बहराइच नगर के निकट से होते हुए करनलगंज तहसील के उत्तरी भाग से गोंडा

जनपद में प्रविष्ट होती है। करनलगंज शहर से पश्चिम होते हुए यह नदी पसका के पास घाघरा में मिलती है। राम-काव्य से संबंधित और अयोध्या पुण्य धाम में प्रवाहित होने के कारण इस नदी के साथ जन सामान्य की धार्मिक भावनाएँ संयुक्त हैं। इस नदी की सहायक नदियों में बेलई और कुड़वा हैं।

कुआनो : कुआनो नदी गोंडा जनपद के उत्तर में प्राकृतिक सीमा जैसी है। यह नदी बहराइच जिले के एक नाले से निकली है। यहाँ से 13 किलोमीटर के विस्तार तक इस नदी का स्वरूप एक नाले जैसा ही है। खरगूपुर के उत्तर में यह गोंडा जिले में प्रवेश करती है। यहाँ से चार किलोमीटर पहले इसका स्वरूप एक नदी-सा हो जाता है। यह नदी गहरी है, पर इसका पाट सँकरा है। संभवतः इसी कारण इसे कुआनो अर्थात कुआँ नाम दिया गया। इसका पुराना नाम कुर्द बताया जाता है। जैदहा, पिडार और सिंगहा नाले का पानी इस नदी में गिरता है। सर्पाकार बहती इस नदी की विशेषता है कि यह कभी अपना पाट नहीं बदलती। गोंडा जनपद की उत्तरी सीमा पर प्रवहमान यह नदी सिद्धार्थ नगर और बस्ती जनपद में प्रवेश करती है। इस नदी के दोनों तट पर स्थित जामुन, महुआ के पेड़ तथा बेंतों के कुंज इसके तट को शोभा प्रदान करते हैं। इस नदी का जल नीला है।

बिसुही : कुआनो नदी के दक्षिण में एक नाले के रूप में बिसुही नदी बहती है। यह नदी बहराइच जनपद के चितौरा नामक तालाब से निकलकर कुआनो के साथ बहती हुई 112 किलोमीटर के बाद कुआनो में ही एकरूप हो जाती है। गोंडा जनपद के पश्चिमी भाग में इस नदी का पाट केवल चार-पाँच मीटर है, किंतु जब यह कुआनो में सम्मिलित होती है, तब इसके पाट की चौड़ाई 10-12 मीटर तक विस्तृत हो जाती है। सामान्यतः बिसुही नदी में पानी कम ही रहता है, किंतु वर्षाकाल में यह पूर्ण नदी का रूप धारण कर लेती है। इस नदी का जल मटमैले रंग का है। पुराने समय में इस नदी के तट पर टाँगन जाति के अश्व मिलते थे। घोड़ों की यह प्रजाति अब लुप्त-सी हो गई है।

मनवर : यह नदी बिसुही नदी के दक्षिण में प्रवहमान होती हुई मनकापुर पार करके बस्ती जिले में प्रविष्ट होती है। मनकापुर से पहले कई जगहों पर मनवर नदी बिलकुल किसी नाले जैसी प्रतीत होती है। चमनई नाम का नाला गोंडा जनपद के सुभागपुर से निकलकर टिकरी वन के निकट मनवर में मिल जाता है। मनवर नदी इटिया थोक से दक्षिण-पश्चिम में तिर्रेमनोरमा नाम के पोखर से निकली है।

टेढ़ी : टेढ़ी नदी बहराइच जनपद में बघेल नाम के तालाब से निकली है। यह गोंडा जनपद की पश्चिम-उत्तर सीमा से प्रवेश कर गोंडा शहर के दक्षिण भाग से प्रवाहित होती

हुई पहले दुर्जनपुर घाट और फिर लकड़मंडी के पास प्रवहशील होती है। अयोध्या के समीप पहुँचकर यह घाघरा में मिल जाती है। इस नदी में बहुत-से नाले मिलते हैं। इन नालों में चंदहा और बगुलहा नाले मुख्य हैं। गोंडा के कलहंस राजवंश की सातवीं पीढ़ी के राजा अचल नारायण सिंह का समग्र राजमहल, उनके परिवार और कर्मचारियों सहित इस नदी की विकराल बाढ़ में जलमग्न हो गया था। इसके बाद यहाँ विसेन क्षत्रियों का राज्य स्थापित हुआ।

नदियों के अतिरिक्त यहाँ पथरी, पार्वती, कोंडर और अरंगा जैसी झीलें तथा सोहिला और बरसोत जैसे जल से भरपूर तालाब भी हैं। समग्रतः जल की दृष्टि से यहाँ की स्थिति पर्याप्त संतोषजनक है।

नदी बहुल क्षेत्र होने के कारण गोंडा जनपद एक उपजाऊ कृषि क्षेत्र है। कृषि यहाँ का मुख्य व्यवसाय है। यहाँ धान, गेहूँ, मक्का और तंबाकू की खेती की जाती है। खनिज के नाम पर यहाँ केवल बालू की उपलब्धता है।

सन् 2006 में पंचायती राज्य मंत्रालय ने गोंडा जिले को पिछड़े जिले का नाम दिया था, परंतु विगत पंद्रह वर्षों के दौरान गोंडा निरंतर विकास के पथ पर गतिशील रहा है। गोंडा जनपद की महत्त्वपूर्ण उपलब्धि है—मैजापुर क्षेत्र में स्थित चीनी मिल प्रशासन के द्वारा 455 करोड़ रुपये की लागत से एथनॉल प्लांट का लगाया जाना। इसका उद्घाटन उत्तर प्रदेश के मुख्यमंत्री योगी आदित्यनाथ के द्वारा किया जा चुका है। इस प्लांट द्वारा अनुमानतः 350 किलो लीटर एथनॉल का उत्पादन किया जाएगा। इससे पेट्रोल और डीजल की आसमान छूती कीमतों के दौर में जन सामान्य को बहुत राहत मिलेगी।

उद्योग की दृष्टि से मनकापुर में स्थित टेलीफोन इंडस्ट्री उल्लेखनीय है। यह भारत की छह टेलीफोन इंडस्ट्रियों में से एक है। इसके अतिरिक्त भारत की सबसे बड़ी चीनी मिल बजाज हिंदुस्तान शुगर मिल लिमिटेड कुंदरखी (मनकापुर) में है। इस मिल में सन् 1990 में शारदा शुगर एंड इंडस्ट्री को भी संयुक्त कर दिया गया है।

इन महत्त्वपूर्ण उद्योगों के अतिरिक्त गोंडा जनपद में कई छोटे-मोटे उद्योग भी हैं जो उत्पादन के साथ जरूरतमंदों को रोजगार के अवसर उपलब्ध करा रहे हैं।

प्रागैतिहासिक गोंडा

प्राचीन काल में गोंडा कोसल के अंतर्गत था। ऐतिहासिक काल के पूर्व गोंडा विषयक जानकारी अत्यल्प होने के बावजूद प्राचीन ग्रंथों तथा ऐतिहासिक स्थलों की खुदाई से प्राप्त तथ्य इस स्थल के गौरवपूर्ण विगत को इंगित करते हैं। इस जनपद की प्राचीनतम

जानकारी के अनुसार आज से लगभग 6,000 वर्ष पूर्व संपूर्ण आर्यावर्त पर मनु का साम्राज्य था। मनु ने अपने साम्राज्य को अपने नौ पुत्रों में विभाजित कर दिया। मनु के ज्येष्ठ पुत्र इक्ष्वाकु आर्यावर्त के मध्य देश के अधिपति बने। इक्ष्वाकु की ही वंश परंपरा में युवनाश्व हुए। युवनाश्व के पुत्र श्रावस्त ने अचरिवती (वर्तमान राप्ती) नदी के तट पर एक नगर बसाया। श्रावस्त के नाम पर यह नगर श्रावस्ती कहलाया। उस समय यह पाँच बड़े नगरों में से एक था। श्रावस्ती वर्तमान गोंडा जनपद का ही क्षेत्र है। ईसवी प्रारंभ के आसपास 'गोंडा' शब्द का प्रचलन हो चुका था। उस समय लिखे गए 'मत्स्य पुराण' में श्रावस्ती नगरी का गोंडा में स्थित होने का उल्लेख है।[2] गोंडा जनपद का क्षेत्र सघन वनों से आच्छादित होने के कारण गोचारण के लिए उपयुक्त माना जाता था। अत: इसे 'गोनर्द' कहते थे, जिसका आशय है, गाय के कुलेल करने का स्थान। अपनी पुस्तक 'गोंडा : अतीत तथा वर्तमान' में जगदेव सिंह ने 'गोनर्द' की व्युत्पत्ति इस प्रकार बताई है—

गाव: नर्दंति यत्र तद् गोनर्दम्—अर्थात वह भूमि जहाँ गायें कुलेल करती हों।[3]

'गोनर्द' शब्द ही भाषायी विकास के क्रम में 'गोंडा' रूप में विकसित हुआ। महाभाष्यकार पतंजलि इसी क्षेत्र में हुए थे। इस कारण उनका एक नाम गोनर्द भी है। राजा दशरथ और राम की गायें इस स्थल पर गोचारण के लिए आती थीं।

श्रावस्त की 49वीं पीढ़ी में हुए महाराजा दिलीप को नि:संतान होने के कारण गुरु वशिष्ठ द्वारा तीन सप्ताह तक तपोमय जीवन व्यतीत करने और गौ सेवा का परामर्श दिया गया। तब इसी क्षेत्र में उन्होंने नंदिनी गाय की सेवा की और उससे पुत्र-प्राप्ति के वरदान स्वरूप पुत्र रघु को प्राप्त किया। रघु से रघुकुल की परंपरा चली, जिसमें अज, दशरथ और श्रीराम आदि हुए।

सरयू के उत्तरी तट का अटवी प्रदेश राजा दशरथ का प्रिय आखेट क्षेत्र था। हिरण के भ्रम में मातृपितृ भक्त श्रवण कुमार पर शब्दबेधी बाण चलाकर उसका वध करने का प्रसंग सुप्रसिद्ध है। गोंडा जनपद में मसकनवा के समीप श्रवण का वधस्थल आज भी मौजूद है। वह 'श्रवण पाकर' नाम से जाना जाता है।

पुत्र-प्राप्ति की कामना से दशरथ ने ऋषि वशिष्ठ के आदेशानुसार शृंग ऋषि द्वारा पुत्रेष्टि यज्ञ किया था। यज्ञ में आचार्यों ऋत्विजों—होता, उद्गाता, अध्वर्यु, ब्रह्मा आदि के साथ अनेक ब्राह्मणों, तपस्वियों को आमंत्रित किया गया था।[4]

इस यज्ञभूमि के अवशेष आज भी गोंडा भू-भाग में उपस्थित हैं और वे 'मखौड़ा' नाम से जाने जाते हैं।

वनवास से लौटकर राम ने आर्यावर्त पर अपना एकच्छत्र साम्राज्य स्थापित किया। इन्होंने कोसल साम्राज्य के दो भाग कर दिए—उत्तर कोसल तथा दक्षिण कोसल। गोंडा उत्तर कोसल के अंतर्गत था। उत्तर कोसल के अधिपति बने राम के पुत्र लव और दक्षिण कोसल के अधिपति बने पुत्र कुश। लव ने उत्तर कोसल की राजधानी श्रावस्ती को बनाया। इंडियन हिस्टोरिकल क्वार्टली भाग-1, पृ.-162 के हवाले से जगदेव सिंह जी ने उद्धृत किया है कि भगवान राम के पहले कुछ समय के लिए एक बार श्रावस्त कोसल प्रदेश की राजधानी भी रही।[5]

गोंडा जनपद का इतिहास

महाभारत के युद्ध के पश्चात गोंडा भूमि पर शासन करनेवाले अंतिम सूर्यवंशी सम्राट प्रसेनजित हुए। ये महात्मा गौतमबुद्ध के समवयस्क थे। प्रसेनजित के समय से इतिहास का स्वरूप लक्षित होने लगता है। अत: प्रसाद के 'अजातशत्रु' नाटक की भूमिका में डॉ. रामचंद्र तिवारी प्रसेनजित को प्रथम ऐतिहासिक राजा कहते हुए लिखते हैं, "प्रसेनजित अवध के भू-भाग में स्थित इतिहास प्रसिद्ध 'कोसल' राज्य का प्रथम ऐतिहासिक राजा था। प्राचीन काल में कोसल का भारत के सोलह महाजनपदों में महत्त्वपूर्ण स्थान था। मगध साम्राज्य के उदय के साथ इसका महत्त्व कम होने लगा।[6]

डॉ. ब्रजविलास पांडेय ने अपने लेख 'गोंडा जनपद की सांस्कृतिक पृष्ठभूमि' में लिखा है, "प्रसेनजित के शासन काल तक यहाँ का समाज स्वस्थ गणतंत्रीय परंपरानुसार चल रहा था। उस समय यहाँ धर्म, समाज अर्थतंत्र, दर्शन एवं आध्यात्मिक विज्ञान काफी उन्नत अवस्था में था। प्रसेनजित की मृत्यु के उपरांत इस भू-भाग में अव्यवस्था व्याप्त हो गई।[7]

इक्ष्वाकु वंश के बाद कोसल (वर्तमान गोंडा जनपद इसी का भू-क्षेत्र था) का शासन शिशुनाग वंश के अजातशत्रु के हाथ में आ गया। अजातशत्रु मगध के शासक बिंबसार का उत्तराधिकारी था। इसने कोसल और वैशाली को जीतकर अपने राज्य का विस्तार किया था। अब कोसल का संचालन मगध से होने लगा। अजातशत्रु के बाद शासन की बागडोर क्रमशः दर्शक, उदयन, नंदिवर्धन और महानंदिन के हाथ में आई। कोसल का शासन प्रबंध पूर्वत: मगध से संचालित होता रहा। परिणाम यह हुआ कि यहाँ की उन्नति बाधित हुई और श्रावस्ती का वैभव क्षीण होने लगा।

शिशुनाग वंश के अवसान के बाद मगध के साथ कोसल की सत्ता नंदवंश के हाथों में आ गई। इस शासन काल में भी कोसल की स्थिति संतोषजनक नहीं रही।

नंदवंश के पतन के साथ मौर्य राज्य की स्थापना हुई। मौर्यवंशीय शासक चंद्रगुप्त और बिंदुसार के सुदीर्घ राज्यकाल में कोसल प्रदेश ने पर्याप्त विकास किया। मौर्यवंश के ही शासक अशोक के समय पूरे देश ने उन्नति के शिखर का स्पर्श किया। मौर्य सम्राट वृहद्रथ की मृत्यु के साथ मौर्यवंश समाप्त हो गया।

अंतिम मौर्य शासक वृहद्रथ के प्रधान सेनापति पुष्यमित्र शुंग ने वृहद्रथ की हत्या कर शुंग वंश की नींव डाली और राष्ट्र गौरव को पुनर्स्थापित करने का प्रयास किया। सिंधु नदी तक का भारत यवनों की राजनीतिक दासता से मुक्त कराने का श्रेय पुष्यमित्र को है। यवन शासक के राजदूत हेलियोडोरस ने पुष्यमित्र शुंग के शासन काल में विदिशा के महाराज भागभद्र के दरबार में रहते हुए वैष्णव धर्म में दीक्षित होकर अपना नाम वासुदेव धारण किया था। किसी यवन के भारतीयकरण की यह प्राचीनतम घटना है। पुष्यमित्र ने भारत पर हुए विदेशी और यवन आक्रमणों का समूल उच्चाटन कर इन विदेशियों को भारत के सांस्कृतिक और सामाजिक ताने-बाने में लपेटकर भारत की राष्ट्रीय जीवनधारा में विलीन कर लिया। पुष्यमित्र सत्यार्थों में सनातनी हिंदू था और हिंदुत्व के विचारों को बढ़ाकर भारतीय परंपरा और संस्कृति की रक्षा कर रहा था।

पुष्यमित्र का साम्राज्य उत्तर में हिमालय से लेकर दक्षिण बरार तक तथा पश्चिम पंजाब से लेकर पूर्व मगध तक फैला था। 'अयोध्या अभिलेख' के अनुसार पुष्यमित्र ने दो अश्वमेध यज्ञ करवाए थे जो उसके राज्य-विस्तार के उद्‌देश्य और सनातन धर्म की कामना के द्योतक हैं। इस समय कोसल की राजधानी अयोध्या होने से अयोध्या के साथ गोंडा का भी विकास हुआ। पुष्यमित्र के राज्यकाल में संस्कृत को बढ़ावा मिला, संस्कृत के कई महत्त्वपूर्ण ग्रंथ रचे गए। 'मनुस्मृति' इसी काल की रचना है।

भाषायी विकास के क्रम में संस्कृत अपने पूर्व रूप से बहुत भिन्न हो गई। अतः संस्कृत के रूप को स्थिर करने के लिए गोनर्द प्रदेश के निवासी पतंजलि ने पाणिनी के व्याकरण ग्रंथ 'अष्टाध्यायी' पर वृहत 'महाभाष्य' की रचना की।[8]

शुंगवंश के विलासी सम्राट देवभूति की हत्या के बाद उसके मंत्री वसुदेव ने कण्ववंश की स्थापना की। कण्व का राज्यकाल चार दशकों से अधिक रहा। इसके पश्चात आंध्र शिमुक ने आंध्रवंश की स्थापना की। गोंडा इस दौरान इन दो वंशों के अधीन रहा।

ईसा से लगभग 40 वर्ष पूर्व मध्य एशिया की जाति कुषाण वंश के संस्थापक फुजुल कडफिसेस के वंशज कनिष्क बख्तिया ने यहाँ कुषाण वंश की स्थापना की। बलशाली सम्राट कनिष्क ने साकेत के राजा को हराकर कोसल प्रदेश पर अपना आधिपत्य स्थापित कर लिया। कनिष्क की गणना एशिया के महानतम सम्राटों में की जाती है। इनका साम्राज्य

तरीन बेसिन में तुर्फन से लेकर गांगेय मैदान और समस्त उत्तर भारत में बिहार और उड़ीसा तक फैला था।

कुषाणवंश के बाद नागवंश और भारशिव शक्ति-संपन्न बने। भारतवर्ष का अधिकांश भाग भारशिव राजाओं के अधीन हो गया। इन्होंने अपनी राजधानी वाराणसी बनाई। उस समय गोंडा वाराणसी का ही एक अंग बन गया।

नागवंश और भारशिव का प्रभुत्व समाप्त होने के बाद गुप्तवंश की स्थापना हुई। गुप्त शासन काल लगभग 200 वर्षों तक रहा। इस काल में गोंडा सहित समग्र भारत में शांति और समृद्धि का वातावरण कायम हुआ। गुप्तों ने अपनी राजधानी साकेत अर्थात अयोध्या से हटाकर पाटलिपुत्र को बना दिया, जिससे अयोध्या और गोंडा पूर्ववत महत्त्व स्थापित न कर सके।

'अयोध्या का इतिहास' में लाला सीताराम ने उल्लेख किया है कि इस वंश के चंद्रगुप्त विक्रमादित्य ने अयोध्या में 360 मंदिर बनवाए थे, जिसमें से कई मस्जिद के रूप में विद्यमान हैं। उल्लेख है कि राम जन्मभूमि को सन् 1528 में मस्जिद का रूप दे दिया गया था। अमृतलाल नागर ने 'गदर के फूल' पृष्ठ 67-68 पर अयोध्या के श्रीराम गोपाल पांडेय 'शारद' के हवाले से बताया है कि बाबा रामचरण दास और अमीर अली ने अयोध्या की श्रीराम जन्मभूमि जिसे मुसलमान बाबरी मस्जिद कहते हैं, हिंदुओं को वापस दिलाने के लिए राजी कर लिया था। 26 जून, 1857 को फैजाबाद की बादशाही मस्जिद में मुगल सम्राट बहादुरशाह के दामाद मिनी इलाहीबख़्श ने मुसलमानों की सभा आकूत कर अंग्रेजों की पक्षधरता की। इस पर उपस्थित मुसलमानों ने उत्तेजित होकर इलाहीबख़्श पर हमला बोल दिया। अमीर अली ने मुसलमानों से कहा—हमारा फर्ज है कि अयोध्या की राम जन्मभूमि, जिसे हम बाबरी मस्जिद कहते हैं, जो हकीकत में रामचंद्र जी की जन्मभूमि के मंदिर को जमींदोज करके शहंशाहे-हिंद बादशाह बाबर ने बनवाई थी, हिंदुओं को वापस दे दें। इससे हिंदू-मुस्लिम इत्तहाद की जड़ इतनी मजबूत हो जाएगी कि जिसे अंग्रेजों के बाप भी नहीं उखाड़ सकेंगे। इस समाचार को सुनकर अंग्रेजों में घबराहट फैल गई थी।

अवध प्रांत में गुप्त साम्राज्य का दूसरा चिह्न देवी पाटन (तुलसीपुर) का मंदिर है। दूसरी शताब्दी ईसवी में विक्रमादित्य ने इस प्राचीन मंदिर का पुनर्निर्माण करवाया था।

गुप्त राजाओं द्वारा वैदिक धर्म का पुनरुद्धार हुआ। यज्ञ होने लगे, वैदिक देवताओं, विष्णु के अवतारों और शिव की शक्तियों की पूजा-अर्चना प्रचलित हो गई। वाराही मंदिर, देवीपाटन और पृथ्वीनाथ महादेव मंदिरों का जीर्णोद्धार हुआ। वर्तमान समय में

वाराही मंदिर तरबगंज तहसील में गोंडा मुख्यालय से 37 किलोमीटर दूर स्थित है। यहाँ से कुछ किलोमीटर दूर वाराह मंदिर है, जहाँ पर पौष चतुर्दशी को प्रसाद चढ़ाने की परंपरा है।[9]

गुप्त राज्य के पराभव के बाद गोंडा पर कन्नौज के मौखरियों का शासन रहा।[10] 606 ई. में मौखरी वंशीय राजा गृहवर्मन के वध के बाद शासन सत्ता बैस क्षत्रिय राजा हर्षवर्धन के हाथ आ गई। इनका वंश पुष्यभूति नाम से प्रसिद्ध था। इस समय गोंडा कन्नौज राज्य की एक भुक्ति अर्थात कमिशनरी था, जिसका मुख्यालय श्रावस्ती में था। श्रावस्ती का वैभव इस समय तक उजड़ चुका था।

हर्षवर्धन की मृत्यु के बाद अर्जुन तथा अर्जुन के बाद यशोवर्धन सत्तासीन हुए। राजधानी पूर्ववत कन्नौज रही और पहले की भाँति गोंडा जनपद उसकी भुक्ति बना रहा। इसके बाद शासन सत्ता गुर्जर प्रतिहारों के हाथ में आ गई। आठवीं शताब्दी में गोंडा जनपद कन्नौज के प्रतिहारों के अधीन रहा।

सन् 1018-1019 में प्रतिहार राजा राजपाल के शासन काल में महमूद गजनवी का हमला हुआ। महमूद गजनवी ने जी भरकर लूटपाट की और मंदिरों को नष्ट किया। दुर्बल राजा महमूद गजनवी का प्रतिरोध न कर सका। 1019 में बुंदेलखंड के चंदेल वंशीय युवराज विद्याधर और ग्वालियर नरेश ने कन्नौज पर आक्रमण कर दिया। युद्ध में राजपाल मृत्यु को प्राप्त हुआ। गोंडा 920 के लगभग प्रतिहारों के हाथ से निकल गया।

यवन आक्रमण से संत्रस्त होकर कुछ लोग गोंडा भू-भाग की ओर चले आए। इनमें राजपूत बहुसंख्यक थे। इन राजपूतों ने इस क्षेत्र में अपनी भिन्न-भिन्न रियासतें कायम कीं। आज भी गोंडा जनपद के विभिन्न क्षेत्र इन क्षत्रिय राजाओं की रियासत के नाम से जाने जाते हैं। इन क्षत्रिय राजाओं में एक नाम है बैस क्षत्रिय राजा त्रिलोकचंद्र का। राजा त्रिलोकचंद्र ने 918 ई. में दिल्ली के राजा विभवपाल को हराकर पूरे अवध क्षेत्र पर अपनी सत्ता कायम कर ली थी। इन्होंने श्रावस्ती का भुक्तिपाल (कमिश्नर) अपने पुत्र मयूरध्वज को बनाया। मयूरध्वज की परंपरा में सुहृदध्वज आते हैं। इनको सुहेलदेव नाम से जाना जाता है। कामता प्रसाद जैन ने अपनी पुस्तक 'श्रावस्ती नरेश सुहेल' देव में बताया है कि सुहेलदेव के राज्य में 21 सामंत थे। इन सामंतों ने गोंडा की भूमि पर अनेक ऐतिहासिक कार्य किए। इनमें सामंत कर्णदेव द्वारा तुलसीपुर के निकट निर्मित कर्णगढ़ नामक सुदृढ़ किले का निर्माण तथा सामंत जगमणि देव और सुजौली के सामंत बलभद्र देव द्वारा वन क्षेत्रों का उद्धार तथा निशानगढ़ दुर्ग का निर्माण उल्लेखनीय है।

राजा सुहेलदेव के शासन काल में महमूद गजनवी के भानजे सैयद सालार मसऊद ने कोसल प्रदेश पर हमला कर दिया। सुहेलदेव ने डटकर मुकाबला किया। सन् 1034 ई. को टेढ़ी नदी के किनारे सुहेलदेव ने मसऊद को मार गिराया। जगदेव सिंह ने लिखा है—

"मध्यकालीन भारत के इतिहास में यह प्रथम और संभवतः अंतिम घटना है जब भारत पर आक्रमण करनेवाला एक धर्मांध आततायी अवध (गोंडा) के ही एक देशभक्त योद्धा के हाथों मारा गया।"[11]

मसऊद की पराजय के बाद 300 वर्षों तक किसी मुस्लिम आक्रमणकारी को अवध पर चढ़ाई करने का साहस नहीं हुआ।

लगभग 50 वर्ष बाद चंद्रदेव गहड़वाल ने श्रावस्ती के राजा को मारकर इस भू-खंड पर अपनी सत्ता कायम कर ली। इस प्रकार सन् 1085 से गोंडा जनपद का संचालन पुनः कन्नौज से होने लगा और यह कन्नौज साम्राज्य का एक प्रांत भर रह गया। चंद्रदेव गहड़वाल ने प्रायः संपूर्ण उत्तर प्रदेश पर अपना अधिकार स्थापित कर लिया। सन् 1114 में गोविंद चंद्र गहड़वाल सत्तासीन हुए। इनकी रानी कुमारदेवी बौद्ध मतानुयायी थीं। उन्होंने श्रावस्ती के बौद्ध विहारों का जीर्णोद्धार कराया। स्वयं गोविंद चंद्र द्वारा भी बौद्ध भिक्षुओं को श्रावस्ती के निकटस्थ छह गाँव दान करने का उल्लेख मिलता है। कन्नौज की सत्ता सँभालनेवाले अंतिम नरेश हरिचंद्र थे। 1225 ई. में इल्तुतमिश द्वारा कन्नौज अधिकृत होने के साथ गहड़वाल वंश का अंत हो गया।

शाहबुद्दीन गोरी भारत में लूट-पाट कर अपना विजित प्रदेश अपने गुलाम कुतुबुद्दीन ऐबक को सौंप कर लौट गया। 24 जून, 1206 को कुतुबुद्दीन ऐबक के दिल्ली की गद्दी पर बैठने के साथ गुलाम वंश की स्थापना हुई और इस प्रकार भारत भूमि पर मुस्लिम सत्ता का सूत्रपात हुआ। कुतुबुद्दीन की मृत्यूपरांत इल्तुतमिश दिल्ली की गद्दी पर बैठा। इसका बड़ा बेटा नासिरुद्दीन महमूद अवध क्षेत्र का सूबेदार नियुक्त हुआ। यह गोंडा जनपद का प्रथम मुस्लिम प्रशासक था।

इस समय गोंडा जनपद के तराई क्षेत्र में भर, डोम और बंजारा जाति के लोग छोटे-छोटे भू-क्षेत्रों के मालिक बने बैठे थे। इनमें आए दिन लड़ाइयाँ होती रहती थीं। यहाँ के रियासतदारों में भी सामंजस्य का अभाव था। इस बिखराव का लाभ उठाते हुए नासिरुद्दीन महमूद ने तराई क्षेत्र पर हमला कर दिया। उसका लक्ष्य था—धर्म और राज्य का विस्तार। इस युद्ध में कत्लेआम हुआ। गोंडा जनपद में भीषण रक्तपात की यह सबसे बड़ी घटना मानी जाती है।

भारतवर्ष में मुस्लिम बादशाहत के सूत्रपात के साथ समानांतर रूप से हिंदुओं पर अत्याचार की भी शुरुआत हो गई। गुलाम वंश के बाद सत्तारूढ़ हुए खिलजी वंश के सुल्तानों ने भी अन्य प्रदेश की भांति गोंडा जनपद में भी अनेक अत्याचार किए। कमोबेश यही स्थिति तुगलक राजवंश के कार्यकाल में भी बनी रही।

अवध क्षेत्र पर मुस्लिम शासन स्थापित होने के साथ ही इस क्षेत्र में खोरासा और मनकापुर ताल्लुकों का प्रादुर्भाव हुआ। बांधलगोती क्षत्रिय राम सिंह ने ग्यारहवीं शताब्दी के पूर्वार्द्ध में इस भू-क्षेत्र के अधिपति मानिक भर का वध कर मनकापुर राज्य की स्थापना की। जगदेव सिंह ने अपनी पुस्तक 'गोंडा : अतीत तथा वर्तमान' के पृष्ठ संख्या 75 पर उल्लेख किया है कि, "मनकापुर गाँव की स्थापना कहा जाता है, मानिक नाम के किसी भर सरदार ने की थी। उसने इस क्षेत्र में बसे थारुओं को तराई में खदेड़कर भगा दिया, अपने नाम पर गाँव बसाया और एक विस्तृत क्षेत्र पर अपना अधिकार कर लिया।"

बांधलगोती राजाओं की परंपरा के मनकापुर के अंतिम राजा प्रताप सिंह की हत्या कर दी गई। गोंडा के महाराजा दत्तसिंह की पत्नी और प्रताप सिंह की माँ भागमानी सगी बहनें थीं। रानी भागमानी ने दत्तसिंह के छोटे पुत्र अजमत सिंह को मनकापुर का राजा बना दिया। इस प्रकार यहाँ बिसेनवंशियों के राज्य का प्रारंभ हुआ।

डुमरिया डीह के डोम राजा उग्रसेन द्वारा एक ब्राह्मण कन्या से बलात विवाह करने की हठवादिता पर कन्या के पिता ने कड़ा मानिकपुर के सूबेदार ऐनुद्दीन के यहाँ गुहार लगाई। ऐनुद्दीन ने सहजसिंह कलहंस को भेजा। उग्रसेन और सहजसिंह के युद्ध में उग्रसेन मारा गया और उग्रसेन का शासन प्रबंध सहजसिंह के हाथों में आ गया। इस प्रकार गोंडा में कलहंस राजवंश की स्थापना हुई, जिसकी राजधानी खोरासा थी। इस राजवंश ने 200 वर्षों तक राज्य किया। इस राजवंश की सातवीं पीढ़ी में अचल नारायण सिंह हुए। बिसेन क्षत्रिय राजा पृथ्वीमल्ल इनके प्रधान सेनापति थे। कहा जाता है, एक ब्राह्मण के अभिशापवश टेढ़ी नदी की बाढ़ में राजा और उसके कर्मचारियों सहित समूचा राजमहल जल में समा गया। आज इस स्थान पर पथरी झील है।

अचल नारायण सिंह की मृत्यूपरांत 1540 ई. में पृथ्वीमल के कनिष्ठ पुत्र प्रताप मल्ल खोरासा के अधिपति बने। इस प्रकार खोरासा में बिसेन राज्यवंश स्थापित हुआ। महाभारत कालीन द्रोणाचार्य के पुत्र अश्वत्थामा के वंशधर राजा विश्वसेन के नाम पर यह राजवंश 'बिसेन' कहलाया।

प्रताप मल्ल की तीसरी पीढ़ी में मानसिंह हुए। ये शिकार के शौकीन थे। तराई के जंगलों में पकड़ा गया हाथी मुगल सम्राट जहाँगीर को भेंट करने पर उसने इन्हें 'राजा' की उपाधि दी।

कहते हैं, एक बार शिकार खेलने के लिए मानसिंह उस स्थान पर आ पहुँचे, जहाँ वर्तमान गोंडा नगर है। तब यह स्थान जंगली पेड़ों और झाड़ियों से आच्छादित था। मान सिंह ने इस स्थान पर नगर बसाने का विचार किया और जल्दी ही अपने विचार को कार्यरूप में परिणत किया। इस प्रकार आज से 400 वर्ष पूर्व गोंडा नगर की स्थापना का श्रेय राजा मानसिंह को है। इन्होंने खोरासा की जगह गोंडा को अपनी राजधानी बनाया। 1885 ई. में ब्रिटिश सरकार ने गोंडा को स्वतंत्र जिला बना दिया।

मानसिंह की तीसरी पीढ़ी के राम सिंह 1665 ई. में गोंडा के राजा हुए। इनके राज्यकाल में बिसेन राजवंश के प्रभुत्व में वृद्धि हुई। रामसिंह के बाद उनके बड़े बेटे दत्त सिंह गोंडा के राजा बने। ये अत्यंत पराक्रमी और साहसी व्यक्ति थे। इन्होंने बस्ती से लेकर बाराबंकी तक का क्षेत्र अपने अधिकार में कर लिया। इन्होंने गोंडा राज्य को अवध की सूबेदारी तथा दिल्ली सल्तनत के नियंत्रण से अलग कर एक स्वतंत्र राज्य के रूप में स्थापित किया। गोंडा की यह स्वतंत्रता 1780 तक कायम रही।

दत्त सिंह की मृत्यु के बाद उनके बड़े बेटे अद्वैत सिंह गोंडा के और छोटे बेटे अजमत सिंह मनकापुर के राजा बने। अद्वैत सिंह की मृत्यु के बाद गोंडा की सत्ता उनके बड़े पुत्र मंगल सिंह को मिली, किंतु जल्दी ही इनकी हत्या कर दी गई। मंगल सिंह के पुत्र राजा शिवप्रसाद सिंह गोंडा राज्य के अधिपति बने। ये अवध के नवाब के बहुत विश्वासपात्र थे। नवाब ने गोंडा के चारों ओर 6 मील तक अर्धव्यास के क्षेत्र की मालगुजारी की माफी दे दी थी।

राजा शिवप्रसाद के बाद जयसिंह गोंडा के राजा बने। जयसिंह के व्यवहार से असंतुष्ट होकर अवध के नवाब आसफुद्दौला ने इन्हें दंड देने के लिए विशाल सेना भेजी। युद्ध में जयसिंह की हार हुई। इन्होंने भिनगा के किले में शरण ली। फिर वहीं वे मरे भी। अब राज्य का प्रबंध अवध सरकार के हाथ में चला गया। कुछ समय बाद यह रानी फूल कुँवरि को दे दिया गया।

आसफुद्दौला की मृत्यु के बाद अवध की गद्दी पर विराजे नवाब सआदत अली खाँ का आधा राज्य अंग्रेजों ने छीन लिया। सन् 1798 में अवध की सत्ता सँभालते ही नवाब सआदत अली खाँ ने आधा प्रांत आभार स्वरूप अंग्रेजों को भेंट कर दिया, क्योंकि अंग्रेजों ने ही उनको गद्दी पर बैठाया था।[12]

राज्य आधा बँट जाने पर आमदनी भी आधी रह गई। आमदनी बढ़ाने के लिए अधीनस्थ ताल्लुकों पर सख्ती की जाने लगी। उससे गोंडा भी प्रभावित हुआ।

जयसिंह की विधवा रानी फूल कुँवरि ने राजा गुमान सिंह को गोद लिया। कालांतर में गुमान सिंह सिंहासनारूढ़ हुए। इस समय तक गोंडा राज्य आंतरिक कलह और सत्ता

की छीना-झपटी के कारण शक्तिहीन हो चुका था। स्थिति का लाभ उठाकर दीवान टिकैत राय के भाई निर्मल ने विशाल सेना लेकर गोंडा पर चढ़ाई कर दी। अब गोंडा राज्य का प्रबंध सरकार के हाथों में आ गया।

राजा गुमान सिंह निःसंतान थे। उनकी पत्नी भगवंत कुँवरि ने गुमान सिंह के भतीजे और दलजीत सिंह के पुत्र देवी बख्श सिंह को गोद ले लिया।

देवी बख्श में हर दृष्टि से एक सुयोग्य शासक के गुण मौजूद थे। दुर्भाग्यवश परिस्थितियाँ उनके प्रतिकूल रहीं। भाषायी ज्ञान के अतिरिक्त देवी बख्श सिंह मल्लयुद्ध, घुड़सवारी, तैराकी, तीर और अस्त्र-शस्त्र चलाने में निष्णात थे। नवाब वाजिद अली शाह के दुर्दांत घोड़े को काबू में करके इन्होंने नवाब और उनकी माँ का दिल जीत लिया था। नवाब ने अपना 'सब्जा' घोड़ा और बेशकीमती तलवार इन्हें उपहार में दी। नवाब की माँ मलिका किश्वर ने इनको अपना बेटा मान लिया और अंत तक इस संबंध का निर्वाह किया।

फरवरी, 1856 ई. में अवध प्रांत को ब्रिटिश अमलदारी में शामिल कर गोंडा को बहराइच कमिशनरी के अंतर्गत एक अलग जिला बना दिया गया। राजा देवी बख्श सिंह ने इस हस्तांतरण का विरोध किया, परंतु उनके राज्य की 80 हजार मालगुजारी तय कर दी गई। सन् 1857 के प्रारंभ में फजल अली द्वारा तुलसीपुर में अंग्रेजों की संपत्ति की लूट और कर्नल ब्वायलू की हत्या जैसी घटना हुई। इसके बाद स्वतंत्रता संग्राम की आग भड़क उठी। राजा देवी बख्श सिंह अपने 1,000 सैनिकों सहित बेगम हजरत महल की सेना में शामिल हो गए। इन्होंने अंग्रेजों से लोहा लेने के लिए अपने आदमियों को एकत्र किया। दुर्भाग्यवश, राजा देवी बख्श सिंह को पर्याप्त सहयोग नहीं मिल सका। बलरामपुर के राजा दिग्विजय सिंह और मझगवाँ के हरिरत्न सिंह अंग्रेजों के पक्षधर बने रहे। अंग्रेजों की विशाल सेना के समक्ष गोंडा जनपद के रजवाड़े अधिक समय तक ठहर नहीं सके। सर होप ग्रांट ने स्वाधीनता संग्राम की विफलता के बाद गोंडा पर ब्रिटिश सत्ता स्थापित कर ली। अंग्रेजों के प्रलोभनवश स्वजनों द्वारा विश्वासघात और आपसी कलह से क्षुब्ध राजा देवी बख्श सिंह ने स्वदेश त्यागकर संभवतः नेपाल में शरण ली। यहीं 1866 को उनकी मृत्यु हुई।

ब्रिटिश शासन में गोंडा जनपद की राजनीतिक स्थिति

सन् 1857 की क्रांति की असफलता के बाद गोंडा जनपद पर अंग्रेजों का नियंत्रण हो गया। अंग्रेजों ने अपने वफादार ताल्लुकेदारों को जब्त की गई रियासतें पुरस्कार स्वरूप दीं। इस

क्रम में राजा देवी बख्श सिंह का राज्य जब्त करके उसका एक भाग रामनगर सिंगहा चंदा के ताल्लुकेदार कृष्ण दत्त राम पांडेय और अयोध्या के राजा मानसिंह को देकर उपकृत किया गया। बूढ़ा पायर के शहीद राजा अशरफ बख्श के राज्य का पुरस्कार अंग्रेजों ने अपने वफादार मझगवाँ के ठाकुर हररत्न सिंह को दिया। तुलसीपुर का राज्य बलरामपुर के राजा दिग्विजय सिंह को मिला। वे रियासतदार जो क्रांति के समय तटस्थ रहे थे अथवा जिन्होंने महारानी विक्टोरिया की 'विद्रोहियों को क्षमादान की घोषणा' के बाद क्षमा-याचना कर ली थी, उनकी स्थिति यथावत रही।

गोंडा गजेटियर पृ. 115 के अनुसार 7 जनवरी, 1875 ई. को अंग्रेज सरकार ने नेपाल सरकार से एक संधि की, जिसके अनुसार बघौराताल से आरा नदी तक की विस्तृत उत्तरी पहाड़ी पट्टी नेपाल को दे दी गई। इस प्रकार सन् 1875 ई. के बाद गोंडा जनपद का क्षेत्रफल, जो उत्तरी सीमा में पर्वत की चोटियों तक विस्तृत था, संकुचित होकर उपत्यका तक रह गया।

कुछ दिनों बाद तुलसीपुर परगने के अंतर्गत आनेवाले गंधेला नाले के पश्चिम में स्थित 32 गाँव बहराइच जिले के साथ संयुक्त कर गोंडा जनपद को और भी सीमित कर दिया गया।[13]

फरवरी, 1856 में गोंडा जनपद में 4 तहसीलें स्थापित की गईं—गोंडा, तरबगंज, उतरौला और बलरामपुर, परंतु 1868 में प्रथम बंदोबस्त के समय बलरामपुर तहसील तोड़कर उतरौला में मिला दी गई। इन तीन तहसीलों में 13 परगने थे—गोंडा, पहाड़पुर, ग्वारिच, डिगसिर, महादेवा, नवाबगंज, तुलसीपुर, बलरामपुर, उतरौला, सादुल्ला नगर, मनकापुर, बूढ़ा पायर, बभनीपायर।

ब्रिटिश काल में गोंडा जनपद में कुल मिलाकर 23 ताल्लुके थे—क्षत्रियों के 17, ब्राह्मणों के 2, सिक्खों के 2, नानक शाही 1 और मुस्लिम 1।

गोंडा जनपद की सांस्कृतिक पृष्ठभूमि

भारतवर्ष का क्रमबद्ध इतिहास महात्मा बुद्ध के आविर्भाव से पूर्व अनुपलब्ध है। अत: इस काल से पूर्व की जानकारी के लिए हमें वैदिक साहित्य, 'रामायण' और 'महाभारत' से प्राप्त जानकारियों पर आश्रित रहना पड़ता है। इन ग्रंथों से प्राप्त जानकारियों से ज्ञात होता है कि प्राचीन काल से ही अयोध्या और उसका समीपवर्ती क्षेत्र उत्तर भारत की समस्त राजनीतिक, आध्यात्मिक और सांस्कृतिक चेतना का केंद्रबिंदु रहा है। सुरम्य वनस्थलियों

से परिपूर्ण यहाँ का शांत और मनोरम वातावरण ऋषि-मुनियों और तपस्वियों की साधना के लिए सर्वथा उपयुक्त था। श्रीराम के अवतरण एवं राम राज्य जैसे प्रजातांत्रिक मूल्यों के उद्घोषक के रूप अवध क्षेत्र सदैव से ही भारतीय संस्कृति का प्रेरणा स्त्रोत रहा।

गोनर्द में जन्मे संस्कृत के वैयाकरण आचार्य पतंजलि ने 'महाभाष्य' की रचना गोनर्द प्रदेश में ही की थी।

मध्य युग में कोसल प्रदेश की जनभाषा पाली थी। अपने उपदेशों को जन-सामान्य तक सहज रूप में पहुँचाने के लिए बुद्ध ने इसी भाषा को अपनाया और गौरव देकर साहित्यिक भाषा के रूप में प्रतिष्ठित कर दिया।

बुद्ध चौमासे के चार महीने एक ही स्थल पर व्यतीत करते थे। बुद्धत्व प्राप्ति के बाद के 25 पावसों के 24 पावस उन्होंने श्रावस्ती नगरी में ही बिताए। 'त्रिपिटक' में संकलित किए गए उनके उपदेशों का 80 प्रतिशत भाग भाषा विज्ञान के आधार पर गोंडा की तत्कालीन जनभाषा का ही सिद्ध होता है।

भाषायी विकास के क्रम में संस्कृत अवधी जनभाषा के रूप में विकसित हुई और अवध क्षेत्र की भाषा बनी। गोंडा जनपद के सूकरखेत क्षेत्र के राजापुर में जन्म लेनेवाले गोस्वामी तुलसीदास ने अपना विश्व प्रसिद्ध ग्रंथ 'रामचरितमानस' इसी अवधी में रचा। यह अवधी गोंडा जनपद के दक्षिण भाग में प्रचलित है। तुलसीदास हिंदी के महान संत कवि और राम-काव्य के अमर गायक के रूप में मान्य हैं। इनके पिता का नाम आत्माराम और माता का नाम हुलसी था। इनका जन्म संवत 1511 के श्रावण मास में सप्तमी तिथि को हुआ था। माता की मृत्यु और पिता के द्वारा त्याग दिए जाने से इनका बचपन अनाथों की तरह बीता। नरहरि बाबा ने इनका नाम तुलसीराम रखा और अपने साथ अयोध्या ले गए। वहाँ इनको राम नाम की दीक्षा दी और विद्याध्ययन कराया। 1583 को इनका विवाह रत्नावली के साथ हुआ। गौना होने से पहले ही पत्नी के प्रेम में आसक्त होकर ये रात के समय उसके पास जा पहुँचे। पत्नी की भर्त्सना से आहत होकर यह अपने गाँव लौट आए। वहाँ आकर इनको पिता की मृत्यु और घर नष्ट होने का दुखद समाचार मिला।

तुलसी गाँव में रहकर राम-कथा का गान करते। फिर ये काशी आ गए। यहाँ भी राम-कथा का गायन करते। बताया जाता है यहाँ इनको हनुमान जी और भगवान राम के दर्शन हुए। हनुमान जी की आज्ञा लेकर तुलसी अयोध्या की ओर चल दिए। बीच में प्रयाग में रुक गए, जहाँ माघ मेला लगा था यहाँ उन्हें भारद्धाज और याज्ञवल्क्य मुनि के दर्शन हुए। यहाँ से वे काशी आ गए। यहाँ उनके अन्दर कविबल शक्ति का स्फुरण हुआ। भगवान शंकर और पार्वती की प्रेरणा से वे अयोध्या आ गए और अवधी में काव्य रचना

करने लगे। संवत 1631 में रामनवमी के दिन 'रामचरितमानस' की रचना प्रारंभ हुई और दो वर्ष सात महीने और छब्बीस दिन में यह अद्‌भुत ग्रंथ पूर्ण हो गया। यह राम विवाह का दिन था। संवत 1680 में आपकी मृत्यु हुई। तुलसीदास रचित उल्लेखनीय ग्रंथ इस प्रकार हैं—'रामचरितमानस', 'विनय पत्रिका', 'कवितावली', 'गीतावली', 'दोहावली', 'पार्वती मंगल', 'जानकी मंगल', 'वैराग्य संदीपनी' और 'बरवै रामायण'।

गोस्वामी तुलसीदास के मित्र अनीराय भट्‌ट नवाबगंज के पास के रहनेवाले थे। ये अकबर के दरबारी कवि थे। राम साहित्य में अपनी खास जगह रखनेवाले संत कवियों में परिगणित महात्मा बनादास और महात्मा पतित दास का संबंध गोंडा जनपद से ही है।

बनादास का जन्म गोंडा जिले के अशोकपुर नामक गाँव में सन् 1821 में गुरुदत्त सिंह के यहाँ हुआ था। घर की माली हालत ठीक न थी। अत: इन्होंने भिनगा राज्य की सेना में नौकरी कर ली। वहाँ ये सात वर्ष कार्यरत रहे। एकमात्र पुत्र की मृत्यु से दुखी होकर ये अयोध्यावासी हो गए। इन्होंने 14 वर्ष तक घोर तप किया। यहाँ 'भवहरण कुंज' नामक आश्रम बनाया। यहीं पर रहते हुए सन् 1892 को यह परलोक सिधारे।

बनादास का रचनाकाल 1851 से लेकर 1892 तक विस्तृत है। इस दौरान इन्होंने 64 ग्रंथों की रचना की। इनमें 'अर्जपत्रिका', 'सुरसरि पंचरत्न', 'मोहिनी अष्टक' आदि उल्लेखनीय हैं।

ये रामभक्ति शाखा के अन्यतम कवि हैं। इनकी रचनाओं में निर्गुणपंथी, सूफी तथा रीतिकालीन शैलियों का प्रयोग एक साथ मिलता है; परंतु सबका प्रतिपाद्य रामभक्ति ही है।

इस जनपद के अन्य उल्लेखनीय साहित्यिक व्यक्तित्वों में हिंदी आलोचना का प्रारंभ करनेवाले प्रेमघन, निबंध रचना का प्रारंभ करनेवाले उपाध्याय हरिश्चंद्र, हास्य सम्राट जी.पी. श्रीवास्तव, आपा संप्रदाय के प्रधान शिष्य महात्मा गूंगदास, स्वामी नारायण मत के स्वामी सहजानंद, आचार्य कवि जगत सिंह और गोकुल प्रसाद ब्रज, भट्‌ट काव्य परंपरा के रक्षाराम कविराज हैं। घाघ जैसे सूक्तिकार भी इसी जनपद के रत्न रहे हैं।[14]

घाघ तुलसी की ही वंश परंपरा में आते हैं। उनका काव्य खेती-किसानी, मौसम की विशेषज्ञता, लोक जीवन के अनुभव से भरपूर है और समाज का मार्गदर्शक है। उनके काव्य में युगीन समाज जीवंत हो उठा है। उनकी कहावतें आज भी लोगों, विशेषकर ग्रामीणों की जबान पर रहती हैं।

हिंदी के अतिरिक्त इस यशस्वी भूमि ने उर्दू साहित्य को भी यहाँ के उत्कृष्ट कवियों के साहित्यिक योगदान से संवर्धित किया है। असगर गोंडवी, ख्वाजा मसऊद जौकी, बाबू कृष्ण चंद्र हैरत के अतिरिक्त जिगर मुरादाबादी की जन्मभूमि गोंडा जनपद है।

साहित्य क्षेत्र को अपना अवदान देनेवाले अन्य महत्त्वपूर्ण साहित्यकर्मियों का विवरण इस प्रकार है—पसका निवासी बाबा बेणीमाधव दास, संत लक्ष्मण दास जी, श्री सत्य भोला स्वामी, स्वामी श्री संतदेव जी भगवान मगनदास, गाँव नारायनपुर निवासी महात्मा कृपाराम, गाँव दुर्जनपुर निवासी महात्मा पतितदास, गोंडा नरेश महाराज दत्त सिंह के राजकवि भानुकवि, दत्त सिंह के ही आश्रित गजराज कवि, महाराज उद्योत सिंह, महाराज शिव प्रसाद सिंह, जगत सिंह, राय जगमोहन सिंह, स्वामी दयाल शांत, आदित्य वर्मा, शिवराज सिंह, जगदीश नारायण सिंह 'निर्भीक', श्री अतुल कुमार सिंह 'अतुल', हनुमान सिंह 'सुधाकर', लक्ष्मीनारायण कुशवाहा 'अशांत', राम लाल गुप्ता, बिंदा प्रसाद सिन्हा, कृष्णकांत सिन्हा 'निर्मोही', भोलानाथ 'भ्रमर', शांति प्रसाद शुक्ल, धनावाँ रियासत की रानी सरफराज कुँवरि, श्रीमती वाणी, रामसहाय सिंह राघव, सीताशरण शुक्ल, बाबू रामचंद्र 'राज', हकीम जौहर वारसी, आजाद कौड़वायवी, नानकचंद 'इशरत', सतीश आर्य, अदम गोंडवी और सूर्यपाल सिंह।

गोंडा जनपद हिंदू, मुसलमान, सिख, ईसाई, बौद्ध, जैन धर्मावलंबियों और जनजातियों में विभक्त है। यहाँ हिंदू और मुसलमान, दोनों ही धर्मावलंबियों के अपने-अपने पारंपरिक और सनातन मूल्य तथा जीवन-दर्शन हैं। दोनों ही यद्यपि समान परिवेश में जीवन-यापन करते आए हैं, तथापि दोनों के सामाजिक संगठन और सांस्कृतिक मान्यताओं में भिन्नता है।

गोंडा के हिंदुओं में सबसे बड़ी संख्या ब्राह्मणों की है। दूसरे स्थान पर यादव हैं और तीसरे स्थान पर कोरी हैं। कोरी पहले बुनकर जाति थी, पर अब ये कृषि क्षेत्र में आ गए हैं। चौथे स्थान पर आनेवाली कुर्मी जाति का गोंडा और मनकापुर क्षेत्रों में बाहुल्य है। संख्या की दृष्टि से क्षत्रिय पाँचवें स्थान पर आते हैं। जनसंख्या की दृष्टि से दलित छठे स्थान पर हैं। थारू और बनवार जातियों ने यहाँ आशातीत विकास किया है।

गोंडा जनपद गंगा-जमुनी तहजीब का उत्कृष्ट उदाहरण है। विभिन्न जाति और धर्म के लोग यहाँ परस्पर सौहार्द्र से रहते हैं। यह मेल-मिलाप और भाईचारा गोंडा की भूमि की विशेषता रही है। इस संदर्भ में गोंडा के अमर सेनानी, निर्भीक योद्धा, अप्रतिम राष्ट्र भक्त राजा देवी बख्श सिंह विषयक कुछ पंक्तियों को उद्धृत करना उपयुक्त होगा, "आज भी जनपद के हिंदू और मुसलमान घरों में राजा देवी बख्श सिंह की उदारता की कहानी दोहराई जाती है। वे सच्चे अर्थों में राष्ट्रवादी थे। सांप्रदायिकता तो उन्हें छू भी नहीं गई थी। जितनी उमंग से वे दशहरा, दीवाली और होली मनाते थे, उतने ही उत्साह से शबेरात, मुहर्रम और ईद का जश्न भी मनाते थे। ईद का चाँद देखने के दिन से दस दिनों तक वे व्रत रखते थे, जमीन पर चटाई बिछाकर सोते थे और जौ की रोटी खाते थे। उनका महल

जो 'जगमोहन महल' के नाम से विख्यात था, उसके सामने ताजिए रोक दिए जाते थे। उन पर धूप-दीप किया जाता था। फूल और जल चढ़ाए जाते थे। राजा स्वयं ताजिया रखते थे। बनकसिया और जिगनाकोट में इन्होंने इमामबाड़ा भी बनवाया था। जिगनाकोट के मुख्य द्वार पर सैकड़ों ताक बने थे, जिनमें दीवाली और शबेरात की रात में रोशनी की जाती थी। राजा की दृष्टि में हिंदू और मुसलमान, दोनों बराबर थे।[15]

गोंडा जनपद में प्राचीन काल से ही ऋषि-मुनियों और साधु-संतों की धर्मस्थली रहने के कारण धर्म का प्राबल्य रहा। अत: यहाँ स्थापित हिंदू, बौद्धों और मुसलमानों के धर्म स्थलों की काफी संख्या है। ये आज टूरिस्टों के लिए दर्शनीय स्थल में बदल चुके हैं। कुछ के साथ मेलों का आयोजन भी संयुक्त हो गया है। गोंडा जनपद के प्रमुख दर्शनीय तथा ऐतिहासिक महत्त्व के स्थलों में से कुछ का विवरण इस प्रकार है—

सूकरखेत : गोंडा जनपद में सरयू और घाघरा के संगम पर पसका गाँव में स्थित सूकरखेत एक महान तीर्थ के रूप में मान्य है। पौराणिक मान्यता के अनुसार, यहाँ भगवान विष्णु ने वाराह रूप में हिरण्याक्ष का वध कर पृथ्वी का उद्धार किया था। यहाँ पौष मास में स्नान करना फलदायी माना जाता है। यहाँ प्रतिमास और पौष मास की पूर्णिमा को मेला आयोजित होता है। महीने-भर का कल्पवास करने की प्रथा है।

वाराही देवी : सूकर खेत से चार मील दूर वाराह भगवान की आदिशक्ति वाराही देवी का मंदिर है। यहाँ का वट वृक्ष 1,000 वर्ष पुराना बताया जाता है। यहाँ प्रत्येक सोमवार को और आषाढ़ मास में मेला लगता है।

परास : यह तरबगंज तहसील में है। मान्यता है कि यहाँ पराशर मुनि का स्थान था। वर्तमान में यहाँ मंदिर है। मंदिर में पाराशर मुनि की प्रतिमा है।

जमथा : जिगसिर परगने में स्थित जमथा के निकट यमदग्नि कुंड है। यहाँ परशुराम के पिता यमदग्नि आश्रम बनाकर रहे थे। इस स्थान पर यमद्वितीया को मेला जुटता है।

सौनीडीह : बनगाँव में स्थित सौनीडीह शौनक मुनि के आश्रम के रूप में मान्य है। शौनक ऋषि ने ऋग्वेद, प्रतिशाख्य तथा अनेक ऋचाओं की रचना की थी। किसी समय यह क्षेत्र ऋषियों-मुनियों के अतिरिक्त शिल्पियों और कलाकारों का भी क्षेत्र था। अब यहाँ एक मंदिर है, जहाँ राम-विवाह का मेला आयोजित किया जाता है।

सुभागपुर : सुभागपुर गाँव में एक टीले को च्यवन ऋषि का आश्रम बताया जाता है। क्वार पूर्णिमा को यहाँ मेला लगता है। सुभागपुर से निकलनेवाली नदी ऋषि के नाम पर 'चमनई' कहलाती है।

पारासराय : इटियाथोक के समीप स्थित यह स्थान पतंजलि के शिष्य ऋषि पाराशर का आश्रम कहा जाता है। किसी समय यह आश्रम नदी तट पर था। आज पाराशर की स्मृति में यहाँ मंदिर बना हुआ है।

सिंगरिया : मान्यता है कि राजा दशरथ के जामाता शृंग ऋषि यहाँ रहे थे। बताया जाता है कि पुत्र-प्राप्ति के लिए चिंतित महाराजा दशरथ को वशिष्ठ ने पुत्रेष्टि यज्ञ करने का प्रस्ताव दिया। मनवर के तट पर इसी स्थल पर यज्ञभूमि (इसे आज मखैड़ा कहा जाता है) में पुत्रेष्टि यज्ञ सम्पन्न हुआ था।

पार्वती-महादेव : महादेव परगने स्थित पार्वती झील सौंदर्य, प्राचीनता और धार्मिक महत्त्व की दृष्टि से अप्रतिम है। महादेव गाँव में स्थित झील पार्वती नाम से जानी जाती है।

अरंगा झील और उत्तर गंगा : पार्वती झील के पास अरंगा नाम की अत्यंत सुंदर झील है। इसी झील की एक धारा उत्तर की ओर बहती है। इसे 'उत्तर गंगा' कहते हैं।

पार्वती-आरंगा पक्षी विहार : गोंडा जनपद में तरबगंज तहसील के अंतर्गत ग्राम चंदापुर, बहादुरा, कोठा, लक्ष्मनपुर, गौरिया, मधवापुर तथा तिखड़िया के समीप यह पक्षी विहार है। यहाँ पार्वती और आरंगा नाम की दो झीलें हैं। इनके निकट शिव और पार्वती मंदिर होने के कारण इन झीलों का नाम पार्वती तथा आरंगा पड़ा। आरंगा वस्तुत: 'अरधा' का बिगड़ा रूप है। यहाँ स्थित पक्षी विहार इन दो झीलों के नामों के आधार पर पार्वती-आरंगा पक्षी विहार कहलाता है।

वन्य जीव संरक्षण अधिनियम 1972 के अंतर्गत वन्य जीवों और वन्य जीवों के पर्यावरण संरक्षण, संवर्धन और विकास के उद्‌देश्य से उपर्युक्त गाँवों में स्थित 'पार्वती-आरंगा पक्षी विहार' की अधिसूचना राज्य सरकार द्वारा दिनांक 23 मई, 1990 को जारी हुई। इन झीलों पर मत्स्य विभाग का 30 जून, 1995 तक नियंत्रण रहा। तदुपरांत यह क्षेत्र वन्य जीवन परिरक्षण संगठन के नियंत्रण में आ गया। पार्वती तथा आरंगा झीलों के कुल क्षेत्रफल का 1,084.47 हेक्टेयर क्षेत्र पक्षी विहार के अंतर्गत है।

इस पक्षी विहार में पक्षियों के अतिरिक्त विभिन्न प्रकार की मछलियाँ और सरीसृप भी हैं। नाना प्रकार की जलीय और स्थलीय वनस्पतियाँ हैं। इनमें कमल, पतरासिवार, कुरीला, सिवार और तिन्नी चावल पक्षियों के आहार के साथ-साथ औषधीय महत्त्व भी रखते हैं।

इस पक्षी विहार में हर वर्ष लाखों की संख्या में स्थानीय और प्रवासी पक्षी प्रवास करते हैं। जाड़े की ऋतु आते ही प्रवासी पक्षी यहाँ आना शुरू कर देते हैं और वसंत ऋतु आने तक यहाँ निवास करते हैं। फिर लौट जाते हैं। प्रवासी पक्षियों में विदेश से आनेवाले सुर्खाब, पिनटेल, कूट, कामन, पोचर्ड, रेडक्रस्टेड पोचर्ड, विजन, मलाई, स्कोप

डक, स्पॉटविल, ग्रैलगगूज, वारहेडेड, गूज, कामनटील, काटनटील, रोजी पेलिकन, मार्श सेंडपाइपर पक्षी आदि हैं जबकि स्थानीय प्रवासी पक्षियों में सारसक्रेन, डुबडुबी, जलकौआ, डार्टर, नकटा तथा सिलही आदि पक्षी हैं।

बालेश्वर नाथ महादेव : खिरिया से तीन मील दूर स्थित यह महादेव जी का बहुत पुराना मंदिर है। बताया जाता है कि मुगल बादशाह औरंगजेब ने भगवान शिव के इस लिंग को आरे से चिरवाया था, जिसके निशान आज भी देखे जा सकते हैं। यहाँ शिवरात्रि पर मेला लगता है।

करौंहानाथ मंदिर : कहते हैं कि सन् 1857 में मछली गाँव में खुदाई के दौरान एक पुराना कुआँ तथा शंकर जी की दो मूर्तियाँ निकली थीं। बाद में यहाँ मंदिर स्थापित कर दिया गया। अब प्रतिवर्ष शिवरात्रि को यहाँ भारी मेला लगता है।

भैरवनाथ मंदिर : करनलगंज बाजार में स्थित यह एक भव्य शिव मंदिर है। भाद्र मास की कजरी तीज पर यहाँ भारी मेला लगता है।

अगस्त कुंड : करनलगंज रेलवे स्टेशन से 4 मील दूर सरयू नदी से तीन ओर से घिरा अगस्त कुंड है। पौराणिक काल में नैमिषारण्य में 12 वर्षीय धर्म सम्मेलन हुआ था। तब यहीं अगस्त मुनि धर्मोपदेश के लिए ठहरे थे। अगहन मास की पूर्णिमा को यहाँ मेला लगता है।

स्वामी नारायण छपिया : छपिया ग्राम स्वामी नारायण मत के प्रवर्तक स्वामी सहजानंद का जन्म-स्थान है। छपिया रेलवे स्टेशन के निकट सन् 1845 में यहाँ संगमरमर के भव्य मंदिर का निर्माण किया गया। राम, लक्ष्मण, सीता के साथ शंकर-पार्वती, राधा-कृष्ण एवं बलराम की मूर्तियाँ और इन मूर्तियों के साथ स्वामी सहजानंद (पूर्व नाम घनश्याम पांडेय) की मूर्ति अद्‌भुत सांस्कृतिक समन्वय का प्रतिपादन करती प्रतीत होती है। प्रति वर्ष यहाँ दूर-दूर से हजारों भक्त दर्शनार्थ आते हैं।

स्वामी सहजानंद के पूर्वज बालक राम तिवारी गोरखपुर के सोनापार गाँव से आकर छपिया में बस गए थे। उनकी मृत्यूपरांत उनके दो पुत्रों—कृष्ण और दुंद में से कृष्ण अपनी ससुराल चले गए पर दुंद छपिया में ही रहे। दुंद के पुत्र मोतीराम को विवाह में एक अत्यन्त आकर्षक घोड़ी उपहार में मिली। घोड़ी को लखनऊ के नवाब ने माँग लिया और घोड़ी के बदले उनके नाम छपिया गाँव कर दिया। आर्थिक स्थिति सुधरते की दुंद अपने भाई कृष्ण की पुत्री प्रेमवती को अपने यहाँ ले आए। प्रेमवती का विवाह हरिप्रसाद से हुआ। संवत 1837 विक्रमी की चैत नवमी को इनके यहाँ घनश्याम पांडेय का मझले पुत्र के रूप में जन्म हुआ। कुशाग्र बुद्धि घनश्याम सात्विक और तपस्वी वृत्ति के थे। उन्होंने संस्कृत

के 12 अनुष्टुप छंदों में तात्त्विक ज्ञान की बातें बद्ध कीं। इस पुस्तिका के साथ इन्होंने पूरे सात वर्षों तक भारत के तीर्थों की यात्राएँ की। संवत 1856 में सोमनाथ से द्वारका जाते हुए लोचनग्राम में रामानंद के आश्रम में यह रुके और यहीं संवत 1857 कार्तिक सुदी दशमी को इन्होंने उद्धव संप्रदाय की दीक्षा ली। गुरु रामानंद द्वारा उनका नाम सहजानंद नारायण मुनि रखा गया और इनको गुरुपद का दायित्व भी सौंपा गया। स्वामी सहजानंद ने धार्मिक सौहार्द्र का परिवेश निर्मित किया। उनके द्वारा लिखित पुस्तिका का नामकरण 'शिक्षा पत्री' किया गया। 'शिक्षा पत्री' स्वामी नारायण मत की आधारभूत पुस्तक है। स्वामी नारायण मत विभिन्नता में एकता की अनुभूति कराता है, सदाचार पर बल देता है।

निरंतर साधना, उपासना और सदाचार में निरत स्वामी सहजानंद ने ज्येष्ठ सुदी 10, मंगलवार संवत 1886 को अपना भौतिक शरीर छोड़ दिया।

श्रवण पाकर : यह छपिया रेलवे स्टेशन से थोड़ी दूर पर है। मान्यता है। इसी स्थान पर श्रवण कुमार को राजा दशरथ का तीर लगा था। यहाँ माघ मास की अमावस्या को मेला लगता है।

बरखंडी नाथ महादेव : करनलगंज में 50 फिट ऊँचे टीले पर यह मंदिर स्थित है। यहाँ प्राचीन शिवलिंग है। यहाँ लक्ष्मी कुबेर की मूर्ति के अलावा भग्नावस्था में बौद्ध, जैन तथा वैष्णव मूर्तियाँ हैं।

करदह : परगना महादेवा में स्थित यह कर्ण द्वारा बनवाया गया 125 बीघे का तालाब है।

अशोकपुर : यह स्थान परगना महादेवा के अंतर्गत है। यहाँ मसऊद गाजी के सिपहसालार हठीले पीर का वध हुआ था। पहले यहाँ अशोकनाथ मंदिर था। गुलाम वंश के सुल्तान नासिरुद्दीन ने मंदिर नष्ट करवा दिया था। बाद में तुगलक वंश के फिरोज तुगलक ने यहाँ हठीले पीर की कब्र बनवा दी, जिसे 'रौजा' कहते हैं।

राजापुर : सूकरखेत से कुछ मील दूर स्थित यह रामकथा के अमर गायक तुलसीदास की साधना भूमि है। तुलसीदास आत्माराम दूबे के पुत्र थे। राजापुर गाँव के दूबे परिवार की स्त्रियाँ आज भी शादी-विवाह मं आत्माराम दूबे को आमंत्रित करती हैं।

कंचनपुर : अगस्त आश्रम के निकट स्थित यह गाँव तुलसीदास की तथोक्त पत्नी रत्नावली की जन्मस्थली है। यहीं उनका तुलसीदास से विवाह हुआ था और यहीं मृत्यु भी हुई थी।

लमती लोलपुर : यह स्थान सरयू नदी के उत्तरी तट पर स्थित है। सन् 1857 के प्रथम स्वतंत्रता संग्राम में यहीं पर गोंडा के अधिपति राजा देवी बख्श सिंह और अंग्रेजी सेना में युद्ध हुआ था।

राजेंद्र लाहिड़ी की समाधि : फार्बिसगंज के दक्षिण में टेढ़ी नदी के तट पर बाबू ईश्वर शरण तथा लाल बिहारी टंडन द्वारा काकोरी कांड के अमर शहीद राजेंद्र लाहिड़ी की अंत्येष्टि की गई। बाद में यहाँ समाधि का निर्माण कराया गया।

वनकटवा वन्य पशु विहार : सन् 1960 में सरकार द्वारा गोंडा वन प्रभाग में बनकटवा पशु विहार की स्थापना की गई। यहाँ अनेक पशु और पक्षी देखे जा सकते हैं।

नंदिनी आश्रम : वर्तमान नवाबगंज कस्बा किसी समय इक्ष्वाकुवंशी राजाओं के गुरु वसिष्ठ का नंदिनी आश्रम था, जिसका नाम उन्होंने अपनी गाय नंदिनी के नाम पर रखा था।

श्याम कुटीर : राधा कुंड स्थित श्याम कुटीर का महत्त्व अप्रतिम है। यह स्थान स्वाधीनता सेनानियों का प्रेरणा स्थल रहा है। लाला लाजपत राय ने यहीं रहकर आर्य समाज की नींव डाली। इस पुण्यभूमि का संपर्क महात्मा गांधी, कस्तूरबा, सरोजनी नायडू, मोती लाल नेहरू, जवाहरलाल नेहरू, मदन मोहन मालवीय, राजेंद्र लाहिड़ी के परिवार, चंद्रशेखर आजाद और कृपलानी जी से रहा है।

पचरन : पचरन अर्थात पंचारण्य नाम का यह क्षेत्र खरगूपुर बाजार में है। अतीत में यह क्षेत्र घने वन से ढका था। अज्ञातवास काल में पांडव यहाँ रहते थे। यहाँ प्रत्येक पांडव ने एक-एक मूर्ति स्थापित की। भीम द्वारा स्थापित पृथ्वीनाथ महादेव की मूर्ति पृथ्वीनाथ मंदिर में स्थापित है। कसौटी पत्थर का बना यह शिवलिंग पूरे भारत में विशालतम है। अर्जुन द्वारा निर्मित प्रतिमा पंचरत्न महादेव मंदिर में स्थित है। ये दोनों मंदिर गुप्तकालीन हैं।

राजगढ़ : यह स्थल मनवर नदी के तट पर स्थित है। इस स्थल पर महर्षि उद्दालक और इनके पुत्र नचिकेता ने बहुत समय तक तप किया था। यहाँ दो प्राचीन मंदिर हैं। एक मंदिर के निकटस्थ सरोवर से काले पत्थर की एक मूर्ति प्राप्त हुई जो गुप्तकालीन प्रतीन होती है। मूर्ति को मंदिर में स्थापित कर दिया। दूसरा में मंदिर भग्नावस्था में है। नदी के दूसरे छोर पर मिट्टी के गढ़ के अवशेष हैं। इसी कारण इस जगह को 'राजगढ़' कहा जाता है।

मनोरमा : यह गोंडा नगर से 14 किलोमीटर दूर उत्तर में मनोरमा या मनवर पोखरा पर स्थित है। मनवर पोखरा से निकलनेवाली नदी को मनवर या मनोरमा कहते हैं। इस नदी की उत्पत्ति की कथा महाभारत के शल्य पर्व के अनुसार इस प्रकार है—महाराजा दशरथ के पुत्रेष्टि यज्ञ के समय ऋषि श्रंग ने सरस्वती देवी का आह्वान मनोरमा नाम

से किया था। तब से मनोरमा नदी के रूप में प्रकट हुई थीं। प्राचीन काल में यहाँ उद्दालक मुनि का आश्रम था। उद्दालक मुनि के पुत्र नचिकेता ने यहाँ से थोड़ी दूर पर स्थित तारी परसोइया नामक स्थान पर ऋषियों को नासिकेतोपाख्यान सुनाया था। कार्तिक पूर्णिमा के दिन यहाँ मेला लगता है।

खैरा भवानी : खैरा भवानी का मंदिर गोंडा रेलवे स्टेशन के समीप है। आषाढ़ मास में सोमवार तथा शुक्रवार के दिन यहाँ मेला आयोजित होता है

गांधी पार्क : गोंडा में कचहरी रोड पर स्थित गांधी पार्क का पुराना नाम एडवर्ड पार्क था। देश की स्वतंत्रता के बाद यहाँ राष्ट्र पिता महात्मा गांधी की मूर्ति स्थापित की गयी। साढ़े नौ फीट ऊँची संगमरमर से बनी इस भव्य प्रतिमा का मॉडल लखनऊ आर्ट्स कॉलेज के प्राचार्य श्री राय चौधुरी ने तैयार किया था। इसका निर्माण इटली के शिल्पकार एंटोनियो मारजोलो द्वारा किया गया। उत्तर प्रदेश के तत्कालीन मुख्यमंत्री पंडित गोविंद बल्लभ पंत के हाथों सन् 1951 में प्रतिमा का अनावरण हुआ।

सकरौरा घाट : करनल गंज में सरयू नदी के तट पर पक्की सीढ़ियों से बना घाट देखने योग्य है। यहाँ महिलाओं के स्नान के लिए अलग घाट की व्यवस्था की गई है।

धौरहरा बाँध : सरयू तथा घाघरा नदियों की बाढ़ से प्रतिवर्ष होनेवाली हानि से बचाव के लिए करनलगंज से धौरहरा तक 59 किलो मीटर लम्बे बाँध का सन् 50 के दशक में निर्माण करवाया गया।

देवी पाटन : तुलसीपुर में स्थित यह मंदिर शाक्तों के प्रमुख केंद्र के रूप में मान्य है। मान्यता है कि इस स्थल पर पट सहित देवी का वाम स्कंध गिरा था।

उपर्युक्त वर्णित स्थलों के अतिरिक्त विजलेश्वरी देवी मंदिर, काली भवानी मंदिर, दुखहरण नाथ मंदिर, गोवर्धन पर्वत, कृष्ण कुंज, राधाकुंड, हनुमान गढ़ी और माँ दुर्गे मंदिर आदि भी उल्लेखनीय हैं।

गोंडा जनपद की आर्थिक पृष्ठभूमि

जहाँ तक गोंडा जनपद की आर्थिक पृष्ठभूमि का प्रश्न है, विगत वर्षों से पूर्व संसाधनों की कमी के कारण यहाँ का आर्थिक विकास अवरुद्ध-सा रहा। खेती यहाँ का मुख्य व्यवसाय है। ब्रिटिश काल तक यहाँ परंपरागत व्यवसाय के रूप में नगर केंद्रों में अथवा गाँवों में स्थानीय महत्त्व वाले कुटीर उद्योग-धंधे चलते थे। इनमें कोरी जाति के लोगों द्वारा करघे पर बुने गाढ़ा या देशी कपड़ा कहे जानेवाले सूती वस्त्र उद्योग, पीतल के

बर्तनों का निर्माण, कत्था निकालने का काम, बेंत और घास से टोकरी बुनने का काम आदि हैं। जैसा कि पूर्व में संकेत किया जा चुका है कि विगत वर्षों में गोंडा जनपद ने उद्योग के क्षेत्र में सराहनीय सफलता प्राप्त की। वर्तमान में यहाँ चीनी, आटा, चावल, मदिरा, प्लाईवुड जैसे स्थानीय कच्चे माल पर आधारित उद्योगों की स्थापना के साथ टेलीफोन इंडस्ट्री की स्थापना और एथनॉल प्लांट का लगाया जाना औद्योगिक क्षेत्र में गोंडा के स्वर्णिम भविष्य को इंगित करता है।

संदर्भ

1. गोंडा : अतीत तथा वर्तमान लेखक जगदेव सिंह, आलोक प्रकाशन, राधाकुंड गोंडा कोमल की डायरी—डॉ. सूर्यपाल सिंह, पूर्वापर प्रकाशन, गोंडा पृ. 12
2. गोंडा अतीत एवं वर्तमान—जगदेव सिंह पृ. 18, आलोक प्रकाशन, राधाकुंड गोंडा
3. गोंडा अतीत तथा वर्तमान—जगदेव सिंह पृ. 17, आलोक प्रकाशन, राधाकुंड गोंडा
4. कोमल की डायरी (उपन्यास) लेखक डॉ. सूर्यपाल सिंह पृष्ठ-32, पूर्वापर प्रकाशन
5. गोंडा : अतीत तथा वर्तमान लेखक जगदेव सिंह, आलोक प्रकाशन, राधाकुंड गोंडा, पृ. 16
6. अजातशत्रु (नाटक) जयशंकर प्रसाद भूमिका पृ. 15, विश्वविद्यालय प्रकाशन वाराणसी
7. राष्ट्रीय स्वतंत्रता संघर्ष और गोंडा जनपद—संपादक भगवती प्रसाद सिंह, पृ. 40
8. प्राचीन भारत—डॉ. राजबली पांडेय, पृ. 180
9. कोमल की डायरी—डॉ. सूर्यपाल सिंह, पृ. 23
10. गोंडा : अतीत तथा वर्तमान—जगदेव सिंह, पृ. 26
11. गोंडा : अतीत तथा वर्ममान—जगदेव सिंह, पृ. 26ट
12. पुराना लखनऊ—अब्दुल हलीम शरर—नेशनल बुक ट्रस्ट इंडिया, नई दिल्ली, पृ. 28-29
13. गोंडा गजेटियर, पृष्ठ-115
14. गोंडा : अतीत तथा वर्तमान—जगदेव सिंह, पृ. 65
15. उपर्युक्त

अध्याय : 2

ब्रिटिश शासन से पूर्व गोंडा जनपद की स्थिति

भारत की धन-संपन्नता से आकृष्ट और ललचाए यूरोपीय देश भारत के साथ व्यापारिक संबंध कायम करने के लिए उत्सुक हो उठे। इस दिशा में पुर्तगाल ने पहल की। बहुत कम अवधि में पुर्तगाल ने भारतीय व्यापार द्वारा अधिकतम लाभ प्राप्त किया। पुर्तगाली व्यापारियों की इस सफलता से आकृष्ट होकर इग्लैंड के कुछ व्यापारियों ने भारत समेत पूर्वी देशों के साथ व्यापार करने के लिए सन् 1599 में एक कंपनी कायम की। 31 दिसंबर, सन् 1600 को इग्लैंड की तत्कालीन रानी एलिजाबेथ ने इस कंपनी को भारत से व्यापार करने के लिए अधिकृत कर दिया। इस कंपनी का नाम 'ब्रिटिश ईस्ट इंडिया कंपनी' था। कालांतर में इस कंपनी ने किस प्रकार भारत में अपना प्रसार किया, अपनी कुटिलता से भारतीय अर्थव्यवस्था और साम्राज्य पर अपना कब्जा जमाकर भारत का शोषण किया, यह सर्वविदित है।

ईस्ट इंडिया कंपनी की स्थापना से पूर्व गोंडा जनपद में छोटी-छोटी कई रियासतें थीं। जैसा कि पूर्व में संकेत किया जा चुका है, इन रियासतों की स्थापना के पूर्व इस जनपद में डोम, थारू और भर जनजातियों का आधिपत्य था। तराई के जंगलों में निवास करनेवाली ये जनजातियाँ अब जंगलों से निकलकर मैदानों की ओर बढ़ने लगीं। परिणामतः गोंडा जनपद में भर, डोम, पासी और लोध आदि जाति के लोगों का प्रभुत्व स्थापित होने लगा। धीरे-धीरे ये संपूर्ण जनपद में फैल गए।

छठी और सातवीं शताब्दी में भारत के पश्चिम तथा पश्चिमोत्तर भाग में मुस्लिम हमले हुए। इन हमलों से पीड़ित होकर कुछ लोग इस जनपद में आ बसे। इनमें क्षत्रियों की संख्या अधिक थी। ये लोग शक्ति-संपन्न और जुझारू थे। इन्होंने यहाँ अपना कब्जा जमा लिया और अपने-अपने वंश के आधार पर अपनी-अपनी रियासतें कायम कीं। इनमें खोरासा, बलरामपुर, उतरौला और मनकापुर उल्लेखनीय हैं।

तुगलकवंशीय सुल्तान फिरोजशाह तुगलक के शासन काल में गोंडा जनपद में अस्थिरता की स्थिति थी। उस समय यहाँ के डुमरियाडीह क्षेत्र में डोम राजा उग्रसेन का शासन था। सत्ता के मद में चूर उग्रसेन एक ब्राह्मण बालिका से विवाह के लिए कटिबद्ध हो उठा। ब्राह्मण की फरियाद पर कड़ा मानिकपुर के सूबेदार मलिक एनुद्दीन ने गुजरात प्रदेश के बगलाना के निवासी कलहंस राजपूत सहज सिंह को भेजा। उग्रसेन और सहज सिंह के युद्ध में उग्रसेन मारा गया। एनुद्दीन ने यहाँ का राज प्रबंध सहज सिंह को सौंप दिया। कालांतर में यहाँ सहज सिंह द्वारा शक्तिशाली कलहंस राज्य की स्थापना हुई। इस राज्य की राजधानी खोरासा बनाई गई।

आगे चलकर कलहंस राजा अचल नारायण सिंह खोरासा राज्य के अधिपति बने। यह विलासी प्रकृति के निर्बल राजा थे। इनकी मृत्यूपरांत राज्य के सेनाध्यक्ष प्रताप मल्ल ने सत्ता पर अपना अधिकार कर लिया। इस प्रकार खोरासा (गोंडा) में विसेन राज्य की स्थापना हुई।

सन् 1206 से देश में मुस्लिम शासन का प्रारंभ हो चुका था। गोंडा पर बिसेन राजवंश के समय मुगलों का शासन था। नियमानुसार गोंडा के भू-स्वामी भी सूबेदार के माध्यम से निश्चित मालगुजारी अदा करते थे। इन बादशाहों को सिर्फ मालगुजारी वसूल करने से मतलब था यहाँ के विकास से कोई सरोकार न था। अब्दुल हलीम शरर कहते हैं, “यह सही है कि अवध के सूबेदार उन्हीं शेखजादों में चुने गए, लेकिन आम रिवाज यह था कि इस काम पर दिल्ली के प्रतिष्ठित व्यक्ति ही नियुक्त होते, जो सालोंसाल अपने घर बैठे रहते। सिर्फ मालगुजारी आदि की वसूली के जमाने में एक दौरा-सा करते और उनके सहायक यहाँ रहा करते। लिहाजा, उनसे शहर की तरक्की की कोई उम्मीद न की जा सकती थी।”[1]

मनकापुर क्षेत्र में बसे थारू जनजाति के लोगों को खदेड़कर मानिक नामक भर सरदार ने मनकापुर गाँव बसाया। साथ ही, एक बड़े भू-भाग पर भी अपना अधिकार कर लिया। ग्यारहवीं शताब्दी के पूर्वार्द्ध में बांधलगोती क्षत्रिय रामसिंह ने मानिक को मारकर अपना राज्य स्थापित किया। राम सिंह की वंश परंपरा के अंतिम व्यक्ति प्रताप सिंह की मृत्यु के बाद उनकी पत्नी द्वारा अपने भांजे अजमत सिंह को मनकापुर की गद्दी पर बैठाने के साथ यहाँ बिसेन वंशियों का राज्य स्थापित हुआ। इन ताल्लुकों के अतिरिक्त गोंडा जनपद में कुछ अन्य छोटे-छोटे ताल्लुके और भी थे। इनके नाम हैं—रामनगर सिंगहा, परसपुर, कमियार, धनावाँ, शाहपुर, पस्का, आँटा, बभनीपायर, मझगवाँ, बिरवाँ, देवतहा, कपूरथला, मुस्तफाबाद और इच्छापुर उमरी।

ईस्ट इंडिया कंपनी

भारत में व्यापार के मुद्दे पर पुर्तगालियों को अंग्रेजों की मुगल दरबार में पैठ एक आँख न भाई। उन्होंने जहाँगीर के कान भरने की यथासंभव चेष्टा की, लेकिन इग्लैंड के राजदूत सर टॉमस रो ने 1615 ई. में जहाँगीर के दरबार में प्रवेश पा ही लिया। उसने मुगल सम्राट से बहुत-सी सुविधाएँ प्राप्त कर भारत में ईस्ट इंडिया कंपनी की जड़ें जमा दीं।

17वीं शताब्दी के अंत तक ईस्ट इंडिया कंपनी ने भारत के सभी प्रमुख बंदरगाहों को प्राप्त कर लिया। सन् 1639 ई. में मद्रास की नींव अंग्रेजों के द्वारा ही डाली गई थी। सन् 1642 में इग्लैंड के चार्ल्स (द्वितीय) को विवाहोपरांत बंबई का टापू उपहार में मिला। इस टापू को उसने बहुत ही कम मूल्य में ईस्ट इंडिया कंपनी को बेच दिया। सन् 1690 ई. में जॉब चार्नाक ने कलकत्ता नगर की स्थापना की। सारांशत: मद्रास, बंबई और कलकत्ता—तीनों सागर तटीय महत्त्वपूर्ण नगर अंग्रेजों द्वारा बसाए गए।

ईस्ट इंडिया कंपनी के व्यापारिक लाभ से अंग्रेजों का मनोबल बढ़ गया। भारत भूमि पर कब्जा जमाने की बदनीयत लेकर उन्होंने सन् 1658 में बंगाल और सूरत पर अपने लड़ाकू जहाजों के द्वारा हमले किए। तत्कालीन मुगल सम्राट औरंगजेब की फौज ने उनके छक्के छुड़ा दिए।

भारत में ब्रिटिश व्यापारिक कंपनी को फलता-फूलता देखकर फ्रांस भी भारत में व्यापार के लिए प्रेरित हुआ। एक फ्रांसीसी व्यापारिक कंपनी की स्थापना के साथ उसने सन् 1668 ई. में सूरत तथा अन्य स्थानों पर कारखाने खोले। उसने पांडिचेरी नगर का क्रय किया। पांडिचेरी पूर्वी तट का सबसे बड़ा व्यापारिक बंदरगाह बना।

1707 में औरंगजेब की मृत्यु के साथ मुगल साम्राज्य कमजोर पड़ने लगा। इसका मुख्य कारण स्वयं उसी के वंशज, उसके राज्य के सूबेदार, मराठे और सिक्ख तो थे ही, उत्तर-पश्चिम सीमापार के लोग भी मुगल सल्तनत पर आँखें गड़ाए थे।

सन् 1771 में फ्रांसीसी कंपनी के गवर्नर डूप्ले और ब्रिटिश कंपनी में युद्ध हुआ। युद्ध में फ्रांसीसियों को पराजय का मुँह देखना पड़ा। पेरिस संधि के अनुबंधानुसार अब फ्रांसीसियों का अधिकार पांडिचेरी, चंद्रनगर यनाम और माही बस्तियों तक ही रह गया जबकि अंग्रेजों का प्रभुत्त्व शेष भारत पर फैलता गया।

अपने मूल उद्‌देश्य व्यापार को लेकर भारत में कदम रखनेवाली ईस्ट इंडिया कंपनी अब अपने व्यापारिक उद्‌देश्य को छोड़कर ब्रिटिश साम्राज्य के संस्थापक और राज्य विस्तारक की भूमिका में उतर आई। अपने गर्हित उद्‌देश्यों की पूर्ति हेतु उसने

नाजायज तरीकों को भी अपनाने से कोई परहेज नहीं किया। इस दुष्कृत्य की पहल हुई प्लासी के युद्ध से।

ईस्ट इंडिया कंपनी का गवर्नर बनकर आया लॉर्ड क्लाइव भारत का प्रचुर ऐश्वर्य देखकर ललचा गया। कुटिल बुद्धि के क्लाइव ने सेठ अमीचंद को अपना मोहरा बनाया। अमीचंद ने बंगाल के नवाब सिराजुद्दौला के मुख्य सेनापति मीरजाफर से तीस लाख में सौदा किया, जिसके अंतर्गत यह तय किया गया कि अंग्रेज सेना बंगाल पर हमला करेगी परंतु मीरजाफर और उसकी सेना जवाब न देकर निष्क्रिय रहेंगे। मीरजाफर को बंगाल की नवाबी का भी लालच दिया गया।

23 जून, सन् 1757 का भारतीय इतिहास का वह काला और शर्मनाक दिन था, जब देशभक्त नवाब सिराजुद्दौला की 45 हजार संख्या वाली बलशाली सेना क्लाइव की तीन हजार सेना से परास्त हो गई। आज की तारीख में राष्ट्रद्रोही का मुहावरा बन चुका मीरजाफर बंगाल के नवाब के वेश में अंग्रेजों की कठपुतली बनकर सत्तारूढ़ हुआ।

ब्रिटिश शासन और अवध

सन् 1763 में अवध के नवाब शुजाउद्दौला और कंपनी सेना के बीच इतिहास प्रसिद्ध बक्सर युद्ध हुआ। युद्ध में नवाब की सेना हार गई। अब्दुल हलीम शरर कहते हैं, "...इस लड़ाई ने पानीपत की लड़ाई के चार साल बाद 1763 ई. में चौबीस घंटे के अंदर इस बात का फैसला कर दिया कि हिंदुस्तान अब मुसलमानों का नहीं अंग्रेजों का है।"[2] सन् 1765 में बक्सर की संधि हुई। इस संधि के अनुसार सन् 1765 से लेकर सन् 1772 तक बंगाल और पड़ोसी क्षेत्रों पर दोहरी शासन व्यवस्था लागू कर दी गई। इस व्यवस्था के अंतर्गत शासन की दीवानी शक्ति जिसमें नवाब सम्राट के सूबेदार की हैसियत से राजस्व की वसूली करता था, अब अंग्रेजों के अधिकार में आ गईं। नवाब का दूसरा अधिकार जिसमें वह शासन प्रबंध के लिए फौज रखता था, पूर्ववत रही। इस दोहरी शासन नीति का लाभ उठाकर सात वर्षों के दौरान कंपनी ने मनमाना अत्याचार किया और लूटपाट मचाई।

बक्सर का मैदान जीतने के बाद अंग्रेजों ने अवध के दरबार में हस्तक्षेप के बहुत-से अधिकार प्राप्त कर लिये थे, जिसके कारण यहाँ फौजी तरक्कियों की रोक-टोक की जाती और हमेशा इस बात की निगरानी की जाती कि अवध की हुकूमत को फिर ऐसी ताकत न मिल पाए कि उसकी फौजें दुबारा अंग्रेज लश्कर के सामने खड़ी हो सकें।[3]

सन् 1772 में वारेन हेस्टिंग्स ईस्ट इंडिया कंपनी और बंगाल का गवर्नर बनकर आया। उसने दोहरी शासन व्यवस्था को बंद कर दिया।

ब्रिटिश संसद कंपनी की व्यापारिक हैसियत और शासन पर वर्चस्व कायम करने की नीति से अप्रसन्न थी। यथार्थ में भारत में सत्ता स्थापित करने के लिए अंग्रेज सरकार स्वयं लालायित हो उठी। इसी बीच कंपनी ने खराब स्थिति के कारण अंग्रेज सरकार से दस लाख पौंड का ऋण माँगा। अंग्रेज सरकार को मौका मिल गया। ब्रिटिश संसद ने 1773 ई. में 'रेग्यूलेटिक एक्ट' लागू करके कंपनी के कार्यों पर अंग्रेज सरकार का नियंत्रण स्थापित कर दिया।

सन् 1765 ई. में ब्रिटिश कंपनी ने अस्थायी रूप से अवध को अधिकृत कर लिया। अगस्त, 1765 ई. में अवध के नवाब शुजाउद्दौला और कंपनी के बीच इलाहाबाद संधि हुई। संधि की शर्तों के अनुसार नवाब को ब्रिटिश कंपनी को 50 लाख रुपया बतौर युद्ध का हर्जाना चुकाना पड़ा। अंग्रेजों ने इस आश्वासन के साथ उसका राज्य वापस किया कि आवश्यकता पड़ने पर अवध प्रांत के सीमावर्ती क्षेत्रों में कंपनी सहायता करेगी। अंग्रेजों को अवध में करमुक्त व्यापार की छूट मिल गई।

सन् 1773 में अवध के नवाब ने रुहेलखंड पर आक्रमण करने में अंग्रेजी फौज की मदद चाही। कुटिल अंग्रेजों ने इसे अपने लिए सुनहरा मौका समझकर धूर्ततापूर्ण सौदेबाजी की। इस सौदे के अंतर्गत कंपनी को अपनी एक छावनी लखनऊ में स्थापित करने और नवाब के दरबार में एक अंग्रेज राजनयिक (रेजीमेंट) नियुक्त करने का अधिकार नवाब से प्राप्त हो गया। इस सौदे का वास्तविक स्वरूप दो ही वर्ष में सामने आ गया। एक ओर छावनी में सैनिकों की संख्या उत्तरोत्तर बढ़ने लगी, दूसरी ओर उसी अनुपात में फौज के खर्च की सहायता राशि में अधिकाधिक वृद्धि की माँग होने लगी। यह राशि 1790 तक 50 लाख वार्षिक जा पहुँची। इस कमरतोड़ बोझ ने नवाब को दिवालियेपन की हालत तक पहुँचाकर शासन व्यवस्था को चरमरा दिया। बात इतने पर ही नहीं रुकी। अब रेजीडेंट ने नवाब की भीतरी राजनीति में भी हस्तक्षेप प्रारंभ कर दिया।

सन् 1798 ई. में अवध के नवाब आसफउद्दौला का निधन हो गया। उनकी जगह उनके बेटे वजीर अली खाँ अवध के नवाब बने। वजीर अली खाँ के बारे में एक अफवाह थी कि वे आसउद्दौला की जायज संतान नहीं हैं। बिबियापुर की कोठी में खुद गवर्नर जनरल बहादुर (सन जॉन शोर) ने दरबार करके वजीर अली खाँ को अपदस्थ और नवाब सआदत अली खाँ को गद्दी पर बैठाने का फैसला किया। वजीर अली खाँ फौरन गिरफ्तार करके बनारस भेज दिए गए...[4]

सआदत अली खाँ को गद्दी पर बैठाने के अहसान के बदले अंग्रेजों ने उनसे भरपूर उगाही की। उन्होंने कंपनी को 70 लाख रुपया सालाना चुकाने के साथ इलाहाबाद का किला सौंपना भी मंजूर कर लिया। सन् 1801 ई. में नवाब पर एक संधि और मढ़ दी गई, जिसके अनुसार अब नवाब को निजी सेना रखने के हक से वंचित कर दिया गया और संख्या में उत्तरोत्तर वृद्धि को प्राप्त करती अंग्रेजों की विशाल सेना के रखरखाव के लिए अवध का आधा क्षेत्र कंपनी ने अपने अधीन कर लिया। नवाब से यह अनुबंध भी कराया गया कि रेजीडेंट की अनुमति के बिना वे अपनी प्रशासन व्यवस्था में कोई परिवर्तन नहीं कर सकते।

नवाब के पास जितना राज्य शेष रह गया था, उसमें भी वे निष्कंटक रूप से राज्य नहीं कर पाए। उनके अधिकृत क्षेत्र में भी अंग्रेजी फौज ने अपने कैंप कायम कर लिये। ये कैंप जान-बूझकर लखनऊ और आसपास बनाए गए। इन फौजों की देखभाल के कारण राज्य पर भारी बोझ पड़ रहा था। नतीजे में नवाब को अपनी फौज कम करनी पड़ी। राज्य आधा हो जाने से राज्य से होनेवाली आमदनी भी घटकर आधी रह गई। आमदनी बढ़ाने के लिए उन्होंने जागीरों की सख्ती से छानबीन की और लोगों पर सख्तियाँ कीं।

सर जॉन शोर के बाद आए लॉर्ड वेलेजली ने 'सहायक संधि' द्वारा बिना लड़े ही कितनी रियासतों को अपने प्रभाव के अंदर कर लिया। सन् 1805 तक अंग्रेज मैसूर के सुल्तान, हैदराबाद के निजाम, पेशवा, सिंधिया, भोंसले और होल्कर अर्थात दक्षिण भारत से निश्चिंत हो गए। अब उत्तर भारत में पैर रखने के लिए उनके पास खुला मैदान था।

सन् 1837 में जब बहादुरशाह अंतिम मुगल सम्राट के रूप में दिल्ली की गद्दी पर बैठे, तब मुगल साम्राज्य का सूर्य अस्त हो रहा था। भारतवर्ष की केंद्रीय शक्ति नष्ट हो चुकी थी। नवाब, सिक्ख, मराठा, राजपूत तथा अफगान शक्तियाँ पृथक् होकर कमजोर पड़ गई थीं। चालाक अंग्रेज समझ गए थे कि इस आंतरिक बिखराव का लाभ उठाकर उन्हें पूर्णत: ध्वस्त किया जा सकता है।

ब्रिटिश शासन और गोंडा जनपद

7 फरवरी, 1856 ई. को अवध राज्य के ब्रिटिश भारत में विलय करने की घोषणा की गई। हर युग में कोई-न-कोई देशद्रोही भारत की एकता में सेंध लगाता आया है। रेजीडेंट कर्नल स्लीमैन को भी नवाब वाजिद अली शाह के गद्दार प्रधानमंत्री अली नकी खाँ का साथ मिल गया। दोनों ने मिलीभगत करके एक आदेश-पत्र पर नवाब के हस्ताक्षर करा

लिये। इसके बाद अन्य ताल्लुकेदारों के भी हस्ताक्षर करा लिये गए। आदेश पत्र के अनुसार नवाब वाजिदअली शाह ने स्वीकार कर लिया कि वे अपने अधीनस्थ सभी राजाओं और ताल्लुकेदारों को कंपनी के अंग्रेज बहादुर के हवाले कर रहे हैं। अब वे स्वयं को उनकी ही प्रजा समझें।

12 फरवरी, 1856 को चार्ल्स विंग फील्ड गोंडा और बहराइच के कमिश्नर नियुक्त हुए। सकरौरा पहुँचकर उन्होंने अंग्रेज सरकार के वफादार बलरामपुर के तत्कालीन राजा दिग्विजय सिंह को बुलाया। उनसे मंत्रणा की। इसके बाद उन्होंने अपनी पलटन और तोप के साथ नानपारा, चर्दा, गोंडा, उतरौला और तुलसीपुर का दौरा किया।

तुलसीपुर के राजा दृगनारायण सिंह 'साहब जी' को उन्होंने एक महीने के अंदर बकाया मालगुजारी जमा करने का, अपनी फौज बर्खास्त करने का और तोपें सरकार के पास जमा करने का हुक्म दिया। तीन महीने बीत गए, परंतु राजा तुलसीपुर द्वारा आदेश का पालन नहीं किया जा सका। इस प्रकार क्रुद्ध होकर कमिश्नर ने अपने वफादार बलरामपुर के राजा दिग्विजय सिंह को पत्र द्वारा सूचित किया कि वे राजा तुलसीपुर को दंडित करने पहुँच रहे हैं। आप भी अपनी फौजें तैयार रखें। राजा तुलसीपुर को आक्रमण का समाचार मिला तो वे तुलसीपुर से दूर बस्ती जनपद में स्थित डोकम किले में पहुँच गए। कमिश्नर ने डोकम पहुँचकर राजा को उनके कर्मचारियों सहित बंदी बना लिया। राजा को कैद में डाल दिया गया और तुलसीपुर इलाका सरकारी तहसील के अधीन कर दिया गया।

स्वाधीनता संग्राम छिड़ने से एक वर्ष पूर्व गोंडा जनपद में एक साहसी युवक फजल अली द्वारा गोंडा के जिलाधिकारी कर्नल ब्वायलू की हत्या भी इस समय की उल्लेखनीय घटना है।

ये समस्त परिस्थितियाँ गोंडा जनपद के लोगों को उद्वेलित करती रहीं। बरसों से उनके भीतर जमा हो रहा आक्रोश अंततः सन् 1857 की क्रांति में उनकी भागीदारी के रूप में सामने आया।

संदर्भ

1. पुराना लखनऊ अब्दुल हलीम शरर—नेशनल बुक ट्रस्ट इंडिया, नई दिल्ली, पृ. 15
2. पुराना लखनऊ—अब्दुल हलीम शरर, पृ. 22
3 उपर्युक्त
4. उपर्युक्त, पृ. 28

अध्याय : 3

स्वतंत्रता संग्राम का प्रथम उद्घोष

अंग्रेजी शासन की स्थापना का वर्ष 1757 था। इसके ठीक सौ वर्ष पश्चात सन् 1857 में उत्तर भारत की जनता ने अंग्रेजी शासन के विरुद्ध विद्रोह कर दिया, जिसका प्रारंभ ब्रिटिश ईस्ट इंडिया की सेना में नियुक्त भारतीय सैनिकों की क्रांति से हुआ।

ब्रिटिश कंपनी की सेना मुख्य रूप से तीन अंगों में विभक्त थी—बंगाल सेना, बंबई सेना तथा मद्रास सेना। बंगाल सेना सबसे बड़ी थी। इसके कुल 1,70,000 सैनिकों में से 1,40,000 सैनिक भारतीय थे। ये मुख्य रूप से अवध, बिहार और उत्तरी पश्चिमी प्रांतों के निवासी थे और अपने-अपने गाँव के छोटे-मोटे जमींदार या किसान परिवारों से आए थे। इन सैनिकों को न तो संतोषजनक वेतन मिलता था और न कभी सार्जेंट पद से ऊपर की तरक्की प्राप्त होती थी। स्पष्टत: अपनी स्थिति के प्रति इन सैनिकों के भीतर असंतोष की भावना रहती थी।

1857 में प्लासी की लड़ाई के सौ वर्ष पूरे हो रहे थे। इस अवसर पर ब्रिटिश सत्ता को आमूलचूल उखाड़ फेंकने की छोटी-मोटी योजनाएँ बनने लगी थीं, परंतु कोई भी योजना सुसंगठित रूप प्राप्त नहीं कर पाई थी। इस प्रकार का प्रयास कुछ संन्यासी तथा वहाबी आंदोलनकर्ता कर रहे थे। इसका थोड़ा-बहुत प्रभाव सैनिकों पर भी था। विगत वर्षों में भारतीयों के मन में यह भावना घर कर गई थी कि अंग्रेज सरकार भारत के हिंदू और मुसलमान, दोनों को ही ईसाई बनाना चाहती है। इस कारण भी सैनिकों के भीतर व्याप्त असंतोष आक्रोश का रूप धारण करने लगा था। इसी दौरान सैनिकों के आक्रोश की अग्नि में घी डालनेवाला कारण बनकर आई अंग्रेजों की नई आविष्कृत एनफील्ड रायफल। इन रायफलों में एक विशेष प्रकार के कारतूसों का प्रयोग किया जाता था, जिनको प्रयोग से पूर्व मुँह से खोलना पड़ता था। इन कारतूसों में सूअर और गाय की चर्बी प्रयुक्त होने की सूचना थी। इन कारतूसों ने सैनिकों के आक्रोश को विस्फोट में बदल दिया। 26 फरवरी, 1857 को कलकत्ता से 120 मील दूर स्थित बरहमपुर को 19वीं

देशी सैनिक टुकड़ी ने दगाऊ टोपी पहनकर परेड में जाने से इनकार कर दिया। उनके विरुद्ध कड़ी कार्रवाई की गई। इसके फौरन बाद कलकत्ता के निकट स्थित बैरकपुर के 34वीं देशी सैनिक छावनी के मंगल पांडेय ने खुला विद्रोह कर दिया। उन्होंने अपना आपा खोकर 21 मार्च, सन् 1857 को अपने सार्जेंट मेजर ह्यूसन की गोली मारकर हत्या कर दी। स्थल पर आए एड्जुटेंट लेफ्टिनेंट हेनरी बॉब पर भी तलवार से वार किया। 7 अप्रैल को ही उन्हें बैरकपुर में फाँसी दे दी गई। मंगल पांडेय की शहादत ने उत्तर भारत की समस्त छावनियों में विद्रोह की आग भड़का दी। अंग्रेज मार्टिन लिखता है, "मंगल पांडेय को जब से फाँसी दी गई है, तब से समस्त भारत की सैनिक छावनियों में जबर्दस्त विद्रोह प्रारंभ हो गया है।"

अब्दुल हलीम शरा 'पुराना लखनऊ' में लिखते हैं, "यकायक कारतूसों के झगड़ों और गवर्नमेंट की जिद ने 1857 ई. में गदर पैदा कर दिया और मेरठ से बंगाल तक ऐसी आग लगी कि अपने-पराये सबके घर जल उठे। और ऐसा हंगामा पैदा हुआ कि हिंदुस्तान में ब्रिटिश गवर्नमेंट की बुनियाद ही हिलती नजर आती थी।"

अंबाला की 60वीं व 5वीं सैनिक छावनी के सभी सैनिकों ने 9 मई को विद्रोह कर दिया। यह पहला ऐसा सैनिक विद्रोह था, जिसमें किसी छावनी के सभी सैनिकों ने भाग लिया था। अंग्रेजी प्रशासन ने इस पर तत्काल काबू पा लिया; पर इसके बाद मेरठ में हुए विद्रोह पर काबू पाना अंग्रेज सरकार के लिए लोहे के चने चबाना जैसा था। 24 अप्रैल की परेड में देशी सेना ने उन कारतूसों को हाथ लगाने से भी मना कर दिया। फलत: बौखलाई हुई अंग्रेजी सेना ने 90 में से 85 सैनिकों की वर्दी उतरवा ली। नतीजा यह हुआ कि अगले ही दिन पूरी छावनी के सैनिकों में विद्रोह की आग भड़क उठी। उन्होंने अपने सैनिकों और साथियों को जेल से छुड़ा लिया और सभी अंग्रेज अधिकारियों, उनकी पत्नियों और बच्चों की हत्या कर दी। 11 मई को इन्हीं सैनिकों ने दिल्ली पर भी अधिकार कर लिया और अंग्रेजों द्वारा पेंशन पा रहे तत्कालीन मुगल सम्राट बहादुरशाह द्वितीय को अपना नेतृत्व करने के लिए विवश किया। छह सैनिकों तथा चार नागरिकों की मिली-जुली समिति ने 'जलसा' के नाम से दिल्ली का प्रशासन अपने हाथ में ले लिया।

इस सैनिक विद्रोह से सर्वाधिक प्रभावित होनेवाला क्षेत्र अवध तथा बुंदेलखंड था। यहाँ के कृषकों ने विद्रोही सैनिकों का साथ देते हुए उनके साथ विद्रोह में भाग लेना प्रारंभ कर दिया। नए जमींदार या तो भगा दिए गए अथवा मार डाले गए। स्थानीय सरकारी कार्यालयों पर हमला बोल दिया गया। किसानों ने लगान चुकाना बंद कर दिया। उत्तरी भारत के दोआब क्षेत्र ने भी इसमें अपना सक्रिय योगदान दिया। सैनिकों ने अलीगढ़,

बरेली, लखनऊ, कानपुर तथा इलाहाबाद को स्वतंत्र कराने के बाद वहाँ अपनी सरकारें स्थापित कर ली थीं। बरेली का प्रशासन खान बहादुर खान नामक एक रोहिल्ला सैनिक अधिकारी ने अपने हाथ में ले लिया था। कानपुर के प्रशासन पर पेशवा बाजीराव द्वितीय के दत्तक पुत्र नाना साहब का अधिकार था। इन नगरों के साथ गोंडा, बाराबंकी, सीतापुर, आजमगढ़, शाहजहाँपुर, एटा, मथुरा, रूड़की, मैनपुरी, इटावा, बदायूँ, हाथरस, वाराणसी, झाँसी, फैजाबाद और फतेहपुर जैसे अपेक्षाकृत छोटे शहरों में भी विद्रोह फैल गया।

स्वतंत्रता संग्राम का समय यद्यपि 31 मई, 1857 को नियत किया गया था, पर मंगल पांडेय ने अपनी भावनाओं पर नियंत्रण खोकर अंग्रेज सैन्य अधिकारी की हत्या द्वारा इस संग्राम का सूत्रपात समय से पहले ही कर दिया था। बिना किसी पूर्व तैयारी और निश्चित नेतृत्व के अभाव में समय से पूर्व शुरू हो गए इस विद्रोह ने दिल्ली को एक अराजक स्थिति में लाकर खड़ा कर दिया। कोई भी यह समझ पाने में समर्थ नहीं था कि अब आगे क्या करना है! कानून और व्यवस्था की जटिल समस्या सामने थी। विद्रोही सैनिकों को इस समय जिस अनुशासनिक भावना की आवश्यकता थी, उसको उत्पन्न करने में तत्कालीन विद्रोही नेता सफल नहीं हो पा रहे थे। अनुशासनविहीनता की यही समस्या कानपुर के साथ भी थी। कानपुर में नाना साहब ने विद्रोह का नेतृत्व अपने हाथ में ले रखा था। नगर के लगभग दस हजार सैनिक और कृषक अंग्रेजों के विरुद्ध संघर्ष छेड़े हुए थे। लखनऊ के विद्रोह का नेतृत्व बेगम हजरत महल कर रही थीं। लखनऊ के विद्रोह में 50,000 नागरिक भाग ले रहे थे। विद्रोहियों ने रेजीडेंसी को घेर लिया था। रेजीडेंसी में अंग्रेज सैनिकों, अधिकारियों और उनके परिवारों ने शरण ले रखी थी। कानपुर और लखनऊ में ब्रिटिश सेना अधिकारी कैंपवेल, जनरल हैवलॉक तथा विंढम ने अपनी पूरी सैनिक योग्यता और कुशल नेतृत्व के बूते पर इस विद्रोह को कुचलने का प्रयास एक लंबे समय तक जारी रखा। यदि सच कहा जाए तो उस समय अंग्रेजों के विरुद्ध विद्रोहियों के पक्ष में मुँहतोड़ जवाब देनेवाले तात्या टोपे बड़े ही योग्य सेनापति थे। छह माह के लगातार प्रयासों और एक महीने तक चले लंबे युद्ध के बाद अंग्रेजों ने लखनऊ पर एक बार फिर से अपना कब्जा जमा लिया। लखनऊ के बाद कानपुर और इसके बाद मई में बरेली भी अंग्रेजों के अधिकार में आ गया। इस जीत के साथ अंग्रेजी सेना का मनोबल बढ़ता गया। जनरल रोज के नेतृत्व में उन्होंने झाँसी की ओर कदम बढ़ाए। झाँसी में उन्हें अद्भुत शौर्य की प्रतीक रानी लक्ष्मीबाई का सामना करना पड़ा। लक्ष्मीबाई की वीरता और कुशल नेतृत्व ने हालाँकि अंग्रेजों को नाकों चने चबवा दिए, पर झाँसी में रानी की पराजय हुई। झाँसी की पराजय के बाद लक्ष्मीबाई ने

तात्या टोपे की सहायता से ग्वालियर पर अपना अधिकार कर लिया। ग्वालियर में उनका अंग्रेजों के साथ युद्ध हुआ। अपने समस्त पराक्रम के बाद भी वे पराजित हुईं और उन्होंने वीरगति पाई। अप्रैल, 1859 को अंग्रेजों द्वारा तात्या टोपे भी पकड़ लिये गए। अंग्रेजों ने उनको फाँसी पर लटका दिया।

इंग्लैंड की रानी विक्टोरिया ने 1 नवंबर, 1858 को अपने घोषणा-पत्र में ईस्ट इंडिया कंपनी के सारे अधिकार अपने हाथ में ले लिये। इस घोषणा-पत्र के अनुसार रानी ने उन सभी रजवाड़ों, सामंतों और जमींदारों को क्षमादान देने का आश्वासन दिया था, जिन्होंने विद्रोह से अपने हाथ खींच लिये थे। इस घोषणा-पत्र का परिणाम यह हुआ कि कई सामंतों और जमींदारों ने विद्रोहियों का साथ छोड़ दिया। अपने अंतिम दौर में नेतृत्व विहीन होकर कमजोर पड़ चुके इस विद्रोह को दबा देना अंग्रेजों के लिए बहुत आसान हो गया।

इस प्रकार बरसों से गुलामी की बेड़ियों में जकड़े और अंग्रेजों के अन्याय, उत्पीड़न और लूट के विरुद्ध एकजुट हुए भारतीयों की अपनी मातृभूमि को स्वाधीन कराने की चेष्टा का प्रथम उद्घोष सन् 1857 के स्वाधीनता संग्राम नाम से जाना गया। यद्यपि यह संग्राम विफल रहा, परंतु सौ वर्ष बाद प्राप्त होनेवाली आजादी की भूमिका इसी संग्राम ने रच दी थी। भारतीयों की अंग्रेजी सत्ता को उखाड़ फेंकने की यह चेष्टा अंग्रेजों को बहुत ही नाजायज प्रयास प्रतीत हुआ। प्रतिक्रिया स्वरूप, देशवासियों के मातृभूमि को मुक्त कराने के इस प्रयास को अंग्रेजों ने 'सिपाही विद्रोह' या 'गदर' कहकर अपमानित करने का निंद्य प्रयास करते हुए इसे विकृत रूप देने की चेष्टा की। सर जेम्स आउट्रम और डब्ल्यू. टेलर ने इस संघर्ष को अंग्रेजों के विरुद्ध हिंदू और मुसलमानों का षड्यंत्र कहा।

इस प्रकार अंग्रेजों द्वारा भारतीयों के इस महत संघर्ष को सर्वथा गलत अर्थ देकर मिथ्यापूर्ण ढंग से प्रस्तुत करने की कुचेष्टा की गई। वस्तुत: 'ब्रिटिश साम्राज्य में सूर्य कभी अस्त नहीं होता'—जैसे मिथ्याभिमान पर इतरानेवाले अंग्रेजों के मुँह पर भारत का प्रथम स्वाधीनता संग्राम एक तमाचा बन कर लगा था। इस अप्रत्याशित तमाचे की अपमानजनक पीड़ा से वे बिलबिला उठे।

इस छोटी सोच से ऊपर उठे और विवेकपूर्ण दृष्टि रखनेवाले कवि अर्नेस्ट जोंस ने इस स्वाधीनता संग्राम को सही अर्थ देते हुए अपनी काव्य कृति 'न्यू वर्ल्ड' में इसे 'भारत की राष्ट्रीय जागृति' कहा और अपने काव्य 'द रिवोल्ट ऑफ हिंदुस्तान' की भूमिका में लिखा, "आश्चर्य इस बात का नहीं है कि 17 करोड़ जनता अब विद्रोह करने उठ खड़ी हुई है। आश्चर्य तो यह है कि उन्होंने अधीनता स्वीकार ही कैसे कर ली थी?"[1]

अंग्रेजों ने भारत के जिस स्वाधीनता संग्राम को 'सिपाही विद्रोह' (सिपॉय म्यूटिनी) कहकर उसकी गरिमा का अवमूल्यन करने का प्रयास किया है, उसी को सुप्रसिद्ध साहित्यकार अमृत लाल नागर द्वारा किस दृष्टि से देखा गया है, द्रष्टव्य है, "यह भी मार्के की बात है कि अंग्रेजों के खिलाफ लड़ने के लिए सबसे पहले सिपाही उठे। सामंतगण सिपाहियों के कारण ही संघबद्ध हुए थे। यह सिपाही संगठन ही देश में नए युग के आने का परिचय देता है। सिपाही आखिरकार हमारी आम जनता के ही प्रतिनिधि तो थे और इसीलिए जब हमारे राजे-सामंत हार गए, तब भी जन-साधारण एकाएक चुप होकर न बैठ सका।[2] वीर सावरकर ने इस विद्रोह को 'प्रथम स्वातंत्र्य समर' नाम दिया था।

निष्कर्षत: अपनी मातृभूमि को दासता से मुक्त कराने के लिए अपने प्राणों की बाजी लगा देनेवाले भारत माता के वीर सपूतों द्वारा छेड़े गए इस संघर्ष के लिए सर्वथा उपयुक्त नाम 'स्वाधीनता संग्राम' ही है, 'सिपाही विद्रोह' या 'गदर' नहीं।

सन् 1857 ई. के इस स्वाधीनता संग्राम के यदि प्रेरक तत्त्वों पर विचार किया जाए तो हमारे सामने निम्नलिखित कारण आते हैं—

स्वतंत्रता संग्राम के राजनीतिक कारण

ईस्ट इंडिया कंपनी के द्वारा अंग्रेज भारत में व्यापार करने की मंशा से एक व्यापारी बन कर आए थे। भारत का अतुलित धन-वैभव और ऐश्वर्य देखकर उनकी आँखें चौंधिया गईं। भारतीयों के सीधेपन ने उनको कुटिल चालें चलने के लिए उपयुक्त भूमि उपलब्ध करा दी। उन्होंने भारत को जी भरकर लूटा और अंत में व्यापारी की जगह यहाँ के शासक बन बैठे। लॉर्ड क्लाइव ने छल-कपट का सहारा लेकर मीरजाफर को अपनी तरफ फोड़ा और मुट्ठी-भर अंग्रेज सैनिकों के बूते पर बंगाल के नवाब सिराजुद्दौला की विशाल सेना को परास्त कर प्लासी का युद्ध अपने पक्ष में कर लिया। तदुपरांत बक्सर की संधि द्वारा भारत में अंग्रेजी साम्राज्य की जड़ें पूरी तरह मजबूती के साथ जमा दीं। लॉर्ड डलहौजी की हड़प नीति के द्वारा गोद लेने की परंपरा को अवैध घोषित कर दिया गया। इस नीति के द्वारा नागपुर, झाँसी, सतारा और संभलपुर जैसे राज्य अंग्रेजी साम्राज्य में मिला लिये गए। अवध बहुत संपन्न प्रांत था। सन् 1798 ई. में अवध के नवाब आसफुद्दौला की मृत्यूपरांत उनके बेटे वजीर अली खाँ सत्तासीन हुए, परंतु अंग्रेजों ने उन्हें नवाब की जायज संतान न मानते हुए अवध की गद्दी पर आसफुद्दौला के भाई सआदत अली खाँ को कब्जा दिला दिया और इस अहसान के एवज में आधा अवध उनसे ले लिया।

अंग्रेज सरकार ने अवध के नवाब मुहम्मद शाह के साथ भी एक संधि की थी, जिसके अनुसार कंपनी सरकार को यह अधिकार प्राप्त था कि अवध प्रांत में वह जहाँ भी शासन की ढील देखे, उसे अपने शासन में ले ले। इसी संधि के अनुसार नवाब वाजिद अली शाह के समय में अंग्रेजों ने अवध प्रदेश का राज्य ब्रिटेन में शामिल कर लिया। अपने वेतन, अवरुद्ध तरक्की तथा चर्बीवाले कारतूसों को लेकर भारतीय सैनिकों का आक्रोश भी स्वाधीनता संग्राम के सूत्रपात का अहम कारण बना।

स्वतंत्रता संग्राम के आर्थिक कारण

भारतीय जनमानस को उद्वेलित करने में अंग्रेजों की आर्थिक नीतियों की भी बड़ी भूमिका रही। भारतीय किसानों पर उनके द्वारा किया गया अत्याचार और शोषण मानवता के प्रति किए गए जघन्य अपराध का उदाहरण है। किसानों का भूमि कर बढ़ा दिया गया। लगान वसूली का कार्य अंग्रेजों के अधीनस्थ जमींदारों का था। जमींदारों के कारिंदे बड़ी क्रूरतापूर्वक अमानवीय ढंग से लगान की उगाही करते। प्राकृतिक आपदा अथवा किसी अन्य कारण से लगान न दे पाने की स्थिति में निरीह किसानों की जमीन नीलाम करवा कर उनका जीवनाधार उनकी भूमि छीन ली जाती।

जलकुंभी जिस प्रकार जल से पोषण पाकर जल का ही अस्तित्व ढक लेती है, उसी प्रकार अंग्रेजों ने भारत के ही कच्चे माल द्वारा निर्मित वस्तुओं द्वारा भारत के ही उद्योग-धंधों को समाप्त करने का कुचक्र रचा। भारत में पैदा होनेवाली कपास इग्लैंड भेज दी जाती। वहाँ की कपड़ा मिलों में इस कपास से कपड़ा बनाया जाता। इसी कपड़े पर विदेशी ठप्पा लगाकर इसे भारत में तिगुने दामों पर बेचा जाता। इस प्रकार अंग्रेज 'मियाँ की जूती मियाँ के सिर' कहावत को चरितार्थ करते हुए भारत की ही कपास से निर्मित कपड़े पर भारत से ही अपना लाभ कमाते। 'डिस्कवरी ऑफ इंडिया' में जवाहरलाल नेहरू लिखते हैं, "एक ग्रामीण उद्योग के बाद दूसरा ग्रामीण उद्योग नष्ट होता गया और भारत ब्रिटेन का आर्थिक उपकरण बन कर रह गया।"[3]

स्वतंत्रता संग्राम के धार्मिक कारण

उपर्युक्त कारणों के अतिरिक्त स्वाधीनता संग्राम के उत्प्रेरक कारणों में एक धार्मिक कारण भी है। जैसा कि पूर्व में भी संकेत किया जा चुका है कि देशवासियों के मन में यह भावना

घर कर गई थी कि अंग्रेज बड़े पैमाने पर भारत के हिंदू और मुसलमानों का ईसाइयत में धर्मांतरण करा रहे हैं। भारतीयों की यह आशंका अथवा भय निर्मूल नहीं था। तत्कालीन भारत का बड़ा समुदाय निर्धनता और अछूत समस्या से ग्रस्त था। आगे चलकर महात्मा गांधी ने 'अछूतोद्धार' नाम से सामाजिक कार्यक्रम चलाया भी था। अंग्रेजों ने इन दोनों श्रेणी के लोगों को प्रलोभन देकर ईसाई धर्मांतरण की मुहिम-सी छेड़ दी। इतना ही नहीं, अपार धन-संपदा के केंद्र भारतीय मंदिरों पर भी अंग्रेजों की धन-लोलुप दृष्टि जम गई।

अंग्रेजों ने भारतीयों के गोद लेने के अधिकार को रद्द करके भी उनकी धार्मिक भावनाओं को ठेस पहुँचाई। बच्चा गोद लेने की रस्म भारतीय समाज में कानून या समाज से अधिक धर्म-सम्मत मानी जाती है। इसीलिए दत्तक पुत्र को 'धर्मपुत्र' भी कहा जाता है, जिसका आशय है—धार्मिक भावना से माना हुआ पुत्र। इस संदर्भ में 'काजेज ऑफ द इंडियन रिवोल्ट' पुस्तक की ये पंक्तियाँ ध्यान देने योग्य हैं—हमने भारतीयों को जातिभ्रष्ट कर दिया है। इनके उत्तराधिकार के नियमों को रद्द कर दिया है। उनके धर्म में पवित्रतम् रिवाजों की अवहेलना की है। उनके मंदिरों की जायदादों को जब्त कर लिया है और अपने सरकारी लेखों अभिलेखों में उन्हें 'काफिर' कहकर कलंकित किया है।"[4]

चर्बीवाले करतूसों ने भी भारतीय सैनिकों की धार्मिक भावनाओं को उत्तेजित करने में बड़ी भूमिका निभाई।

इस संदर्भ में इस तथ्य का उल्लेख करना समीचीन होगा कि प्रत्येक राष्ट्र का अपना राष्ट्रीय चरित्र होता है। उदाहरण के लिए, फ्रांसीसियों का राष्ट्रीय चरित्र है—राजनीतिक अधिकार स्वातंत्र्य, अंग्रेजों का राष्ट्रीय चरित्र है—व्यवसाय बुद्धि और भारतीयों का राष्ट्रीय चरित्र है—धर्म।[5] धर्म वह केंद्रबिंदु है, जहाँ भारत का राष्ट्रीयत्व वास करता है और जब इस मर्मस्थान पर आघात होता है तब पूरा राष्ट्र अपनी प्रचंड शक्ति से उसका प्रतिरोध करता है।

इस स्थल पर एक अन्य तथ्य भी ध्यान देने योग्य है। जिन चर्बीवाले कारतूस प्रयोग पर आक्रोशित होकर मंगल पांडेय ने अंग्रेज सैन्य अधिकारी की हत्या कर दी, जिन कारतूसों ने निर्धारित समय से पूर्व स्वाधीनता संग्राम का प्रारंभ कर दिया और जिन कारतूसों को सन् 1857 के स्वाधीनता संग्राम का महत्त्वपूर्ण कारण माना गया, उन्हीं चर्बीवाले कारतूसों का भारतीयों द्वारा अंग्रेजों के खिलाफ इस्तेमाल हुआ। ब्राह्मण सिपाहियों तक ने आपद्धर्म कहकर चर्बीवाले कारतूस मुँह से काटे और शत्रु अंग्रेजों को मारा।[6]

स्पष्ट है, भारतीय सैनिकों के समक्ष जब धर्म और राष्ट्र धर्म, दोनों में से किसी एक के चयन की घड़ी आई तो उन्होंने राष्ट्रधर्म को वरीयता दी और 'आपत्ति काले मर्यादा नास्ति' का अनुपालन करते हुए इन्हीं कारतूसों को मुँह से खोलकर अंग्रेज शत्रुओं को मारा।

इस समस्त प्रकरण से सचिव गवर्नर जनरल जी.एफ. एजमान्सन को संभवतः अंग्रेजों की ज्यादतियों का भान हुआ। इसका पता जनरल जेम्स आउट्रम को लिखे उसके पत्र के इस अंश से लगा है—

"विद्रोह के पीछे निश्चित रूप से कुछ ऐसे कारण हैं, जिनकी गुरूता पर विचार करना आवश्यक हो गया है।"

'गदर के फूल' में अमृतलाल नागर लिखते हैं, "काइयों के पर्त जमे, बरसों के बंद तालाब में पत्थर फेंकने से जिस प्रकार काई फटती है और जल का अंतर आलोड़ित हो उठता है, ठीक उसी प्रकार सदियों की अगति से जड़ भारत देश अंग्रेजों से आघात पाकर आंदोलित हो उठा।"

सन् 1857 ई. का स्वाधीनता संग्राम और गोंडा जनपद

अंग्रेज गोंडा जनपद के गोंडा और भिनगा के ताल्लुकेदारों को किंचित सुविधाएँ प्रदान कर इस भ्रम में थे कि वे स्वाधीनता संग्राम में तटस्थ रहेंगे, परंतु अंग्रेज इस सत्य का साक्षात्कार नहीं कर पाए कि मुट्‌ठी-भर बिकाऊ ताल्लुकेदारों की तुलना में गोंडा जनपद के राष्ट्रभक्त ताल्लुकेदारों का पलड़ा बहुत भारी है। अंग्रेजों ने जिन भिनगा, गोंडा और धौरहरा ताल्लुकों को सुविधाएँ प्रदान की थीं, वे सब स्वाधीनता संग्राम में एकजुट हो गए। संकट काल में अंग्रेज धौरहरा में शरण माँगने पहुँचे। धौरहरा में उनको शरण देने से इनकार कर दिया गया।

गोंडा के ताल्लुकेदार अशरफ बख्श सिंह पर कई मुकदमे चल रहे थे, पर अंग्रेज सरकार ने उनके अधिकारों को बहाल किया। इस पर भी ये अंग्रेजों के खिलाफ खड़े हुए।

10 मई, 1857 को मेरठ की फौज में हुए विद्रोह की लपटें धीरे-धीरे फैलनी शुरू हुईं। गोंडा जनपद की सकरौरा छावनी में यद्यपि स्थिति शांतिपूर्ण थी तथापि सुरक्षा के विचार से गोंडा-बहराइच के संयुक्त कमिश्नर चार्ल्स विंग फील्ड ने अंग्रेज महिलाओं और पुरुषों को निरापद स्थान पर भेजना उपयुक्त समझा।

इस बीच अंग्रेजों को खबर मिली कि सेना के सिपाही हथियारों से सज्जित हो रहे हैं तो उन्होंने तत्काल सुरक्षात्मक उपाय के अंतर्गत तोपों का मुँह सेना की ओर कर दिया। सेना को लगा, अंग्रेज उनका वध करना चाहते हैं। यह बात सेना के लिए सामूहिक मुद्दा बन गई। अंग्रेजों को आभास हो चला था कि सकरौरा की सेना पर से उनका नियंत्रण हट रहा है। अतः अपने बचाव के लिए विंग फील्ड आदि ने सकरौरा छोड़ दिया।

10 जून, 1857 को सकरौरा छावनी के फौजियों ने हिशामपुर तहसील में लूट को अंजाम दिया। घबराए हुए अंग्रेज अधिकारी शरण के लिए नानपारा पहुँचे, पर वहाँ से इनकार हो गया। भारतीय वेश धारण करके वे जलमार्ग से लखनऊ जाने को तत्पर हुए। नाव में सवार सहायक कमिश्नर जॉर्डन को गोली मार दी गई। घायल जॉर्डन बाद में सकरौरा के सूबेदार के हुक्म से मार डाले गए। यहीं पर क्लार्क नाम के एक अन्य अंग्रेज अधिकारी (सहायक कमिश्नर) की भी हत्या कर दी गई।

गोंडा के सहायक कमिश्नर मेजर क्लार्क द्वारा गोंडा में विस्फोट का वर्णन करते हुए बताया गया था कि उन्हें कमिश्नर विंग फील्ड के पत्र द्वारा सूचित किया गया था कि विद्रोहियों द्वारा रास्ता बंद कर दिए जाने के पूर्व सकरौरा और गोंडा में रह रही अंग्रेज महिलाओं को सायं तक यह स्थान छोड़कर निकल जाना चाहिए।

इस विवरण में आगे उल्लिखित है कि कैप्टन माइल्स को बाग़ियों द्वारा लिखे पत्र से ज्ञात हुआ कि उनकी योजना सरकारी खजाने की लूट के साथ अंग्रेज अधिकारियों को पकड़ने की भी है। माइल्स ने फौज के सिपाहियों को समझाने का प्रयत्न किया, उन्हें बलरामपुर जाने का आदेश दिया। फौजियों ने उनकी आज्ञा मानने से इनकार कर दिया।[7]

सकरौरा तोपखाने के लेफ्टिनेंट जे. बोन्हम ने सकरौरा छावनी में हुए सैनिक विद्रोह में कुछ अन्य तथ्यों का भी उल्लेख किया है। उनके अनुसार, महिलाओं और बच्चों की रवानगी के बाद हिंदुस्तानी अफसर के अधीनस्थ सैनिक बैरकों में पहुँचकर शेष सैनिकों को विद्रोह के लिए उकसाने लगे। इन सैनिकों में विद्रोह की आशंका को देखते हुए सभी अंग्रेजों को कमिश्नर के बँगले पर पहुँचने की सलाह दी गई। कुछ विद्रोही सैनिक यद्यपि बँगले की ओर बढ़े जरूर, परंतु उस दिन उनकी ओर से कोई आपत्तिजनक चेष्टा नहीं की गई। इसके अगले दिन सैनिक विद्रोह पर उतर आए। उन्होंने अपना विद्वेष छिपाने की चेष्टा भी नहीं की। इन सैनिकों ने मार्ग अवरुद्ध कर दिया था, ताकि अंग्रेज जान बचाने के लिए लखनऊ की दिशा में न बढ़ सकें। इसी दौरान सरकारी खजाना आने की सूचना मिली। खजाना जमा होने की प्रक्रिया के चलते-चलते तमाम लोगों ने बोन्हम को घेर लिया। उन्होंने बोन्हम के लिए अपशब्दों का प्रयोग किया। विवशतः बोन्हम को वहाँ से लौटना पड़ा।

अब सेना पूरी तरह विद्रोह पर उतर चुकी थी। सैनिक खंजर, तलवार और शस्त्रों के साथ बाहर आ गए। बोन्हम ने तोपचियों को विद्रोहियों पर फायरिंग का आदेश दिया। इस पर उन्होंने न केवल इनकार ही किया, अपितु अपनी कारबाईन से बोन्हम को धमकाया

भी। केवल मुट्ठी-भर सैनिकों को छोड़ शेष सभी सैनिक विद्रोही हो गए थे। अपनी जान पर खतरा देखकर बोन्हम ने लखनऊ का रुख करना उचित समझा। बोन्हम के वफादार सैनिक शेख मरदान अली को विद्रोहियों ने सीखचों के भीतर बंद कर दिया।[8]

इस प्रकार गोंडा जनपद में स्वाधीनता संघर्ष का विस्फोट 10 जून, 1857 को सकरौरा के सैनिकों द्वारा तीन अंग्रेज अधिकारियों के वध द्वारा हुआ।

इस घटना के पूर्व भी फजल अली नाम के एक साहसी पठान द्वारा गोंडा के नवनियुक्त जिलाधिकारी कर्नल ब्वायलू की हत्या की जा चुकी थी। लोगों द्वारा इसे भी स्वाधीनता संग्राम की ही एक कड़ी के रूप में देखने की चेष्टा की गई है, किंतु यह सही नहीं है। यह हत्याकांड व्यक्तिगत द्वेष का परिणाम था। स्वाधीनता संग्राम जैसे पुनीत और महत कार्य से इसका कोई सरोकार न था।

स्वाधीनता संग्राम और गोंडा जनपद के रजवाड़े

1857 के स्वाधीनता संग्राम में महाराजा बलरामपुर को छोड़कर सभी रजवाड़े एक जुट हो कर विद्रोहियों में शामिल हो गए।

यहाँ यह बताना प्रासंगिक होगा कि जन-सामान्य की तुलना में इन ताल्लुकेदारों के विद्रोह के कारण अपेक्षाकृत अधिक नए और तकलीफदेह थे। इनके विद्रोह के कारणों को समझने के लिए इनकी विशिष्ट मानसिकता और सामाजिक संदर्भों को समझना आवश्यक है। अंग्रेज सरकार के विरुद्ध झंडा उठानेवाले गोंडा के राजा देवी बख्श सिंह के अधीनस्थ 400 गाँवों में अंग्रेज हुकूमत ने केवल 30 गाँव अलग किए थे और मालगुजारी मात्र दस हजार रुपये घटाई थी। गोंडा के बूढ़ा पायर के अशरफ बख्श की रियासतें पूर्ववर्त रहीं। अर्थात इन रजवाड़ों के असंतोष का कारण 1857 का भूमि बंदोबस्त कानून संभवतः नहीं हो सकता। अतः शरणार्थी शिविर दीनापुर में डिप्टी कमिश्नर फैजाबाद द्वारा 29 जून, 1857 को लिखे गए इस कथन की आशंका निर्मूल साबित होती है, "हमारे बंदोबस्त की व्यवस्था ने आशंका से कहीं अधिक क्रांति उत्पन्न कर दी थी।"

इस संदर्भ में चीफ कमिश्नर गोंडा तथा बहराइच चार्ल्स विंग फील्ड का यह अनुमान सत्य प्रतीत होता है कि इन रजवाड़ों में आक्रोश पनपने का कारण यह था कि ये रजवाड़े जिस असीम स्वच्छंदता का उपभोग करते आ रहे थे, उस पर प्रशासकीय अंकुश लगा दिया गया था। वे अंग्रेजी हुकूमत से घृणा करने लगे क्योंकि उन्हें कानून के सामने तुच्छतम

स्तर तक पहुँचा दिया गया था। उनसे अपनी सेनाएँ रखने का अधिकार छीन लिया गया था, मालगुजारी नियमित रूप से जमा करने तथा अपनी प्रजा पर अत्याचार न करने के लिए उन्हें बाध्य कर दिया गया था।[9]

घाघरा नदी के बीच में पड़ जाने से ये ताल्लुकेदार मुख्यालय से दूर पड़ते थे। अतः सम्राट के सूबेदार अर्थात नवाबों के हस्तक्षेप से मुक्त स्वतंत्र और राजसी जीवन जीने के अभ्यासी हो चुके थे।

गोंडा जनपद के ताल्लुकों में स्वाधीनता संग्राम के संदर्भ में बलरामपुर रजवाड़े की स्थिति भिन्न रही। 1856 में उनके 144 गाँव निकल गए थे; फिर भी वे अंग्रेजों के विरोधी नवाब को समर्थन न देकर एकनिष्ठ भाव से अंग्रेजों के पक्षधर बने रहे। कुछ लोगों ने इसके मूल में खानदानी शत्रुता को कारण बताया है।

अंग्रेज अधिकारियों के सकरौरा सिविल स्टेशन से पलायन के बाद विद्रोही सैनिकों ने सकरौरा सिविल स्टेशन और छावनी को ध्वस्त कर डाला। ये सैनिक लखनऊ के विद्रोही सैनिकों में शामिल हो गए।

अवध की गद्दी पर जब मुहम्मद शाह बैठे थे, तब अंग्रेज सरकार ने अवध की सल्तनत के साथ एक करार किया था, जिसके अनुसार दो बातें तय हुईं। एक तो यह कि अवध की निगरानी के लिए रखी गई अंग्रेजी फौज में बहुत वृद्धि की जाए और दूसरी यह कि सारे अवध प्रांत अथवा उसके जिस इलाके में अंग्रेज सरकार ढील पाए, उसे जब तक चाहे, अपने शासन में रख सकती है। इस करार को ध्यान में रखते हुए नवाब मुहम्मद शाह भरसक अवध प्रांत की स्थिति में सुधार करते रहे। सन् 1842 में मुहम्मद अली शाह के बाद अमजद अली शाह और उनके बाद अवध के अंतिम नवाब वाजिद अली शाह अवध की गद्दी पर बैठे। अमजद अली का पूरा झुकाव धार्मिकता की ओर था और वाजिद अली शाह का ललित कलाओं की ओर। नतीजा यह रहा कि शासन व्यवस्था ढीली पड़ गई। प्रेमचंद अपनी कहानी 'शतरंज के खिलाड़ी' में उस समय का चित्रण करते हुए कहते हैं, "वाजिद अली शाह का समय था। लखनऊ विलासिता के रंग में डूबा हुआ था। छोटे-बड़े, अमीर-गरीब—सभी विलासिता में डूबे थे।"[10]

शासन व्यवस्था की ढील को देखकर अपने पूर्वोक्त करार के अनुसार ईस्ट इंडिया कंपनी की सरकार ने अवध प्रांत पर कब्जा कर लिया। वाजिद अली शाह की माँ, भाई और युवराज इंग्लैंड गए, ताकि इंग्लैंड की रानी से अपने विरुद्ध हुए अन्याय का निराकरण पा सकें। इसी बीच स्वाधीनता संग्राम का बिगुल बज उठा। ब्रिटिश सरकार को अपनी चूलें हिलती हुई नजर आने लगीं। नवाब का परिवार इंग्लैंड में था। स्वयं

नवाब हिंदुस्तान के गवर्नर जनरल से न्याय की उम्मीद में कलकत्ता गए हुए थे। संग्राम की आपाधापी में अवध के खाली पड़े तख्त पर वाजिद अली शाह के दस वर्षीय पुत्र बिरजीस कद्र को बैठा दिया गया। वाजिद अली शाह की पत्नी बेगम हजरत महल सल्तनत की मुख्तार बनीं।

बेगम हजरत महल अद्‌भुत जीवट की महिला थीं। उनमें हुकूमत करने की क्षमता थी। उनके नेतृत्व में अवध में क्रांति की तैयारी की गई। बेगम के कितने ही मौलवी और पंडित एक-एक बैरक, एक-एक गाँव में जाकर क्रांति की अलख जगाते थे। अब्दुल हलीम शरर लिखते हैं, "लोग हजरत महल की तत्परता और नेकी की तारीफ करते हैं। वे सिपाहियों की बहुत कद्र करती थीं और उनके काम और हौसले से ज्यादा इनाम देती थीं, मगर इसका क्या इलाज कि यह मुमकिन न था कि वे खुद पर्दे से निकलकर फौज की सिपहसालार बन जातीं?"[11]

बिरजीस कद्र की गद्‌दीनशीनी को छह-सात महीने ही हुए थे कि पंजाब के सिक्ख और भूटान के पहाड़ियों को लेकर अंग्रेज फौज लखनऊ पर कब्जा करने आ गई।

05 जुलाई, सन् 1857 को बेगम ने मदद के आशय से एक मार्मिक पत्र गोंडा के राजा देवी बख्श सिंह को भिजवाया। वीर पुरुष राजा देवी बख्श सिंह को गोंडा जनपद को मिलाकर अन्यत्र के भी रजवाड़ों यानी कुल तीस रजवाड़ों के नायक के रूप में क्रांति का संचालन सँभालने का दायित्व दिया गया था।

सरकारी बंदोबस्त में राजा देवी बख्श सिंह को नुकसान उठाना पड़ा था। इसका उन्हें क्षोभ नहीं था, पर अवध की सत्ता हथियाने के लिए अंग्रेजों ने जैसा घृणित कुचक्र रचा था, इससे वे बहुत क्षुब्ध थे। अवध के राजपरिवार के साथ उनके आत्मीयतापूर्ण संबंध थे। जैसा कि पूर्व में भी संकेत किया जा चुका है कि नवाब की माँ राजा गोंडा के अश्व संचालन और तलवारबाजी पर मुग्ध होकर उनको अपना बेटा मान चुकी थीं। इन आत्मीयतापूर्ण संबंधों के संदर्भ में और नवाब के साथ हुए अन्याय के प्रतिकार में राजा देवी बख्श सिंह ने बेगम और उनके बेटे का पूरा साथ निभाने का वचन दिया।

बेगम के अनुरोधपूर्ण आमंत्रण को आदेश मानकर राजा देवी बख्श सिंह अपने विश्वस्त क्षत्रियों, मेवातियों और ब्राह्मणों की फौज के साथ लखनऊ पहुँच गए।

बिरजीस कद्र की ताजपोशी के समय सैनिक पंचायत और बिरजीस कद्र सरकार के बीच एक समझौता हुआ।[12] इस समझौते में कई शर्तें रखी गईं। तेरह नई पलटनें भर्ती करने का निर्णय हुआ और एक दूसरे हुक्मनामे के अनुसार अवध के प्रमुख ताल्लुकेदारों, जमींदारों को अपनी सेनाएँ लेकर राजधानी से आने का आदेश दिया गया था। इस आदेश

के अनुपालन में राजा देवी बख्श समेत नौ अन्य ताल्लुकेदार लगभग 42,000 फौज तथा तोप व अन्य अस्त्र-शस्त्र लेकर पहुँचे।

ऐसा नहीं था कि ये ताल्लुकेदार शाही हुक्मनामा पाते ही सहसा आ गए थे। सत्य यह है कि ये सब अंग्रेज सरकार के विरुद्ध अवध की बेगम हजरत महल का सहयोग करने एकत्र हुए थे।

'गदर के फूल' में अमृत लाल नागर ने बताया है कि विभिन्न जिलों की यात्रा से उन्हें इन सामंतों के जगह-जगह एकत्र होकर कॉन्फ्रेंस करने और अहदनामों पर हस्ताक्षर करने की बात मालूम हुई है।[13]

जगदेव सिंह अपने आलेख 'भारत का प्रथम स्वाधीनता संग्राम' में बताते हैं कि—13 अगस्त, 1857 को अंग्रेजी सेनाओं के नए कमांडर इन चीफ काल्विन कैंपवेल ने संग्राम की सूचना पाते ही स्वतंत्रता संग्राम के सेनानियों को नेस्तनाबूद करने के लिए विभिन्न स्थलों से भारत के बाहर से भी अंग्रेजी सेना एकत्र करने और हथियार ढलवाने का काम शुरू कर दिया। उसकी सेना अंग्रेज अधिकारी हडसम होप और आयर समेत सिक्खों से भी संयुक्त थी। सेना ने रेजीडेंसी पर भीषण गोला-बारी शुरू कर दी। यह 14 नवंबर, 1857 का दिन था।

इस युद्ध में अंग्रेजी सेना से मोर्चा लेने के लिए कितने ही सामंत एकत्र हुए थे। सैयद कमालुद्दीन हैदर ने अपने इतिहास ग्रंथ में बिरजीस सरकार द्वारा अनेक सामंतों को परवाने भेजे जाने की बात लिखी है। पंडित देवीदत्त शुक्ल के 'अवध के गदर का इतिहास' के अनुसार अवध के राजे सामंतों और चकलेदारों की जो सेनाएँ अवध की राजधानी लखनऊ में एकत्र हुई थीं, संख्या में एक लाख पचास हजार थीं। इतनी विशाल सेना के बावजूद विद्रोही रणबाँकुरों की फौज परास्त हो गई। कारण था सुनियोजन, सुसंगठन का अभाव तथा आपसी फूट और कलह।

16 मार्च, 1858 को अंग्रेजी सेना महलों में घुस आई। अंततः बेगम की हार हुई। बेगम ने भरावन के ताल्लुकेदार राज मर्दन सिंह से शरण माँगी। अमृतलाल नागर ने 'गदर के फूल' में उल्लिखित किया है कि मर्दन सिंह ने शरण देने से इनकार करते हुए अपमानजनक उक्ति कही, "मैं तुम्हें शरण नहीं दे सकता, क्योंकि तुम मेढक की तरह इधर से उधर उछलती फिरोगी।[14]

बेईमान अंग्रेज सरकार के विरुद्ध बेगम का अवध के ताल्लुकेदारों को संगठित करने का प्रयास मर्दन सिंह जैसे ओछी सोच के व्यक्ति के लिए 'मेढक का उछलना' बन गया।

अंततः बेगम नेपाल में शरणागत हुईं। भारत देश का हमेशा से दुर्भाग्य रहा है कि चंद लालचियों और राष्ट्रद्रोहियों द्वारा राष्ट्रहित को दरकिनार कर शत्रुओं का साथ देकर देशहित में प्राण की बाजी लगा देनेवाले राष्ट्रभक्तों के प्रयासों में सेंधमारी की गई है। भारत के स्वाधीनता संग्राम में गोंडा जनपद तथा आसपास के कुछ ताल्लुकेदारों का रवैया नितांत असहयोग पूर्ण रहा। इस संदर्भ में उल्लेख्य हैं—अयोध्या के राजा मानसिंह, बलरामपुर के राजा दिग्विजय सिंह और मझगवाँ के ठाकुर हररत्न सिंह। मानसिंह तो बाकायदा अंग्रेजों के लिए मुखबिरी करते रहे। फैजाबाद के विद्रोही मौलवी अहमदुल्लाह शाह को पवाँया (शाहजहाँपुर) के राजा के भतीजे ने मौत के घाट उतार दिया था।

मानसिंह द्वारा स्वतंत्रता संग्राम के सेनानियों की एक-एक गतिविधि से अंग्रेजों को अवगत कराया जाता रहा। अंग्रेजों को सूचना थी कि बेलवा (बस्ती तथा गोंडा की सीमा) कैंप के निकट राजा गोंडा का शिविर लगा है। सैनिकों की संख्या कम है। राजा अकेले हैं। बहराइच के राजा तथा अयोध्या के राजा गोंडा नरेश को आने का आश्वासन देकर भी नहीं पहुँचे थे।

21 मई को डिप्टी ऑनरेरी मजिस्ट्रेट की बर्डपुर की फैक्ट्री पर राजा निचनौल तथा उतरौला की एक हजार सैनिक क्षमता की फौज ने हमला बोल दिया। डिप्टी ऑनरेरी मजिस्ट्रेट जान बचाकर भागने में सफल रहा। 21 मई को ही बेलवा शिविर से 700 सैनिक दो तोपों के साथ अमोढ़ा की दिशा की ओर बढ़े, लेकिन गोंडा के राजा देवी बख्श सिंह नसीराबाद रेजीमेंट की फौज और दो तोपों के साथ वहाँ पहुँच गए और आक्रमणकारियों को वहाँ से मार भगाया। इस प्रकार 23 मई, 1858 तक डूमरियागंज से लेकर अमोढ़ा तक का क्षेत्र अंग्रेजों के अधिकार से छीन लिया गया।

26 तथा 27 मई, 1858 को जनरल बख्श सिंह ने 9,000 गोरखों की पलटन के साथ घाघरा पार कर इस ओर आने की चेष्टा की, पर गोंडा नरेश ने उनके इरादे नाकाम कर दिए।

27 मई, 1858 को विद्रोही मोहम्मद हसन ने बाँसी पर आक्रमण कर वहाँ के राजा को भागने पर विवश कर दिया, परंतु विंग फील्ड द्वारा भेजी गई अंग्रेजों और गोरखों की फौज ने पुनः स्थिति अंग्रेजों के पक्ष में कर दी।

विद्रोही बाँसी से तुलसीपुर की ओर बढ़े और वहाँ से अमोढ़ा पहुँचे। 9 जून, 1858 को मेजर कॉक्स वाली गोरी फौज ने विद्रोहियों को वापस जाने पर विवश कर दिया। हालाँकि इस मुठभेड़ में गोरी फौज ने पर्याप्त हानि उठाई। विद्रोही मुहम्मद हसन ने अपनी 4,000 क्षमता वाली फौज, जिसमें 1,000 प्रशिक्षित सिपाहियों के अलावा छह तोपें थीं,

के साथ अंग्रेज फौज से बाँसी में भिड़ंत की। अंग्रेज पलटन बाँसी का खजाना लूट से बचाने में सफल रही।

जुलाई 1858 में अंग्रेजों ने अमोढ़ा पर फिर कब्जा कर लिया। मदद के इरादे से अवध के शाही परिवार के वीर लेफ्टिनेंट मिर्जा कदीर विद्रोहियों की एक टुकड़ी लेकर बेलवा पहुँचे, परंतु दुर्भाग्यवश टेढ़ी नदी पार करते हुए घटी दुर्घटना में मिर्जा कदीर का पुत्र आठ व्यक्तियों सहित मारा गया।

जनरल होप ग्रांट की सेना फैजाबाद पहुँच चुकी है, यह समाचार पाते ही गोंडा नरेश देवी बख्श सिंह ने बनकटवा जंगल के किले में अपना शिविर स्थानांतरित कर लिया। इस समय तक स्वाधीनता संग्राम छिड़े एक वर्ष हो चुका था। इस एक वर्ष के दौरान अंग्रेजों की कुटिल चालों और गोंडा जनपद के रजवाड़ों में आपसी संगठन की कमी से अंग्रेजों का पक्ष मजबूत और विद्रोहियों का कमजोर होता रहा। अंग्रेजी फौज के पाँच क्रांतिकारी सिपाहियों ने अंग्रेजों के समक्ष समर्पण कर दिया। हताशा की मानसिकता में जमींदारों द्वारा एकत्र सेना गाँव लौटने लगी। विद्रोहियों में अधिकतर सिपाही मूल रूप से सैनिक न होकर कृषक थे। अगस्त माह में भारी वर्षा हुई थी। अत: खरीफ की बुवाई के लिए उन्हें गाँव लौटना उपयुक्त लगा।

अंग्रेजों की कूटनीतिक चालों का परिणाम यह हुआ कि एक सीमा तक उत्तर प्रदेश के लगभग सारे जिले उनके कब्जे में आते चले गए। गोंडा जनपद को छोड़कर उन्होंने पूरे अवध क्षेत्र पर अपना आधिपत्य जमा लिया। जगदेव सिंह लिखते हैं कि 10 फरवरी, 57 को अंग्रेज डिप्टी कमिश्नर की हत्या करके सशस्त्र क्रांति की प्रथम चिनगारी सुलगानेवाला यह जनपद अंग्रेजों की आँख में काँटे-सा खटक रहा था। रोकाफ्ट के नेतृत्व में गोंडा बस्ती की सरहद बेलवा पर गोरे सैनिकों तथा अंग्रेजों के परमभक्त नेपाल के प्रधानमंत्री जंगबहादुर राणा द्वारा भेजी गई गोरखा की सम्मिलित सेना ने 22 आक्रमण किए, परंतु जून से मध्य नवंबर तक उस विशाल वाहिनी के आक्रमणों को गोंडा नरेश राजा देवी बख्श सिंह के बहादुर सैनिकों ने सफल न होने दिया। अत: स्वाभाविक था कि गोरे अफसरों की सारी शक्ति इस जनपद का दमन करने के लिए चिंतित हो उठती।[15]

गोंडा पर आधिपत्य करने की मंशा से बनाई गई रणनीति के अंतर्गत अंग्रेजों ने महदीना (अयोध्या) के राजा मानसिंह को अपनी ओर मिला लिया। मानसिंह पहले से ही भितरघात करते रहे थे, परंतु क्रांति की विफलता जान करके न केवल अंग्रेजों के साथ ही मिल गए अपितु क्रांतिकारियों के सफाए में भी अपना योगदान देने लगे। कपूरथला रियासत के सिक्ख राजा पहले से ही अंग्रेजों का साथ दे रहे थे। कर्नल टेलर के नेतृत्व

वाली अंग्रेजों, गोरखों और सिक्खों की बड़ी सेना गोंडा पर कब्जा जमाने के लिए तैयार की गई। गोंडा नरेश देवी बख्श सिंह ने सेना का मार्ग अवरुद्ध करने के लिए गोंडा जनपद में प्रवेश के प्रत्येक संभावित मार्ग पर अपनी तोपें और बंदूकें जमा दीं।

उत्तर प्रदेश, विशेषकर अवध क्षेत्र के क्रांतिकारी गोंडा और बहराइच क्षेत्र में एकजुट हो रहे थे। अंग्रेजों की योजना थी कि पूरे सैन्य सामर्थ्य के साथ इन क्रांतिकारियों पर टूट पड़े और फिर इनको खदेड़कर उत्तर की ओर भागने के लिए विवश कर दिया जाए। इन्हें ऐसी दशा में नेपाल में शरण लेने को बाध्य होना पड़ेगा। नेपाल के प्रधानमंत्री रण जंगबहादुर के साथ अंग्रेज सरकार पहले से ही एक करार कर चुकी थी, जिसके अनुसार नेपाल भारतीय क्रांतिकारियों को अपने यहाँ शरण नहीं देगा। साथ ही, अपनी गोरखा सेना द्वारा क्रांतिकारियों का उन्मूलन करने में अंग्रेजों का पूरा साथ देगा। इस स्थिति में क्रांतिकारियों के समक्ष केवल दो ही विकल्प रह गए कि या तो समर्पण करें अथवा रण में खेत रहें। अंग्रेजों ने पूरी शक्ति के साथ विद्रोहियों पर आक्रमण कर दिया। नावों पर सवार होकर अंग्रेज, सिक्खों, गोरखों और मानसिंह की सम्मिलित वाहिनी ने लमती लोलपुर का रुख किया। भीषण युद्ध हुआ, जो छह दिन चला, पर गोंडा नरेश के प्रयास से सेना नदी न पार कर सकी।

क्रांतिकारियों पर हमला बोलने के लिए अंग्रेजी सेना का नदी पार करके गोंडा में प्रविष्ट होना आवश्यक था, पर वहाँ राजा देवी बख्श सिंह मार्ग रोके खड़े थे। अंग्रेजों ने अपनी प्रकृति के अनुरूप छल का सहारा लिया। गोंडा नरेश के सैनिक दूध बेचनेवालों पर और साधुओं पर वार नहीं करते थे। अत: अंग्रेजों ने अपनी फौज के भारतीय सैनिकों को दूध वाले तथा सिक्ख सेना के सिक्खों को साधु का वेश धारण करवाकर नदी पार करवा दी। बाद में यह स्थान 'चोरघटवा' नाम से जाना गया। इस बीच होप ग्रांट अयोध्या तक आ पहुँचा। विद्रोही सैनिकों का शिविर नवाबगंज में था। उनको ज्यों ही पता चला कि अंग्रेजों की फौज आ गई है, उन्होंने मोर्चा सँभाल लिया।

लमती की सुरक्षा का दायित्व मानसिंह पर था, परंतु वह अंग्रेजों से जा मिला। अत: गोंडा नरेश अपने घुड़सवार सैनिकों सहित लमती पहुँचे, जहाँ मानसिंह के नेतृत्व में अंग्रेजी सेना के समर्थकों का विशाल समूह था।[16] राजा देवी बख्श के समक्ष अंग्रेजों की 3,000 की प्रशिक्षित सेना से मोर्चा लेने की चुनौती थी, किंतु अद्‌भुत जीवट के स्वामी देवी बख्श अविचलित भाव से मातृभूमि की रक्षा हेतु सन्नद्ध हो गए। गोंडा नरेश को चारों ओर से शत्रुओं ने घेर लिया। विडंबना यह रही कि राजा के सहायक बनकर आए कितने ही लोगों ने राजा के साथ कपटघात किया। इनमें मानसिंह के अलावा

रामनगर सिंगहा चंदा के राजा कृष्णदत्त राम पांडेय और मझगवाँ के हरिरत्न सिंह के नाम उल्लेखनीय हैं।

इन राष्ट्रदोहियों के विपरीत बूढ़ा पायर के राजा अशरफ बख्श, तुलसीपुर की रानी, मझगवाँ के भगवत सिंह और उनके सहयोगी, चर्दा नरेश जोत सिंह, परसपुर के कलहंस क्षत्रिय, मानसिंह की बहन मानवती देवी, जो नवाब वाजिदअली शाह की बेगम थीं, मंगल पांडेय के भतीजे बुझावन पांडेय के अतिरिक्त गोंडा जनपद के ब्राह्मणों, क्षत्रियों, मेवातियों, पठानों और अहीरों ने 22,000 की संगठित सेना बनाकर सच्चे राष्ट्रभक्त के रूप में गोंडा नरेश का साथ दिया।

राजा देवी बख्श सिंह की सेना के अधिकांश सिपाही उनके भंडारी राजा कृष्ण दत्त पांडेय द्वारा ही भर्ती किए गए थे। रसद और शस्त्रास्त्र की जिम्मेदारी इनको ही सुपुर्द थी। राजा इनको अपना परम विश्वसनीय समझते थे और ये विश्वासघात करके अंग्रेजों के साथ जा मिले थे। इनको गोंडा नरेश की व्यवस्था की पूरी जानकारी थी। इस जानकारी ने अंग्रेजों तक पहुँचकर अंग्रेजों को जितना लाभान्वित किया, उतना ही राजा साहब को हानि पहुँचाई। कृष्णदत्त राम पांडेय द्वारा तैनात सिपाही भी अंग्रेजों से जा मिले, जिन्होंने आपूर्ति की गई बारूद में रेत मिला दी। केवल बरछी, भाले और तलवार के बूते पर गोंडा नरेश की सेना अंग्रेजों की ताकतवर सेना का कितना मुकाबला कर पाती? राजा के जब 21,000 सैनिक खेत रहे तो शेष बचे सैनिकों को उन्होंने टिकरी के वन में जाने की आज्ञा दे दी। युद्ध में राजा अशरफ बख्श सिंह, भगवत सिंह, जालिम सिंह, दुंद सिंह, विश्राम सिंह और शिव सिंह जैसें वीर योद्धाओं ने वीरगति प्राप्त की।

लमती युद्ध में विजयोपरांत सरहोप ग्रांट ने गोंडा जनपद के मछली गाँव और वनगाँव पर हमला किया तथा राजा देवी बख्श के बनकसिया किले पर अपना कब्जा जमा लिया। राजा देवी बख्श सिंह अपने साथियों सहित बनकसिया कोट पहुँचे। उनमें और अंग्रेजों में युद्ध हुआ। 1,400 के आसपास लोग मारे गए। अंग्रेजों ने राजा देवी बख्श सिंह को गिरफ्तार करने की चेष्टा की, परंतु अपने नापाक इरादों में कामयाब न हो पाए। राजा साहब भिनगा होते हुए नेपाल चले गए।

इसके पूर्व ब्रिटेन की महारानी विक्टोरिया की क्षमादान घोषणा के अंतर्गत मेजर वैरो ने राजा देवी बख्श को समर्पण का प्रस्ताव देते हुए जीवनदान के साथ विद्रोह पूर्व की स्थिति को यथावत रखने का आश्वासन दिया था, परंतु आत्मसम्मानी राजा ने दो टूक नकारात्मक जवाब दे दिया।

अंततः 9 दिसंबर, 1858 को गोंडा जनपद पर ब्रिटिश हुकूमत हो गई।

इस प्रकार अंग्रेजी सत्ता के विरुद्ध सबसे पहले सिपाहियों अर्थात आम जनता ने आवाज उठाई और यह आवाज जल्दी ही जनक्रांति में परिवर्तित होकर स्वाधीनता संग्राम के रूप में सामने आई। छोटी-छोटी गलतियों से यह संग्राम विफल हो गया, अन्यथा सौ वर्ष पूर्व ही देश स्वतंत्र हो गया होता।

सन् 1857 की क्रांति के विफलता के कारण

(1) क्रांति की विफलता के कई कारणों में एक बड़ा कारण संग्राम का निर्धारित समय से पूर्व प्रारंभ हो जाना है। इससे विद्रोह एक साथ पूरे देश में नहीं फैल सका, जिससे अंग्रेजों को सँभलने का अवसर मिल गया।

(2) दूसरा कारण डाक, तार और रेल व्यवस्था पर अंग्रेजों का नियंत्रण होने से भारतीयों की तुलना में समाचार या सामग्री उन्हें जल्दी प्राप्त हो जाती थी। वे कार्रवाई करने में सफल हो जाते थे।

(3) अंग्रेजी फौज आधुनिक हथियारों से लैस होने के कारण पुराने हथियारों से युद्ध करनेवाले भारतीयों पर भारी पड़ती थी।

गोंडा जनपद में क्रांति की विफलता का प्रमुख कारण रहा, यहाँ के राजे, सामंतो की आपसी फूट। अयोध्या ताल्लुका के मान सिंह, मझगवाँ ताल्लुके के हर रत्न सिंह और बलरामपुर रियासत के दिग्विजय सिंह सदृश रियासतदार देश की स्वाधीनता जैसे महत उद्देश्य को भूलकर व्यक्तिगत सुख और वैभव प्राप्ति की कामना लेकर न सिर्फ अंग्रेजों के मददगार बने, बल्कि स्वाधीनता संग्राम में अपने प्राणों की बाजी लगानेवाले राष्ट्रभक्तों के साथ विश्वासघात भी करते रहे।

गोंडा जनपद के स्वाधीनता संग्राम में अंग्रेजों से लोहा लेनेवाले में गोंडा नरेश देवी बख्श सिंह का नाम स्वर्णाक्षरों में अंकित किया जाएगा। स्वाधीनता संग्राम में तुलसीपुर की रानी ईश्वरी देवी ने बराबर क्रांतिकारियों का साथ दिया। श्री वी.पी. सिन्हा के शब्दों में, "तुलसीपुर की रानी हमारे यहाँ की लक्ष्मीबाई थीं।"[17] रानी क्रांतिकारियों की रसद, वेतन और हथियार उपलब्ध कराने के निमित्त अपने हीरे-जवाहरात और सोने के आभूषण बेचकर निरंतर सहायता करती रहीं।

इसी प्रकार अमोढ़ा की रानी तलाश कुँवरि थीं, जिन्होंने पति जंगबहादुर सिंह की मृत्यु के बाद राज्यसत्ता सँभाली थी। सन् 1857 के स्वाधीनता संग्राम में उन्होंने राजा देवी बख्श सिंह के नेतृत्व में अपने सैनिकों, समर्थकों और नातेदारों को अंग्रेजों से मोर्चा लेने

भेजा था। बूढ़ा पायर के राजा अशरफ बख्श सिंह गोंडा नरेश का दाहिना हाथ थे। जीवन के अंतिम क्षण तक ये अपने भाई मदार बख्श के साथ अंग्रेजों के खिलाफ लड़ते रहे। स्वाधीनता संग्राम के गोंडा जनपद में वीरता दिखानेवाले अन्य उल्लेखनीय नाम हैं—सरैया के राजा नरपति सिंह, चरदा के राजा जोत सिंह, शंकरपुर (रायबरेली) के राणा बेनीमाधव सिंह, ओयल के राजा अनिरुद्ध सिंह, खैराबाद के राजा हरप्रसाद।

सन् 1857 की क्रांति में परसपुर के सरैया ग्राम के कैप्टन गजाधर पांडेय, मेजर जगन्नाथ मिश्र और उनके दो भाइयों का बलिदान अमर है। अवध की शाही सेना में गजाधर पांडेय को 'कैप्टन' का ओहदा मिला था। यही गोंडा नरेश के लिए बेगम हजरत महल का लिखा पत्र लाए थे, जिसमें बेगम ने उनका सहयोग माँगा था। लखनऊ पर अंग्रेजों का नियंत्रण हो जाने के बाद कैप्टन गजाधर गोंडा आकर गोंडा नरेश के नेतृत्व में युद्ध करते रहे। लमती की हार के बाद ये एक ग्रामीण औरत की सूचना पर अंग्रेजी सेना द्वारा मारे गए। लमती युद्ध में वीरगति पानेवालों में सैयद बंदे अली और सैयद आरिफ के अतिरिक्त घनौती गाँव के तोपची तीन सगे भाई—काले खाँ, हुसैन खाँ और मशीयत खाँ भी हैं।

सराय जरगर, देवरिया अलावल और खोरासा के पठान मुसलमान राजा देवी बख्श सिंह के नेतृत्व में लमती और बनकसिया की लड़ाइयों में बड़ी बहादुरी से लड़े और वीरगति पाई। मेवातियों की बहादुर फौज राजा की सेना के आगे चलती थी।[18]

सुराही जंगल तथा आसपास के गाँवों में भारतीय स्वाधीनता सेनानियों के परिवारों में बचे हुए लगभग 60 हजार स्त्री-पुरुष, बच्चे, बूढ़े शरणागत थे। अंग्रेजों के पिट्ठू तथा नेपाल के प्रधानमंत्री जंगबहादुर राणा ने अंग्रेजों का पत्र पाकर सिद्धमान सिंह के नेतृत्व में एक विशाल सेना को प्रमुख विद्रोहियों को पकड़ने भेजा। राणा बेनीमाधव सिंह, मन्नू खाँ आदि के साथ 500 भारतीय सेनानियों को बंदी बनाकर अंग्रेजों को सुपुर्द कर दिया गया, जिन्हें दर्दनाक मौत के घाट उतारा गया। युद्ध में दस हजार भारतीय मारे गए। अंग्रेजों के पिट्ठू जंगबहादुर ने अपने अंग्रेज स्वामियों को खुश करने के लिए अपनी डायरी में उस स्थान का नाम 'कालाकाटे' (काले भारतीयों को काटे जाने का स्थान) लिखा है।[19]

स्वाधीनता संग्राम का विलक्षण व्यक्तित्व : अजीजन बाई

इस अध्याय के अंत में एक विलक्षण क्रांतिकारी व्यक्तित्व—अजीजन बाई मस्तानी का उल्लेख करना आवश्यक है। अजीजन बाई का यद्यपि गोंडा जनपद से कोई सरोकार नहीं है। ये अवध प्रांत (कानपुर) की निवासी थीं, लेकिन स्वतंत्रता आंदोलन के इतिहास का ये

ऐसा इंकलाबी चरित्र हैं, जिन्हें वह स्थान नहीं मिला, जिसकी वे अधिकारिणी थीं। अतः आजादी का इतिहास लिखते हुए उनका उल्लेख न करना सिर्फ उनके प्रति, अपितु सन् 1857 के स्वाधीनता संग्राम के प्रति भी अन्याय होगा।

अजीजन बाई कानपुर के समीपस्थ बिठूर के सम्मानित मुस्लिम परिवार की बेटी थीं। उनका दुर्भाग्य उन्हें कानपुर के वेश्यालय में ले आया। एक दिन भरत सिंह नाम के एक क्रांतिकारी को उन्होंने अंग्रेजों से बचाकर अपने यहाँ शरण दी। भरत सिंह नाना साहब पेशवा के क्रांतिकारी दल का महत्त्वपूर्ण सदस्य था। अजीजन बाई ने भरत सिंह से देश की खातिर स्वयं भी क्रांतिकारी बनने की इच्छा व्यक्त की। यह सूचना पाकर नाना साहब पेशवा ने अजीजन बाई को अपने दल में सम्मिलित कर लिया और स्वयं उसे घुड़सवारी, तलवारबाजी और बंदूक संचालन की शिक्षा दी। अजीजन ने उस समय की लगभग 400 वेश्याओं का एक इंकलाबी टोला खड़ा किया था। इस टोले की कमान नाना साहब पेशवा ने अजीजन को सौंप दी थी।

प्रसिद्ध स्वतंत्रता सेनानी तात्या टोपे सन् 1857 के स्वतंत्रता संग्राम के समय जब कानपुर पहुँचे तो वहाँ के क्रांतिकारियों से इन्होंने अजीजन बाई की देशभक्ति की चर्चा सुनी। वे भेष बदलकर अजीजन से मिलने गए। अजीजन से वे बहुत प्रभावित हुए। उन्होंने अपना वास्तविक परिचय देकर अजीजन से अंग्रेजों की गुप्तचरी करने को कहा। अजीजन के सौंदर्य और कला से आकर्षित होकर अंग्रेज अफसर उसके यहाँ प्रायः आते थे। अजीजन तात्या टोपे के निर्देशानुसार कंपनी सरकार की अंदरूनी बातें पता करके तात्या तक पहुँचाती। उन गुप्त सूचनाओं का लाभ उठाकर तात्या अंग्रेजों के ठिकानों पर हमला करके उन्हें शिकस्त देते।

अजीजन के इस सहयोग की तात्या बहुत इज्जत करते थे। उन्होंने अजीजन को अपनी मुँहबोली बहन बना लिया था। उन्होंने अजीजन से राखी भी बँधवाई थी। धन-दौलत की दृष्टि से अजीजन बाई बहुत संपन्न थी। अपनी संपदा बेचकर उसने प्राप्त धन को स्वाधीनता संग्राम के निमित्त अर्पित कर दिया।

सन् 1857 के संग्राम में अजीजन बाई नाना साहब पेशवा के कंधे-से-कंधा मिलाकर लड़ी। उसने अकेले ही लगभग डेढ़ सौ अंग्रेज सिपाहियों और अफसरों को मौत के घाट उतार दिया। अंग्रेजों ने अजीजन को गिरफ्तार कर लिया। उस पर मुकदमा चला। उसे तोप के मुँह से बाँधकर उड़ा देने की सजा सुनाई गई। नाना साहब ने अजीजन बाई को 'मस्तानी' का खिताब दिया था और उसके इंकलाबी टोली का नाम 'मस्तानी टोला' रखा था।[20]

संदर्भ

1. राष्ट्रीय स्वतंत्रता संघर्ष और गोंडा जनपद—संपादक, भगवती प्रसाद सिंह, पृ. 130
2. गदर के फूल—अमृत लाल नागर, पृ. 224
3. डिस्कवरी ऑफ इंडिया—जवाहरलाल नेहरू, पृ. 356
4. 'कॉजेज ऑफ द इंडियन रिवोल्ट'—मैल्कम ल्यूइन
5. हे हिंदू राष्ट्र उत्तिष्ठत जाग्रत। स्वामी विवेकानंद के भाषण--संकलनकर्त्ता : एकनाथ रानाडे, पृ. 37-39
6. गदर के फूल—अमृत लाल नागर, पृ. 225
7. राष्ट्रीय स्वतंत्रता संघर्ष और गोंडा जनपद—संपादक : भगवती प्रसाद सिंह, पृ. 68
8. उपर्युक्त, पृ. 73
9. राष्ट्रीय स्वतंत्रता संघर्ष और गोंडा जनपद—संपादक : भगवती प्रसाद सिंह, पृ. 77
10. मंजूषा : प्रेमचंद की सर्वश्रेष्ठ कहानियाँ—संपादक : अमृतराय, पृ. 174, हंस प्रकाशन, इलाहाबाद
11. पुराना लखनऊ—अब्दुल हलीम शरर, पृ. 55, नेशनल बुक ट्रस्ट इंडिया
12. गदर के फूल—अमृत लाल नागर, पृ. 207, राजपाल एंड संस
13. गदर के फूल—अमृत लाल नागर, पृ. 208, राजपाल एंड संस
14. 'गदर के फूल' अमृत लाल नागर, पृ. 208
15. गोंडा : अतीत तथा वर्तमान—जयदेव सिंह, पृ. 57
16. राष्ट्रीय स्वतंत्रता संघर्ष और गोंडा जनपद—संपादक : भगवती प्रसाद सिंह, पृ. 101
17. 'गदर के फूल' अमृत लाल नागर, पृ. 88
18. राष्ट्रीय स्वतंत्रता संघर्ष और गोंडा जनपद—संपादक : भगवती प्रसाद सिंह, पृ. 97
19. गोंडा : अतीत तथा वर्तमान—डॉ. जगदेव सिंह, पृ. 62-63
20. 'आजकल' पत्रिका। प्रकाशन : विभाग पटियाला हाउस, नई दिल्ली के अक्टूबर 1995 से सईद कादरी के लेख 'अजीजन बाई मस्तानी' के विवरण पर आधारित।

अध्याय : 4

स्वतंत्रता संघर्ष का काल खंड

भारत के प्रथम स्वाधीनता संग्राम 1857 में गोंडा जनपद जिस प्रकार अग्रणी रहा, उसी प्रकार भारत की आजादी के लिए छेड़े गए स्वतंत्रता संग्राम में भी गोंडा जनपद की महत्त्वपूर्ण भूमिका रही है।

कतिपय कारणों से भारत का प्रथम स्वाधीनता संघर्ष विफल हो गया था, पर अंग्रेज सरकार के प्रति भारतीयों के मन में प्रस्फुटित विद्रोह की चिनगारी समयांतराल में प्रबल हो दहकते ज्वाला पुंज में रूपांतरित होकर विस्फोट का समुचित अवसर तलाश कर रही थी। अत: जब कांग्रेस ने भारत की स्वाधीनता के लिए स्वतंत्रता संग्राम छेड़ा तो पूरे भारत समेत देशभक्तों की वीरभूमि गोंडा ने भी इसमें अपना सक्रिय योगदान दिया। इस संदर्भ में इस विषय पर विचार करना उपयुक्त होगा कि भारत में इस राष्ट्रीय भावना को हवा देनेवाले कौन से प्रमुख कारण थे? अपने साम्राज्यवादी हितों को पूर्ण करने के लिए अंग्रेज निरंतर देशवासियों के हितों को पददलित कर रहे थे। इसी कारण ने पहले सन् 1857 के स्वाधीनता संग्राम को विस्फोटित किया था।

लॉर्ड मैकाले ने यद्यपि क्लर्कों की जमात तैयार करने के उद्‌देश्य से भारत में अंग्रेजी शिक्षा का प्रारंभ किया था, परंतु भारतीयों में चेतना जगाना इस अंग्रेजी शिक्षा का बाई प्रॉडक्ट जैसा साबित हुआ। इस शिक्षा ने भारत के सुषुप्त जन मानस को झिंझोड़कर उनमें नवचेतना का संचार किया। उनको इस सत्य का साक्षात्कार कराया कि पराधीनता मनुष्य का सबसे बड़ा अभिशाप है।

इसी प्रकार अपने शासन को समृद्ध बनाने के लिए अंग्रेजों ने भारत में जिस डाक, रेल और टेलीफोन व्यवस्था का प्रारंभ किया था, उसने भारतीयों को सूत्रबद्ध करने का भी कार्य कर दिया। भारतीय समाचार-पत्रों की इसमें महत्त्वपूर्ण भूमिका रही। अंग्रेज सरकार के प्रतिबंध के बाद भी राष्ट्रीय चेतना को जगाने के उद्‌देश्य से कितने ही पत्र प्रकाशित होते थे। अंग्रेज सरकार द्वारा प्रतिबंधित होने पर इन पत्रों का भूमिगत प्रकाशन होता था और वे जन-जन तक पहुँचा दिए जाते थे।

सन् 1905 में लॉर्ड कर्जन ने बंगाल के बँटवारे की घोषणा की। इससे अंग्रेजों की 'फूट डालो राज्य करो, नीति और स्पष्ट होकर सामने आई। इस प्रकार इन कारणों ने अपनी समग्रता में स्वतंत्रता आंदोलन की भूमि तैयार कर दी।

19वीं शताब्दी में यद्यपि भारत में राजनीतिक गतिविधियाँ प्रारंभ हो चुकी थीं, परंतु इस दिशा में अब तक कोई सुसंगठित समुदाय स्थापित नहीं हुआ था। सन् 1838 में स्थापित 'भूमिपतियों की सभा' और 'बंगाल ब्रिटिश इंडिया सोसायटी' 1851 में 'ब्रिटिश इंडिया एसोसियेशन' नाम से संयुक्त हो गई, परंतु इनका मूल कार्य भूमिपतियों के अधिकार का संरक्षण भर था। इस दिशा में महत्त्वपूर्ण सभा थी 1875 में शिशिर कुमार घोष द्वारा स्थापित 'इंडिया लीग', जिसका उद्देश्य था—नागरिकों में राष्ट्रवाद की भावना का जागरण और उनको राजनीतिक शिक्षा देना। इसके बाद सुरेंद्र नाथ बनर्जी ने 'इंडिया एसोसिएशन' की स्थापना की। इस संगठन के कार्य अपेक्षाकृत अधिक सारगर्भित रहे यथा प्रशासकीय सेवा में बैठने की आयु सीमा 19 से 21 वर्ष का विरोध, वर्नाक्यूलर प्रेस कानून का विरोध तथा शस्त्र कानून का विरोध। इस संगठन ने 1883 में कलकत्ता में प्रथम भारतीय 'राष्ट्रीय सभा' संगठित की। इसी प्रकार के अन्य संगठन 'अखिल भारतीय कांग्रेस', 'बंबई प्रेसीडेंसी एसोसिएशन', 'पूना सार्वजनिक सभा' तथा 'महाजन सभा' आदि थे।

इसी माहौल में एक अवकाश प्राप्त अंग्रेज अधिकारी श्री ह्यूम के मस्तिष्क में कांग्रेस की स्थापना का विचार आया। उन्होंने वायसरॉय लॉर्ड डफरिन से विचारोपरांत तय किया कि भारत के राजनीतिक प्रतिवर्ष अपना सम्मेलन कर अंग्रेज सरकार को उसके शासन की त्रुटियों से अवगत कराएँ। इस विचार का प्रतिफलन बैरिस्टर व्योमकेश बनर्जी की अध्यक्षता में 28 दिसंबर, 1885 को बंबई में हुए प्रथम अधिवेशन के रूप में सामने आया। प्रारंभ में कांग्रेस की नीति नरम रही। इस नीति का परिणाम निराशाजनक रहा। अंग्रेजों का भारतीय जनता विरोधी रवैया यथावत रहा। इससे नवयुवकों में बहुत रोष व्याप्त हो गया। सरकार ने 'केसरी' के संपादक बाल गंगाधर को नवयुवकों को भड़काने के आरोप में 18 मास का कठोर कारावास दे दिया। उन्हें बड़ी अदालत में अपील की अनुमति तक नहीं दी गई। नए आए वायसरॉय लॉर्ड कर्जन की नीतियाँ इस सीमा तक भारत विरोधी हो गईं कि गोखले को उसको 'ब्रिटिश साम्राज्य का औरंगजेब' तक कहना पड़ा। कर्जन ने ऊँचे सरकारी पदों पर भारतीयों की नियुक्ति पर रोक लगा दी। 1905 में कलकत्ता विश्वविद्यालय के कुलपति पद से दिए गए अपने दीक्षांत भाषण में उसने इतना तक कह डाला कि भारतवासियों

में सत्य के प्रति आस्था नहीं है। वस्तुतः भारतवर्ष में सत्य को कभी आदर्श माना ही नहीं गया।

कर्जन के इस भाषण का देशव्यापी विरोध हुआ। श्रीमती ऐनी बेसेंट ने इस पर टिप्पणी करते हुए कहा, "सारा भारत राष्ट्र एक व्यक्ति के रूप में उठ खड़ा हुआ है।"

13 अप्रैल, 1919 को जलियाँवाला बाग में भारतीयों का व्यापक संहार अंग्रेजों की क्रूरता का चरम था। इस कांड ने भारतीयों को बहुत उत्तेजित कर दिया। गोंडा जनपद के अनेक नवयुवक देश की स्वाधीनता के निमित्त अपना योगदान देने के लिए कांग्रेस में शामिल हुए। इनमें गोंडा के ईश्वर शरण तथा लाल बिहारी टंडन के अलावा खजूरी के द्वारिका सिंह, मथुरा सिंह और महादेव सिंह के नाम उल्लेखनीय हैं।

गोंडा में कांग्रेस की स्थापना

इसके पूर्व वर्ष 1907 में गोंडा जनपद में भीषण अकाल पड़ा था, तब लाला लाजपतराय यहाँ सहायतार्थ आए थे। ईश्वर शरण जी के पिताजी श्यामा शरण जी के यहाँ रुककर उन्होंने कृषकों की सहायतार्थ कार्य किया था। बाबू श्यामा शरण जी द्वारा प्रदत्त भूमि पर उन्होंने एक अनाथालय खोलने के साथ आर्य समाज की भी स्थापना की थी। उस समय की अपेक्षा थी कि सामाजिक चेतना के साथ राजनीतिक चेतना के जागरण हेतु भी कार्य किया जाए। अतः लाला जी की प्रेरणा से उस समय राजनीतिक चेतना के जागरण के उद्देश्य से गोंडा में कांग्रेस की स्थापना की गई।

महात्मा गांधी का मनकापुर और गोंडा आगमन

मनकापुर के तत्कालीन राजा रघुराज सिंह का महात्मा गांधी के प्रति अनन्य श्रद्धा-भाव था। उनकी हार्दिक कामना थी कि मनकापुर बापू की चरण धूलि से पवित्र हो। बापू की मनकापुर पधारने की उनकी प्रार्थना पर बापू ने मनकापुर आने का आश्वासन दिया था। श्री लाल बिहारी बापू को गोंडा बुलाने के आशय से नेहरू जी से मिलने इलाहाबाद गए क्योंकि बापू के दौरों का प्रबंध नेहरू जी ही देखते थे। नेहरू जी ने गांधी जी के दौरे के कार्यक्रम में गोंडा को शामिल कर लिया। फिर भी टंडन जी ने बनारस जाकर अवसर निकालकर सीधे बापू से भेंट की और राजा साहब की ओर से उनसे मनकापुर पधारने का निवेदन किया। बापू ने अपने हाथ से लिखे पत्र द्वारा राजा रघुनाथ सिंह को अपने आने

की सहमति दे दी। अंततः गांधी जी मनकापुर पधारे। यहाँ उनका भव्य स्वागत किया गया। राजा साहब के कोर्ट के भीतर सार्वजनिक सभा हुई। इसके बाद राजा साहब गांधी जी को लेकर गोंडा आए। गांधी जी गोंडा की कन्या पाठशाला के भवन में रुके। दुखहरण नाथ पर उनका व्याख्यान हुआ। जनता द्वारा उनको 5,000 रुपये से अधिक की थैली अर्पित की गई। रात में कन्या पाठशाला में उन्होंने प्रार्थना सभा की। दूसरे दिन वे बलरामपुर के लिए रवाना हो गए।

नमक सत्याग्रह, स्वदेशी आंदोलन, शराबबंदी और गोंडा जनपद

पट्टाभि सीतारमैया ने 'कांग्रेस के इतिहास' में उल्लिखित किया है कि, "महात्मा गांधी 5 अप्रैल, 1930 ई. को डांडी पहुँचे। 6 अप्रैल को उन्होंने नमक कानून का उल्लंघन कर सत्याग्रह का श्री गणेश किया।[1] देशी नमक पर सरकार ने कर लगाकर उसे विदेशी नमक से भी अधिक महँगा बना दिया था। गांधी जी ने इसके लिए दांडी यात्रा की और समुद्र तट पर नमक बनाकर नमक कानून तोड़ा। देखते-देखते पूरे देश में 'सविनय अवज्ञा आंदोलन' की आग भड़क उठी। गोंडा जनपद के खजूरी गाँव के मथुरा सिंह और द्वारिका सिंह को नमक सत्याग्रह में जेल हुई। गोंडा जेल में ही द्वारिका सिंह की मृत्यु हुई। मनकापुर के कुँवर राघवेंद्र प्रताप सिंह भी नमक आंदोलन में गिरफ्तार किए गए। हालाँकि पिता के प्रयासों से जेल से छोड़ दिए गए। गोंडा जनपद में स्वदेशी आंदोलन और शराबबंदी आंदोलन भी चलाए गए। विदेशी वस्त्रों और शराब की दुकानों पर पिकेटिंग की गई। इस आंदोलन में गोंडा की जनता ने पूरे उत्साह से भाग लिया। लोगों ने गिरफ्तारियाँ दीं। जेल में उनके साथ अत्यंत यातनापूर्ण व्यवहार किया जाता था। सामान्यतः उन्हें 'सी' श्रेणी जेल में ही रखा जाता था।

इस समय अंग्रेज प्रशासन ने आंदोलनकारियों के प्रति बड़ा कड़ा रुख अख्तियार कर रखा था। खद्दरधारी और टोपीधारी लोगों पर उनकी कड़ी नजर रहती थी। आंदोलनकारी संदेशों का आदान-प्रदान न कर पाएँ, इसकी पूरी चौकसी की जाती थी। आजादी के लिए कटिबद्ध कांग्रेसी रातोंरात बुलेटिन साइक्लोस्टाइल में छापते और बलरामपुर से गोंडा और गोंडा से बलरामपुर गुप्त रूप से भेजते। इन्हीं दिनों श्री चंद्रशेखर 'आजाद' गोंडा आए और श्री लाल बिहारी टंडन की प्रेस में रुककर चले गए। पुलिस आई, पर पुलिस को भनक तक न लगी। 25 जून, 1930 को पुलिस ने स्वयंसेवकों का एक जत्था नगर प्रदर्शन के जुर्म में पकड़ लिया, जिसमें गोंडा जनपद के मनकापुर के कुँवर राघवेंद्र प्रताप, बलदेव

सिंह, आद्या शंकर और बरसैनिया के बिंदेश्वरी थे। इसके बाद 25 अगस्त, 1930 को गोंडा जिले के विभिन्न स्थानों से पकड़े गए 12 व्यक्ति गिरफ्तार किए गए, जिनमें खजूरी गाँव के संत बख्श सिंह और शेर बहादुर सिंह थे।

अंग्रेजों का दमनचक्र बढ़ता ही जा रहा था। सभी जिलों के कांग्रेस-कार्यालय पर ताला डाल दिया गया और नेहरू जी तथा पुरुषोत्तम दास टंडन समेत अनेक कांग्रेसियों को गिरफ्तार कर लिया गया। गोंडा में लाल बिहारी टंडन, उनकी प्रेस और कांग्रेस दफ्तर की तलाशी ली गई। कांग्रेस पर लगी रोक के विरुद्ध प्रदर्शन करने पर कन्हई, बच्चू, बदल और कृष्णानंद को 11 जनवरी, 1932 को पकड़ लिया गया। फिर इसी क्रम में 12 जनवरी को गोंडा के घिर्राऊ, रामदास, छेदी, भोंदू और हरपाल को भी पकड़ लिया गया। 18 जनवरी को कुँवर राघवेंद्र प्रताप सिंह को भी गिरफ्तार कर लिया गया। जिले के अलग-अलग स्थानों से 19 जनवरी को कांग्रेस के आठ कार्यकर्ता और गिरफ्तार किए गए।

1933 में कलकत्ता में कांग्रेस का अधिवेशन आयोजित था, परंतु कांग्रेस को अवैध घोषित कर देने से अंग्रेज सरकार ने कांग्रेसी कार्यकर्ताओं का कलकत्ता गमन प्रतिबंधित कर दिया। गोंडा के नवरंग सिंह कांग्रेस के प्रतिनिधि के रूप में बलदेव सिंह और महादेव सिंह के साथ गुप्त रूप से कलकत्ता गए।

मीटिंग 31 मार्च और 1 अप्रैल को होनेवाली थी, पर पुलिस पता लगाकर 30 मार्च की रात में ही इनके निवास पर पहुँच गई और इन पर ताबड़तोड़ लाठियाँ बरसाने लगी। कुछ लोग बुरी तरह घायल हो गए। घायलों की मरहम-पट्टी के बाद सबको अलीपुर सेंट्रल जेल में एक महीने के लिए नजरबंद कर दिया गया।

सन् 1934-35 के आसपास गोंडा जनपद की महत्त्वपूर्ण घटना है—किसानों की गन्ना संबंधी समस्या के संदर्भ में एक अत्यंत विशाल सभा का आयोजन। गोंडा जिले की इस विशाल सभा में भाग लेने के लिए बृहत संख्या में लोग उपस्थित हुए। 1937 में आम चुनाव हुए। गोंडा जनपद के कांग्रेस के प्रमुख कार्यकर्ता विधान सभा के सदस्य बने। जिले के श्री केशव राय शुक्ल और जगन्नाथ मिश्र पियरी डीह रेल डकैती के अपराध में बंदी बनाए गए।

व्यक्तिगत सत्याग्रह और गोंडा जनपद

सन् 1940 ई. 'व्यक्तिगत सत्याग्रह आंदोलन' में भी गोंडा जनपद की सक्रिय भूमिका रही। आंदोलन प्रारंभ होने के पूर्व ही जिले के दो प्रमुख नेता—कमला प्रसाद शुक्ल और लाल

बिहारी टंडन को सार्वजनिक सभा में भाषण देने का आरोप लगा कर एक वर्ष का कठोर कारावास दे दिया गया। ईश्वर शरण के साथ उनके अग्रज परमेश्वर शरण को भी जेल में डाल दिया गया।

'व्यक्तिगत सत्याग्रह' में गोंडा जनपद के बहुत-से निवासियों को गिरफ्तार किया गया। इनमें गुलाब सिंह और उनकी पत्नी शकुंतला देवी उल्लेखनीय नाम हैं। गुलाब सिंह तुलसीपुर के निकटस्थ गाँव के रहनेवाले थे। इनके पिता तहसीलदार थे। विद्यार्थी जीवन से ही इनकी गतिविधियाँ अंग्रेज सरकार के खिलाफ रहीं। भड़काऊ भाषण के दंडस्वरूप ये स्कूल से निकाल दिए गए थे। बहुत अच्छे निशानेबाज होने के कारण ये क्रांतिकारियों को निशानेबाजी में दक्ष बनाने के साथ उन्हें गोलियाँ भी उपलब्ध कराते थे। इनके सात फायर आर्म्स लाइसेंस को सरकार ने निरस्त कर दिया था।

व्यक्तिगत सत्याग्रह में गुलाब सिंह और उनकी पत्नी को जेल होने पर इनकी ढाई साल की बच्ची को भी जेल में ही रखा। जेल से छूटने के बाद देशभक्ति का इनका जोश और भी प्रबल हो गया और रियासत के प्रति सरकार के अत्याचारों का ये डटकर विरोध करने लगे। अपने आंदोलन द्वारा इन्होंने 'उखड़ा किसानों' को स्थायी कराया। तत्कालीन कृषि व्यवस्था के अनुसार रियासत के गाँवों की 25 प्रतिशत भूमि पर जमींदारों का कब्जा होता था, जिसका प्रबंधन ठेकेदारों के हाथों में रहता था। किसी कारणवश यदि ठेकेदार बेदखल होता था तो उस भूमि के किसान बेदखल कर दिए जाते थे। इन बेदखल किसानों को ही 'उखड़ा किसान' कहा जाता था।

व्यक्तिगत सत्याग्रह के अपराध में जनपद के नवरंग सिंह को पचास रुपये जुर्माने के साथ एक वर्ष के कारावास का दंड दिया गया।

'भारत छोड़ो आंदोलन' और गोंडा जनपद

व्यक्तिगत सत्याग्रह में अपनी सक्रिय भागीदारी की भाँति गोंडा जनपद 'भारत छोड़ो आंदोलन' में भी पीछे न हटा। आंदोलन से बौखलाई हुई अंग्रेज सरकार ने आम गिरफ्तारियाँ शुरू कर दीं। कांग्रेसी तो सरकार के निशाने पर थे ही, पुलिस को जिस पर भी शक हुआ, उसे पकड़कर अनिश्चित अवधि तक जेल में रखकर नजरबंद कर दिया। वस्तुत: अपनी चूलें हिलती देखकर बुरी तरह बौखलाई अंग्रेज सरकार ने दमन की अति कर दी थी। 'भारत छोड़ो आंदोलन' के दंडस्वरूप लंबी अवधि तक जेल में रहनेवाले गोंडा जनपद के प्रमुख कार्यकर्ताओं के नाम हैं—चंद्रभान शरण सिंह, ईश्वर शरण, लाल बिहारी टंडन,

बलभद्र प्रसाद शुक्ल, नवरंग सिंह, राघवेंद्र प्रताप सिंह, बलदेव सिंह, बाँके बिहारी, श्याम लाल हरिजन, बब्बन सिंह, मथुरा सिंह और गंगा प्रसाद वारी।[2]

गोंडा जनपद का सशस्त्र क्रांतिकारी आंदोलन

गोंडा जनपद में सशस्त्र क्रांतिकारी आंदोलन की पहल करनेवाले इटावा निवासी स्वराज्य भिक्षु जी थे। करनैलगंज आकर वहाँ से क्रांति का आह्वान करते हुए ये गोंडा आए। इनका प्रिय गीत था—

मेरी जां न रहे मेरा सिर न रहे
सामां न रहे न ये साज रहे
फकत हिंद मेरा आजाद रहे
मेरी माता के सिर पर ताज रहे।

इस गीत को गाने के अपराध में सरकार ने इनको जेल में डाल दिया।

प्रकट रूप में भिक्षु जी मजदूर संगठन स्थापित करके मजदूरों के हितार्थ काम करते थे, परंतु यथार्थ में उनका मजदूर संगठन क्रांतिकारियों को एकत्र करने का केंद्र था। विभिन्न क्षेत्रीय क्रांतिकारी यहाँ आकर परस्पर विचार-विनिमय और परामर्श करते थे। इनमें मोकाम घाट के श्री बाबू, फैजाबाद के अंजनी कुमार, राम नारायण त्रिपाठी, देवरिया के बद्रीनाथ मिश्र, गोरखपुर के केशव पांडे, काशीनाथ पांडेय और जौनपुर के राजवेश सिंह के अतिरिक्त गोंडा के चंद्रभान शरण सिंह, श्यामलाल सिंह, मुहम्मद शरीफ, केशवराम शुक्ला, जगन्नाथ मिश्र और ब्रजनंदन ब्रह्मचारी के नाम उल्लेखनीय हैं। गोंडा जिले के कांग्रेसी गुलाब सिंह, ईश्वर शरण दातादीन मिश्र और अमृतनाथ मिश्र इनसे सहानुभूति रखते थे।[3]

पूर्व में उल्लिखित पिपरीडीह रेल डकैती के बाद आठ व्यक्तियों का सशस्त्र दल गाजीपुर में गतिविधि करने के उद्‌देश्य से रवाना हुआ, लेकिन काली प्रसाद भटनागर की मुखबिरी के कारण दल के दो सदस्यों—बद्रीनारायण मिश्र और जगदीश शुक्ल को अस्त्र सहित पकड़ लिया गया।

द्वितीय विश्वयुद्ध के छिड़ते ही अंग्रेज सरकार ने कोई-न-कोई अपराध मढ़कर क्रांतिकारी दल के लगभग सभी सदस्यों को कैदी बना लिया। जिले के क्रांतिकारियों में एक अविस्मरणीय नाम है—ब्रज नंदन ब्रह्मचारी का। ब्रज नंदन ब्रह्मचारी वैसे तो बस्ती

के रहनेवाले थे, परंतु इनका कार्यक्षेत्र गोंडा था। ये जनपद के क्रांतिकारी नौजवानों में सर्वप्रमुख थे। क्रांति पथ पर चलते हुए इन्होंने अनेक बार यातनाएँ सहीं, कठोर दंड सहे, परंतु देश को आजाद कराने के अपने प्रण से रंच मात्र भी विचलित नहीं हुए। जनपद के क्रांतिकारी इनको अपना गुरु मानते थे। इतिहास प्रसिद्ध क्रांतिकारी चंद्रशेखर 'आजाद', भगत सिंह, रामप्रसाद बिस्मिल और राजेंद्र लाहिड़ी के ये विश्वासपात्र और सहयोगी रहे।

जनपद के अन्य क्रांतिकारियों में दो अन्य उल्लेखनीय नाम हैं—श्याम लाल सिंह तथा श्री चंद्रभान शरण सिंह। श्री श्याम लाल सिंह तरबगंज तहसील के सिघौटी गाँव के थे। बाल्यावस्था से ही इनमें राष्ट्रभक्ति की प्रबल भावना थी। पाँचवीं कक्षा में पढ़ते हुए इन्होंने छात्रों की बंदर सेना गठित की। सुरक्षा के विचार से घरवालों ने इनको गोंडा से हटाकर फैजाबाद भेज दिया, लेकिन यहाँ आकर क्रांतिकारियों के साथ इनका संपर्क और घनिष्ठ हो गया। इन क्रांतिकारियों के साथ इन्होंने बम बनाने और निशानेबाजी की शिक्षा पाई। क्रांतिकारी गतिविधियों में सक्रियता दिखाते हुए इन्होंने एकाधिक बार राजनीतिक डकैतियाँ डाल कर पुलिस को परेशान किया। कितनी ही बार इनको गिरफ्तार किया गया। बेंत की सजा मिली, पर इनकी देशभक्ति के जुनून में कोई कमी नहीं आई। इनकी देशभक्ति, शौर्य, त्याग और बलिदान प्रणम्य हैं।

श्री चंद्रभान शरण सिंह बिसनोहरपुर गाँव के निवासी थे। मूलत: ये लोग बैसवारे के थे, किंतु गोंडा आ गए थे। गोंडा के टॉमसन स्कूल में इनको भर्ती कराया गया। फिर फैजाबाद भेज दिया गया। श्याम लाल सिंह की भाँति फैजाबाद में क्रांतिकारियों के संपर्क में आए। क्रांतिकारी गतिविधियों के दौरान एक हत्याकांड में इनको गिरफ्तार कर लिया गया। डॉ. राममनोहर लोहिया ने पैरवी करके इनको छुड़ा लिया।

कानपुर में वकालत की पढ़ाई के मध्य सन् 1937 ई. में प्रांतीय धारा के चुनाव में तरबगंज से कांग्रेस के उम्मीदवार ईश्वर सरन के प्रचार के लिए नेहरू जी ने ब्रज नंदन ब्रह्मचारी के साथ चंद्रभान शरण सिंह को भी भेजा। वकालत की पढ़ाई छोड़कर ये गोंडा चले आए। बहुत प्रयत्न करके ये नेताजी सुभाषचंद्र बोस और प्रसिद्ध क्रांतिकारी मानवेंद्रनाथ राय को भी गोंडा लाए और गोंडा जनपद का प्रभावशाली कार्यक्रम पूरा किया।

सन् 1939 में 'व्यक्तिगत सत्याग्रह' में चंद्रभान शरण सिंह को जेल हो गई। वहाँ से छूटे तो पुन: छह वर्ष के लिए नजरबंद कर दिए गए, क्योंकि सी.आई.डी. को उन कुछ षड्यंत्रों की जानकारी हो गई थी।

देश की स्वतंत्रता के पश्चात सन् 1948 में आप एम.एल.ए. श्री सरन के त्यागपत्र देने पर लोक सभा के सदस्य निर्वाचित हुए। सन् 1954 में क्षय रोग से आपकी मृत्यु हो गई।

विद्यार्थी आंदोलन

भारत का स्वतंत्रता आंदोलन एक बहुत बड़े यज्ञ की भाँति था, जिसमें प्रत्येक ने अपनी क्षमता के अनुसार आहुति डाली थी। गोंडा के विद्यार्थी भी कैसे पीछे रह सकते थे? अस्तु, उन्होंने भी अपना योगदान दिया।

सन् 1939 में गोंडा में छात्रसंघ का गठन किया गया। रामचंद्र श्रीवास्तव उर्फ बच्चू बाबू इस संघ के अध्यक्ष बनाए गए। बच्चू बाबू ने बड़ी कुशलता के साथ विद्यार्थी आंदोलन को संचालित किया।

21 जनवरी, सन् 1940 को नेताजी सुभाषचंद्र बोस का गोंडा आगमन हुआ। यहाँ के विद्यार्थियों के उत्साह और देश-प्रेम को देखकर नेताजी बहुत प्रभावित हुए। उन्होंने विद्यार्थियों को स्वतंत्रता आंदोलन में भाग लेने के लिए प्रेरित किया। नेताजी की प्रेरणा का ही परिणाम था कि जब सन् 1942 में देश के राष्ट्रीय नेताओं की गिरफ्तारियाँ हुईं तब विद्यार्थियों ने गोंडा और बलरामपुर में जनसभाएँ करके इन गिरफ्तारियों का जबर्दस्त विरोध किया। 15 अगस्त, सन् 1942 की आधी रात में बच्चू बाबू और श्री राजेंद्र प्रसाद ने गोंडा के टॉमसन इंटर कालेज और राजकीय हाईस्कूल में तिरंगा फहराया। लखनऊ से आंदोलन विषयक साहित्य मँगाकर जनता में बाँटकर इन विद्यार्थियों ने अपने स्तर पर जन-जागरण का पूरा प्रयास किया।

इस प्रकार गोंडा जनपद के निवासियों ने एकजुट होकर भारत को पराधीनता से मुक्त करने के लिए अथक प्रयास किया। इस प्रयास में पुरुष, स्त्री और किशोर—कोई पीछे न रहा। कांग्रेस के स्वतंत्रता आंदोलन में हजारों व्यक्तियों ने अपना योगदान किया। इस जनपद की कितनी ही महिलाओं ने राष्ट्रभक्ति के दंड में कारावास की यातनाएँ झेलीं। किशोर विद्यार्थियों ने देश की स्वतंत्रता के निमित्त सामर्थ्य-भर अपना योगदान किया। कुछ ऐसे देशभक्त भी थे, जो जेल तो न जा सके, परंतु आंदोलनकारियों को आर्थिक सहायता देकर देश की स्वतंत्रता के विराट यज्ञ में वे अपनी आहुति डालने का प्रयास करते रहे।

गोंडा जनपद की तहसीलों में स्वतंत्रता आंदोलन

वर्तमान समय में गोंडा जनपद में चार तहसीलें—गोंडा, कर्नलगंज, तरबगंज और मनकापुर हैं।

राष्ट्रीय स्वतंत्रता आंदोलन में समग्र भारतवर्ष किसी-न-किसी रूप में अपना योगदान करने को तत्पर रहा। सन् 1857 ई. की क्रांति में देश की आजादी का उद्देश्य लेकर जान की बाजी लगा देनेवाला गोंडा जनपद भी भला कैसे पीछे रहता? इस जनपद की प्रत्येक तहसील के निवासी अपनी मातृभूमि को अंग्रेजों की दासता से मुक्त कराने के लिए प्राण-पण से जुट गए।

गोंडा तहसील

आजादी के संघर्ष के दोरान गोंडा तहसील के तीन केंद्र बन गए थे—गोंडा, खजूरी गाँव तथा बलरामपुर, जो उस समय गोंडा के अंतर्गत एक तहसील था। उस समय देश के बहुत-से प्रसिद्ध नेता गोंडा पधारे थे। सन् 1907 का समय था। गोंडा जिले में भीषण अकाल पड़ा था। दुर्भिक्ष पीड़ितों की सहायता के लिए लाला लाजपतराय गोंडा आए। बाबू बिंदेश्वरी प्रसाद और बाबू श्यामा चरण के संयोजकत्व में शिविर लगाए गए। अकाल पीड़ितों को सहायता सामग्री वितरित की गई। उसी समय गोंडा में बाबू श्याम चरण द्वारा प्रदान की गई भूमि पर लाला लाजपतराय ने आर्य समाज की स्थापना की। स्वतंत्रता आंदोलन में गोंडा के आर्य समाज की महत्त्वपूर्ण भूमिका रही। बाबू श्यामाचरण स्वयं आर्य समाजी थे। उनसे प्रेरणा ग्रहण करके कितने ही आर्य समाजियों ने कांग्रेस में नाम लिखवा लिया। बाबू लाल बिहारी टंडन, श्यामचरण जी के पुत्र बाबू ईश्वर शरण जैसे लोगों ने कांग्रेस का सदस्य बनकर गोंडा कांग्रेस को मजबूत आधार प्रदान किया।

सन् 1919 में जलियाँवाला बाग की अमानवीय घटना की पूरे गोंडा जिले में तीव्र प्रतिक्रिया हुई। इस कांड ने जन-जागरण की लहर में और तीव्रता ला दी। बाबू भगवती प्रसाद और मौलवी अहमद खाँ अपने काउंसिल और राज हकीम के पद छोड़कर कांग्रेस के कार्यक्रमों से जुड़ गए। सन् 1920 में गोंडा के बहुसंख्यक लोग महात्मा गांधी के आह्वान पर कांग्रेस से संयुक्त हुए और उन्होंने विविध प्रकार के संगठनात्मक कार्यों में अपना सहयोग दिया। 25 जून, 1922 को गोंडा में कांग्रेस सम्मेलन आयोजित किया गया। इस सम्मेलन में पंडित मोतीलाल नेहरू पधारे थे। 1,500 लोगों ने उनके समक्ष स्वदेशी आंदोलन को दृढ़ करने के निमित्त खद्दर पहनने का संकल्प लिया।

प्रथम विश्वयुद्ध की समाप्ति के बाद महात्मा गांधी द्वारा संचालित 'असहयोग आंदोलन' और मुसलमानों द्वारा प्रेरित 'खिलाफत आंदोलन' के प्रभाव से गोंडा जनपद भी अछूता न रह सका। यद्यपि गोंडा जनपद के वकील मिर्जा महमूद अली और बैरिस्टर

रजीउद्दीन के प्रयास 'खिलाफत आंदोलन' को सफल बनाने में कामयाब नहीं हो सके, परंतु इसके विपरीत गांधी जी द्वारा शुरू किए गए 'असहयोग आंदोलन' को गोंडा जनपद के नागरिकों का भरपूर सहयोग मिला। गोंडा के तत्कालीन पुलिस इंस्पेक्टर गुलाम हैदरशाह और आबकारी इंस्पेक्टर बाबा पराग दास भार्गव ने अपनी-अपनी नौकरियों से त्याग-पत्र दे दिया। इसी 'असहयोग आंदोलन' में गोंडा के बाबू ईश्वर शरण और श्री लाल बिहारी टंडन के नाम नगर के लोगों में राष्ट्रीय चेतना का स्फुरण करनेवाले और राष्ट्रवादी दिशा दिखानेवाले राष्ट्रभक्त के रूप में उभरकर सामने आए।

इसी दौरान गोंडा एक ऐतिहासिक और अविस्मरणीय घटना के माध्यम से अंग्रेजों की क्रूरता का साक्षी बना। सन् 1927 के काकोरी कांड के प्रमुख अभियुक्त श्री राजेंद्र लाहिड़ी को गोंडा जेल में फाँसी दे दी गई। श्री लाहिड़ी के परिवार के सदस्य बाबू ईश्वर शरण के यहाँ ठहरे थे। फाँसी के समय श्री लाल बिहारी टंडन और ईश्वर शरण ने जेल के बाहर 'वंदे-मातरम्' का नारा बुलंद कर श्री लाहिड़ी को अंतिम विदाई दी थी। बाद में इन लोगों द्वारा जेल के समीप ही श्री लाहिड़ी का अंतिम संस्कार किया गया और समाधि स्थल का निर्माण करवाया गया।

गोंडा के बनकटवा मुहल्ले में सन् 1933 में क्रांतिकारी स्वभाव के कुछ कार्यकर्ताओं द्वारा श्रमिक संगठन का एक दफ्तर कायम किया गया। कहने को यह मजदूर कार्यालय था, पर वास्तविकता में यह क्रांतिकारियों का मिलन-स्थल था। यहीं से मजदूर संगठित किए जाते थे। मुहम्मद शरीफ, केशव राम शुक्ला और जगन्नाथ मिश्रा इस कार्यालय के मुख्य कर्ता-धर्ता थे। उल्लेखनीय बात यह है कि महात्मा गांधी के अनुयायी होने के बाद भी गुलाब सिंह, ईश्वर शरण, दातादीन मिश्र और अमृत मिश्र प्रभृति अहिंसक मार्गी इन क्रांतिकारियों से सहानुभूति रखते थे।

गोंडा से ही पूर्वी जिलों में जागृति फैलाने के उद्देश्य से 'रणभेरी' और 'चिनगारी' जैसे प्रतिबंधित और भूमिगत पत्रों का वितरण होता था। प्रसंगवश 'चिनगारी' पत्र में युगीन युवकों का आह्वान करनेवाली कुछ पंक्तियाँ द्रष्टव्य हैं—

"समर की रणभेरी बज रही है। वीर सैनिक तिरंगा राष्ट्रीय झंडा लिये हुए युद्धक्षेत्र में वीरतापूर्वक बढ़ रहे हैं। भारत के नवयुवकों को यह निश्चय करना है कि युद्धक्षेत्र में उनका स्थान कहाँ है और उस स्थान पर डट जाना है। इसलिए प्रश्न है कि भारत माँ का बंधन कौन काटेगा? कौन रोती माँ के आँसू पोंछेगा?"[4]

गोंडा की भूमि को भारत माँ के वीर सपूत और अमर बलिदानी चंद्रशेखर 'आजाद' की चरण धूलि स्पर्श करने का भी सौभाग्य प्राप्त है। आजाद श्री लाल बिहारी टंडन के

प्रेस में अल्प समय के लिए आए थे। पीछे-पीछे पुलिस आई, पर उनका कोई पता न पा सकी। दरअसल जन-सामान्य पूर्णतः क्रांतिकारियों का सहयोग करता था। अतः पुलिस उनसे आजाद विषयक कोई जानकारी न पा सकी।

सन् 1928 में देश-भर में 'साइमन कमीशन' का विरोध हुआ। 'साइमन कमीशन' के विरोध प्रदर्शन में लखनऊ में सभी जिले के नेताओं का जमावड़ा हुआ, जिसमें गोंडा का प्रतिनिधित्व करने के लिए बाबू लाल बिहारी टंडन और बाबू ईश्वर शरण गए थे।

सन् 1929 में महात्मा गांधी का गोंडा आगमन गोंडा के लिए एक ऐतिहासिक क्षण था। वस्तुतः गांधी जी ने मनकापुर के तत्कालीन राजा रघुराज सिंह के मनकापुर पधारने के अनुरोध पर उनको आश्वस्त किया था कि गोंडा आने पर वे मनकापुर अवश्य आएँगे। इस आधार पर राजा साहब ने लाल बिहारी टंडन से आग्रह किया कि वे गांधी जी को गोंडा बुलाएँ। अंततः लाल बिहारी जी का प्रयास सफल हुआ। गांधी जी गोंडा पधारे। गांधी जी गोंडा की सक्सेरिया कन्या पाठशाला भवन में ठहराए गए। दुखहरण मंदिर में उनका व्याख्यान हुआ। रात में सक्सेरिया कन्या पाठशाला में प्रार्थना सभा हुई। गोंडा की जनता ने बापू को पाँच हजार रुपयों की थैली भेंट की। गांधी जी आश्रम की संवासिनी और बाकी सखी क्षमाराव ने 'स्वराज्य विजय' पुस्तक में बापू के गोंडा आगमन का रोचक प्रसंग वर्णित किया है—पूना से बंगाल जाते समय रेल गोंडा स्टेशन पर रुकी। वहाँ किसी सेठ ने गांधी जी को चाँदी का पात्र भेंट किया, जिसे गांधी जी ने तत्काल नीलामी के लिए प्रस्तुत कर दिया। पात्र को एक धनिक ने 150 रुपये में क्रय कर पुनः गांधी जी को भेंट कर दिया और गांधीजी ने पात्र को पूर्ववत नीलाम कर दिया। इस प्रकार उस रजत पात्र से गांधी जी ने 5,000 रुपये की धनराशि प्राप्त की, जिसका उपयोग हरिजन कल्याण हेतु किया गया।[5]

वर्ष 1929 ई. में पूर्ण स्वराज्य का लक्ष्य घोषित करने के लिए 26 जनवरी को सभी जगहों पर प्रतिज्ञा लेने का कार्यक्रम बनाया गया। इसके लिए लखनऊ के गंगा प्रसाद उर्फ मस्तराम गोंडा आए। इन्होंने गोंडा के प्रेम पकड़िया मैदान में 'सुदामा चरित' का प्रवचन किया। 'सुदामा चरित' गंगा प्रसाद जी की राष्ट्रीय भावनाओं के प्रचार का एक माध्यम था। इस प्रकार 26 जनवरी को गोंडा में एक बृहत सभा का आयोजन हुआ। सभा में उपस्थित जन समुदाय ने पूर्ण स्वराज्य लाने की प्रतिज्ञा की।

6 अप्रैल, 1930 को गांधी जी ने नमक कानून तोड़कर नमक सत्याग्रह का प्रारंभ किया। इस आंदोलन ने कांग्रेसी कार्यकर्ताओं के भीतर एक नया जोश भर दिया। गोंडा के प्रेम पकड़िया मैदान में 11 अप्रैल, 1930 को नमक बनाकर नमक कानून तोड़ा गया। 1 मई, 1930 को इस प्रकरण में बाबू ईश्वर शरण और लाल बिहारी टंडन गिरफ्तार कर

लिये गए। 11 मई, 1930 को सालिक राम तथा कामता को भी इसी अपराध में गिरफ्तार किया गया। 6 मई और 9 मई, 1930 को एक विशाल प्रदर्शन आयोजित किया गया। 2 तथा 3 जून को द्वारिका सिंह के नेतृत्व में खजूरी गाँव में नमक बनाया गया। सन् 1931 ई. में खोड़ारे, कोल्हारगाँव, मनकापुर, खरगूपुर, खजूरी और छपिया में नमक बनाकर नमक कानून तोड़ा गया। इस सिलसिले में सैकड़ों कांग्रेसी कार्यकर्ता गिरफ्तार किए गए।

अंग्रेज सरकार आजादी के दीवानों पर दिन-प्रतिदिन प्रतिबंध बढ़ाती जा रही थी। वे गोपनीय सूचनाओं का आदान-प्रदान न कर सकें, इसलिए उनके पत्रों की जाँच-पड़ताल की जाने लगी। उन्होंने संचार के नए तरीके ढूँढ़े। रातोंरात कांग्रेसी बुलेटिन साइक्लोस्टाइल से छापे जाते और वितरित कर दिए जाते। इस क्रिया-कलाप के लिए गोंडा मुख्य केंद्र था।

सन् 1924 ई. को गोंडा में मौलाना हुसैन अहमद मदनी की अध्यक्षता में एक राजनीतिक सभा आयोजित हुई। इस सभा में पंडित जवाहरलाल नेहरू ने रघुपति सहाय 'फिराक' गोरखपुरी को अपना संदेश देकर भेजा था। सभा में स्वदेशी को मुद्दा बनाकर हथकरघे का कार्य, विदेशी वस्तुओं का बहिष्कार तथा सामाजिक बुराइयों के निवारणार्थ शराबबंदी के बारे में प्रस्ताव पारित किए गए और कांग्रेस की स्थिति को और मजबूत बनाने के विषय में विचार हुआ। इस सभा के परिणामस्वरूप गोंडा में शराब तथा विदेशी वस्त्रों के बहिष्कार का आंदोलन चलाया गया। विदेशी कपड़ों के विक्रेताओं का माल सील करने का प्रयास किया गया। उनकी दुकानों पर धरना दिया गया। गोंडा जनपद में दो स्थानों पर कपड़ा बुनने के आश्रम खोले गए।

सन् 1930 में 'सविनय अवज्ञा आंदोलन' में गोंडा में कई लोगों को पकड़ा गया। सन् 1931 तक गिरफ्तारियों का दौर चला। कैदियों को 'ए' या 'बी' श्रेणी की जेल सामान्यत: नहीं मिलती थी। उन्हें 'सी' श्रेणी की जेल में रखा जाता और उनके साथ बहुत बुरा सलूक किया जाता।

5 मार्च, 1931 ई. को लॉर्ड इर्विन और महात्मा गांधी के बीच एक समझौता हुआ, जिसे 'गांधी-इर्विन समझौता' नाम से जाना जाता है। इस समझौते की कई शर्तों में से एक शर्त यह भी थी कि सरकार नाममात्र की हिंसा के अपराधी राजनीतिक बंदियों को छोड़ देगी। अत: 9 मार्च, 1931 तक सभी राजनीतिक बंदी जेल से बाहर आ गए, लेकिन सरकारी अधिकारियों का रुख पूर्ववत कठोर बना रहा। इनके संकेत पर जमींदार किसानों पर मनमाना अत्याचार करते। उस समय बलरामपुर रियासत गोंडा का ही एक हिस्सा थी। वहाँ के सेमरी और बरईपुर गाँव के किसानों पर अमानुषिक अत्याचार किया गया। डिप्टी कमिश्नर से कांड की शिकायत की गई। उन्होंने नवंबर में जाँच करने को

कहा। तब स्थानीय नेताओं ने पंडित नेहरू से इसकी शिकायत की। नेहरू जी स्वयं बलरामपुर आए। हालाँकि रियासत के कर्मचारियों और पुलिस के द्वारा मार्ग अवरुद्ध कर नेहरू जी को न आने देने का यथासंभव प्रयास हुआ, पर नेहरू जी आए। स्थिति के अवलोकन और अध्ययनोपरांत उन्होंने बयान जारी किया, पर सरकार का दमनकारी रूप उग्रतम होता गया। इसी क्रम में मनकापुर के कुँवर राघवेंद्र प्रताप सिंह को गिरफ्तार कर जेल में डाल दिया गया।

लॉर्ड इर्विन समझौते के अनुसार, गांधी जी द्वितीय गोलमेज सम्मेलन में भाग लेने के लिए इंग्लैंड गए। वापस आते ही उन्हें जेल में डाल दिया गया और कांग्रेस को अवैध घोषित कर दिया गया। गोंडा के कांग्रेस कार्यालय में ताला लगा दिया गया। लाल बिहारी टंडन की प्रेस तथा कांग्रेस कार्यालय की तलाशी ली गई।

11 जनवरी, 1932 को कांग्रेस पर प्रतिबंध के विरोध में गोंडा में प्रदर्शन करने पर कन्हई, बच्चू, बदल और कृष्णानंद की गिरफ्तारियाँ हुईं। इसी वर्ष गिरफ्तारियों में और भी तेजी लाते हुए और भी बहुत-से प्रदर्शनकारी गिरफ्तार किए गए।

सन् 1934 में गांधी-इर्विन समझौते के अनुसार कांग्रेस द्वारा 'सविनय अवज्ञा आंदोलन' स्थगित कर दिया गया। तब गोंडा के कांग्रेसियों ने संगठनात्मक और रचनात्मक कार्यों की ओर रुख किया।

सन् 1937 के आम चुनाव में गोंडा जिले के सभी प्रमुख नेता जनता का समर्थन पाकर विधान सभा के सदस्य निर्वाचित हुए। इसी समय पिपराडीह रेल डकैती में केशवराम शुक्ल और जगन्नाथ मिश्र को बंदी बना लिया गया।

1 सितंबर, सन् 1939 को द्वितीय विश्वयुद्ध प्रारंभ हो गया। गवर्नर जनरल ने भारतीय जनता की सहमति के बिना भारत को युद्धरत राष्ट्र घोषित कर दिया। कांग्रेस ने शासन के इस काम की तीव्र आलोचना की। कांग्रेस की कार्यकारिणी ने सभी प्रांतीय मंत्रिमंडलों को त्याग-पत्र देने का आदेश दिया। अत: आठ प्रांतों के कांग्रेसी मंत्रिमंडलों ने त्याग-पत्र दे दिया। प्रशासन ने धारा 93 के अंतर्गत प्रांतीय प्रशासन हाथ में लेकर विधानमंडलों को भंग कर दिया। तब 17 अक्टूबर, 1940 ई. को कांग्रेस ने 'व्यक्तिगत सत्याग्रह आंदोलन' प्रारंभ कर दिया। इस आंदोलन का पूरे गोंडा जनपद में व्यापक असर पड़ा। बहुत-से कार्यकर्ताओं ने अपनी गिरफ्तारियाँ दीं। प्रथम सत्याग्रही के रूप में ईश्वर शरण गिरफ्तार हुए। उनके बाद लाल बिहारी टंडन, बाँके बिहारी और गंगा प्रसाद सहित दर्जनों नेताओं ने गिरफ्तारियाँ दीं। व्यक्तिगत सत्याग्रहियों में गुलाब सिंह और उनकी पत्नी शकुंतला देवी के नाम भी उल्लेखनीय हैं।

'आजाद हिंद फौज' के संस्थापक नेताजी सुभाषचंद्र बोस ने महात्मा गांधी और अपने विचारों और कार्यशैली में पर्याप्त अंतर पाकर कांग्रेस को छोड़कर 'फॉरवर्ड ब्लॉक' की स्थापना की। इस संबंध में वे गोंडा भी आए थे। गोंडा के कार्यकर्ताओं ने यहाँ उनकी एक सभा भी आयोजित कराई थी और कौमी सेवा दल की स्थापना की थी।

9 अगस्त, सन् 1942 को 'भारत छोड़ो आंदोलन' का प्रारंभ हुआ। इस आंदोलन में भाग लेनेवालों की गोंडा में बड़े पैमाने पर गिरफ्तारियाँ हुईं। इनमें बाबू ईश्वर शरण और लाल बिहारी टंडन के अलावा बलभद्र प्रसाद शुक्ल, नवरंग सिंह, राघवेंद्र प्रताप सिंह, बलदेव सिंह, बाँके बिहारी, श्याम लाल हरिजन, बब्बन सिंह, मथुरा सिंह और गंगा प्रसाद के नाम उल्लेखनीय हैं। गोंडा में 'विद्यार्थी संघ' की भी स्थापना की गई। 15 अगस्त, 1942 ई. को 'विद्यार्थी संघ' के अध्यक्ष रामचंद्र श्रीवास्तव उर्फ बच्चू बाबू तथा राजेश्वरी प्रसाद ने अर्धरात्रि में स्थानीय टॉमसन इंटर कॉलेज तथा राजकीय हाईस्कूल के भवन पर तिरंगा लहराकर अपनी राष्ट्रभक्ति और अंग्रेज सरकार के प्रति अपने विरोध का परिचय दिया।

तरबगंज तहसील

सन् 1856 में बहराइच निजामत से अलग होकर जब गोंडा जिला अलग किया गया तब तरबगंज तहसील का स्वतंत्र रूप सामने आया। गोंडा की इस तहसील का भारत के स्वतंत्रता आंदोलन में यद्यपि उल्लेखनीय योगदान रहा, पर दुर्भाग्यवश इस योगदान का क्रमबद्ध ऐतिहासिक विवरण उपलब्ध नहीं हो सका है।

10 फरवरी, सन् 1857 को तरबगंज तहसील के सकरौरा कस्बे में फजल अली ने तत्कालीन डिप्टी कमिश्नर कर्नल ब्यायलू की हत्या कर दी। फजल अली के बारे में विद्वानों के अलग-अलग मत हैं। जगदेव सिंह जी का कहना है—

"दस्यु फजल अली को सन् 1857 की क्रांति से जोड़ना अथवा महाराज देवी बख्श सिंह को सेनापति समझना भारी भूल है।"[6] वहीं विद्वान द्वय श्री चंद्र गोपाल पांडेय तथा महाराजदीन पांडेय की दृष्टि में फजल अली द्वारा की गई यह हत्या वह चिनगारी थी, जिसने सशस्त्र क्रांति की मशाल जलाई और पूर्ण स्वतंत्रता-प्राप्ति तक उसे जलाए रखा।[7]

तरबगंज तहसील के राष्ट्रभक्तों ने देश की आजादी के दौरान प्रत्येक संघर्ष में, चाहे वह प्रादेशिक स्तर का हो या राष्ट्रीय स्तर का हो, अपना सक्रिय योगदान दिया।

सन् 1911 का किसान आंदोलन तरबगंज में आशानुरूप सफलता नहीं प्राप्त कर सका। किसान ताल्लुकेदारों द्वारा निरंतर प्रताड़ित किए जाते रहे।

सन् 1918 में सर सिडनी रौलट की अध्यक्षता में गठित समिति ने जाँच की कि भारत में क्रांतिकारी गतिविधियाँ किस सीमा तक सक्रिय हैं और किन उपायों से उनसे निबटा जा सकता है। समिति की दी गई रिपोर्ट के अनुसार तत्कालीन फौजदारी विधियाँ क्रांतिकारी तथा आतंकवादी आंदोलन दबाने के लिए अपर्याप्त थीं। अत: अंग्रेज शासन ने दो नए अधिनियमों का प्रारूप तैयार किया। पहला विधेयक उसी माह लागू कर दिया। इसमें संदिग्ध क्रांतिकारी या आतंकवादी को सामान्य जाँच के बाद नजरबंद किया जा सकता था। न्यायालय के निर्णय के विरुद्ध अपील की व्यवस्था नहीं थी।

6 फरवरी, 1919 को पारित इस एक्ट का भारत-व्यापी विरोध हुआ। तभी 13 अप्रैल, 1919 को जलियाँवाला बाग में भीषण नरसंहार हुआ। इस कांड की देश व्यापी प्रतिक्रिया हुई। तरबगंज तहसील के नवयुवक उद्वेलित हो उठे। गाँव कौंचिहा के भानु प्रताप तिवारी, बेलसर के बदली सिंह, नवाबगंज के गया प्रसाद, किंधौरा गाँव के राम निहोरे तिवारी और गोपी नाथ तिवारी तथा खमरौनी गाँव के बाबू राम तिवारी के नाम इस संदर्भ में उल्लेखनीय हैं। अंग्रेजों को देश से उखाड़ फेंकना इनका एकमात्र लक्ष्य बन गया। इन लोगों ने कई जगहों पर सरकार विरोधी वक्तव्य भी दिए।

इसी समय 'खिलाफत आंदोलन' शुरू हो गया। अंग्रेजों के इस आश्वासन पर कि न तो खलीफा के पद का अंत होगा और न ही तुर्की राज्य विघटित किया जाएगा, मुसलमानों ने विश्वयुद्ध में अंग्रेजों का सहयोग किया था। सीर्वस की संधि द्वारा स्पष्ट हो गया कि अंग्रेजों ने मुसलमानों के साथ छल किया है। वे तुर्की के विघटन और खलीफा पद की समाप्ति पर आमादा थे। अंग्रेजों की इस नीति के खिलाफ मुसलमानों ने 'खिलाफत आंदोलन' छेड़ दिया। इस मुद्दे पर महात्मा गांधी ने मुसलमानों का सहयोग किया। तरबगंज में भी 'खिलाफत आंदोलन' की मुहिम छेड़ी गई, परंतु यह आंदोलन प्रभावी साबित नहीं हो सका।

भारतीय नेता समय की अपेक्षा के अनुसार यही उचित समझ रहे थे कि कांग्रेस और शासन में समझौता कराया जाए, लेकिन सरकार की हठवादिता के कारण समझौता न हो सका। 1 फरवरी, सन् 1922 को गांधी जी ने पत्र द्वारा वायसरॉय को स्पष्ट कर दिया कि यदि सात दिन के भीतर शासकीय नीति में परिवर्तन नहीं किया जाता तो वे सूरत शहर के बारदौली ताल्लुके से सत्याग्रह प्रारंभ कर देंगे। इसके कुछ दिनों बाद ही 15 फरवरी, 1922 को चौरा चौरी कांड घटित हो गया। कांग्रेस के जुलूस और पुलिस की मुठभेड़ में

क्रुद्ध भीड़ ने थाने में आग लगा दी, जिसमें 21 पुलिसकर्मी जलकर मर गए। गांधी जी ने अहिंसात्मक आंदोलन का ये हिंसात्मक स्वरूप देखकर आंदोलन स्थगित कर दिया। आंदोलन के स्थान पर उन्होंने रचनात्मक कार्यक्रम पर बल दिया। रचनात्मक कार्यक्रमों के क्रम में ही तरबगंज में घर-घर चरखे का प्रचार हुआ। नशाबंदी के लिए शराब की दुकानों पर धरना दिया गया। स्वयंसेवकों ने शराबियों को शराब का हानिकर प्रभाव बताकर शराब छोड़ने के लिए समझाया।

9 अगस्त, 1925 की काकोरी में सरकारी खजाना लूटने के अपराध में राजेंद्र लाहिड़ी को गोंडा जेल में फाँसी दे दी गई। लाहिड़ी की इच्छानुसार उनकी फाँसी के पूर्व 'वंदे मातरम' का नारा लगाया गया। "लाहिड़ी की पूर्व इच्छा के मुताबिक फाँसी से पूर्व 'वंदे मारतम' का नारा लगाकर ईश्वर बाबू के नेतृत्व में जिन लोगों ने वहाँ शहीद होने जा रहे सेनानी को अपनी उपस्थिति का आभास कराया था, उनमें तरबगंज के युवकों की संख्या सर्वाधिक थी।"[8]

मांटेग्यू-चेम्सफोर्ड शासन सुधार का अध्ययन करने 'साइमन कमीशन' 1928 ई. में लखनऊ आया। इस कमीशन का देश-व्यापी विरोध हो रहा था। 'साइमन आयोग' के लखनऊ कार्यालय के समक्ष तरबगंज क्षेत्र के खमरौनी गाँव के बाबू राम तिवारी, बरसड़ा के राम सिंह और कौंचिहा के भानु प्रताप तिवारी के नेतृत्व में पर्याप्त संख्या में लोग पहुँचे और 'साइमन वापस जाओ' का नारा लगाकर अपना विरोध दर्ज किया।

'फूट डालो और राज करो' नीति के अनुयायी अंग्रेजों ने तरबगंज के हिंदुओं में वैमनस्य पैदा करने की चेष्टा के अंतर्गत 'आदि-हिंदू-आंदोलन' प्रारंभ किया। एक अंग्रेज अधिकारी के संकेत पर स्वामी अछूतानंद नाम के एक बनावटी संन्यासी ने दलितों के बीच जाकर यह प्रवचन देना शुरू किया कि असली हिंदू दलित हैं। तरबगंज की जनता ने उस कपटी संन्यासी के प्रभाव को निष्प्रभ कर दिया। तरबगंज के कुरहा गाँव के रामफल और ढोंढेपुर के भभूति ने अंग्रेजों के इस प्रवंचनापूर्ण अभियान को विफल कर दिया। इस तहसील में आजादी की लड़ाई में सवर्णों के साथ अच्छी-खासी संख्या में दलितों की भागीदारी इस बात प्रमाण है कि यहाँ दोनों वर्गों में पूर्ण सामंजस्य था।

तरबगंज तहसील के बेलसर गाँव के बदली सिंह ने नमक कानून तोड़कर 'नमक सत्याग्रह आंदोलन' में अपना योगदान दर्ज किया। अंग्रेज सरकार ने उनके अपराध के लिए उन्हें तीन महीने का कठोर कारावास और 200 रुपया जुर्माने का दंड दिया। नमक सत्याग्रह में भाग लेने के लिए वजीरगंज ब्लॉक के पंडित शीतल देव उर्फ शीतल वर्मा अपनी नौकरी छोड़कर गाँव रामचेरापुर आए। उन्हें छह माह का कारावास दंड दिया गया।

मुकुंदपुर के महादेव मिश्र, उनके चाचा श्री सूरत लाल और बरौली के रघुनाथ सिंह ने जो बाद में उत्तर प्रदेश विधान सभा के सदस्य निर्वाचित हुए, कुल्हाड़ी टीकुर और बरौलीडीह पर रोज झंडा फहराने और झंडा गीत, "विजयी विश्व तिरंगा प्यारा, झंडा ऊँचा रहे हमारा" गाने का कार्य शुरू किया। यह क्रम देश की आजादी तक चला।

वजीरगंज ब्लॉक सेहरिया गाँव के युवक दशरथ सिंह, राजाराम सिंह और गल्हू सिंह ने कांग्रेस संगठन को मजबूत करने में अपना योगदान दिया। कौंचिहा के भानु प्रताप तिवारी ने लखनऊ के अमीरुद्दौला पार्क में तिरंगा झंडा फहराने के दंडस्वरूप छह मास का कारावास दंड पाया। बेलसर के बदली सिंह नमक सत्याग्रह के दंडस्वरूप मिली तीन माह की सजा काटकर बाहर आए ही थे कि उनको 'सविनय अवज्ञा आंदोलन' के लिए पुन: छह मास के कठोर कारावास और 50 रुपये जुर्माने की सजा सुना दी गई।

सन् 1933 में कलकत्ते में हो रहे कांग्रेस अधिवेशन में तरबगंज तहसील का नेतृत्व भानु प्रताप कर रहे थे। उनका पथ प्रदर्शक पूर्व निश्चित स्थान पर गिरफ्तार हो जाने के कारण न पहुँच सका। कालीघाट धर्मशाला में यू.पी. के लोगों के ठहरने की सूचना पर ये वहाँ पहुँचे। 31 मार्च को अधिवेशन था, पर 30 मार्च को ही पुलिस ने धर्मशाला में पहुँचकर ताबड़तोड़ लाठियाँ बरसानी शुरू कर दीं, जिसमें नवरंग सिंह का एक दाँत टूट गया। सभी लोग जेल में नजरबंद कर दिए गए। वहाँ से उनकी एक माह बाद रिहाई हुई।

पिपरी रेहुआ गाँव के रमाकांत शुक्ल के निवास पर स्वतंत्रता संग्राम में भाग लेनेवाले राष्ट्रभक्तों के लिए मार्गदर्शन मिलता। इलाके के युवक यहाँ एकत्र होते। यहाँ पर वे आजादी की लड़ाई विषयक जानकारी प्राप्त करते। उनको यहाँ पर राष्ट्रीय भावनाओं का स्फुरण करनेवाली उस समय की पत्र-पत्रिकाएँ 'चाँद', 'प्रभा', 'प्रताप' आदि पढ़ने को मिलतीं। 'चाँद' का फाँसी अंक सरकार द्वारा प्रतिबंधित था। इस पत्रिका के लिए रमाकांत शुक्ल को पुलिस की यातनाएँ झेलनी पड़ीं। शुक्ल जी के यहाँ खरगूपुर के गया प्रसाद, अकबरपुर के रामफेर मिश्र, ढोंढेपुर के भगौती व माता प्रसाद का भी आना होता रहता था।

'साइमन कमीशन' की रिपोर्ट और द्वितीय गोलमेज सम्मेलन के बाद अंग्रेज सरकार ने भारत का शासन सुधारने के लिए सन् 1935 में प्रांतों को स्वशासन का अधिकार दे दिया। सन् 1937 में विधान सभा के आम चुनाव हुए। अंग्रेजों ने इस चुनाव में जमींदारों, ताल्लुकेदारों, राय बहादुरों और खान बहादुरों द्वारा कांग्रेस प्रत्याशियों को पराजित करवाने की पूरी चेष्टा की। तरबगंज से कांग्रेस के प्रत्याशी गोंडा के ईश्वर शरण बने और गोंडा से

उनकी जगह लाल बिहारी टंडन को खड़ा कर दिया गया। ईश्वर शरण जी का नया क्षेत्र था और मुकाबला भी दो दिग्गजों के साथ था। एक नवाबगंज शुगर मिल के मैनेजर कृष्ण देव से और दूसरे पार्टी के विद्रोही उम्मीदवार तथा जिला कांग्रेस के संस्थापक सदस्य बाबू बिंदेश्वरी प्रसाद वकील से, लेकिन कांग्रेस की लोकप्रियता और मजबूत संगठन का सुपरिणाम ईश्वर शरण जी के पक्ष में गया और वे चुनाव जीत गए।

15 सितंबर, 1940 से 'व्यक्तिगत सत्याग्रह' प्रारंभ हो गया। तरबगंज तहसील का कोई परगना या ब्लॉक ऐसा नहीं था जहाँ 'व्यक्तिगत सत्याग्रह' न हुआ हो। बेलसर निवासी बदली सिंह 'व्यक्तिगत सत्याग्रह' में जेल गए। रघुराज सिंह बरौली से, महादेव मिश्र बेगमगंज बाजार से तथा सूरज लाल मिश्र मुकुंदपुर से 'व्यक्तिगत सत्याग्रह' में गिरफ्तार किए गए। महादेवा के रघुपति शर्मा और कुरहा के रामफल यादव भी इस आंदोलन से जुड़े। सत्याग्रही नारा लगाते, "युद्ध में रुपया, पैसा, आदमी, किसी भी तरह की मदद अंग्रेजों को देना हराम है, हराम है।" सिसई के बाबू राम तिवारी, भिखारीपुर के काली प्रसाद, ढोंढेपुर के माता प्रसाद व भभूति, कौंचिहा के भानु प्रताप तिवारी, किंधौरा के गोपीनाथ व राम निहोरे तिवारी, सिंगहाचंदा के गया प्रसाद, ठाकुर प्रसाद और जगमोहन, लालमन पुरवा के शंभू महाराज, अकबरपुर के पंडित रामफेर मिश्र, रघुनाथपुर नवाबगंज के रघुनाथ मिश्रा और रामचेरापुर के शीतलदेव ने व्यक्तिगत सत्याग्रह में भाग लिया, जेल गए और मातृभूमि की आजादी के लिए जेल की यातनाएँ सहीं। बेलसर के अनिरुद्ध सिंह जेल से बाहर आए तो उनका वजन बढ़ गया था। पिपरी रेहुआ के रमाकांत शुक्ल ने अंग्रेजों के दलाल एक परिवार के दरवाजे पर चंदापुर गाँव में सत्याग्रह किया। चंद्रभान शरण सिंह को 'व्यक्तिगत सत्याग्रह' के दंडस्वरूप एक वर्ष के कठोर कारावास और 200 रुपये जुर्माने की सजा दी गई। सेहरिया के दशरथ सिंह और राजाराम सिंह भी व्यक्तिगत सत्याग्रह में जेल गए।

7 अगस्त, सन् 1942 को बंबई में हुए 'भारतीय कांग्रेस समिति' के अधिवेशन में काफी विचार-विमर्श के बाद कांग्रेस ने 'भारत छोड़ो' प्रस्ताव को अपनी स्वीकृति दे दी। अंग्रेज सरकार ने 9 अगस्त, सन् 1942 को सूर्योदय से पूर्व ही गांधी जी समेत कार्यकारिणी के सभी सदस्यों को बंदी बना लिया। भारतीय जनता ने स्थान-स्थान पर प्रदर्शन किए। अंग्रेजों ने दमनकारी रवैया अपनाया। बलिया में तो हवाई जहाज से बम वर्षा तक की गई। काशी विश्वविद्यालय को सेना के नियंत्रण में दे दिया गया। अंग्रेजों के इस कृत्य ने आग में घी डालने का काम किया। तरबगंज के दर्जनों युवा अपना घर-परिवार छोड़कर इस आंदोलन में कूद पड़े। इनमें कौंचिहा के भानु प्रताप तिवारी, पयागपुर के ओम प्रकाश,

भिखारीपुर के काली प्रसाद, उदयपुर के रखेले, सुकई व सुखी, सेहरिया के राजाराम गल्हू, वजीरगंज के बालेराम, बद्रीगुप्त, राम पियारे, श्रीराम, सालिक, नैपुर के सूरत सिंह, अमदही के जगपाल सिंह और नवाबगंज के सुंदर लाल शर्मा तथा बाला प्रसाद शर्मा के नाम उल्लेखनीय हैं।

तरबगंज के कई युवा ऐसे भी थे जो तरबगंज से बाहर निवास कर रहे थे और वहाँ रहते हुए इन्होंने राष्ट्रीय स्वतंत्रता यज्ञ में अपनी आहुति डाली। इनमें गंगरौली के चंद्रिका सिंह, चंदापुर के राम नरेश तिवारी और किशुनदासपुर के सूरज नारायण शुक्ल महत्त्वपूर्ण हैं। चंद्रिका सिंह इंडियन नेशनल आर्मी से जुड़े थे। अंग्रेजी सरकार ने इनको फाँसी की सजा दी थी। राम नरेश तिवारी लाहौर में रह रहे थे। वहाँ ये 'भारत छोड़ो आंदोलन' में जेल गए थे। सूरज नारायण शुक्ल विद्यार्थी जीवन से ही पढ़ाई छोड़कर देश की आजादी के लिए संघर्षशील हो गए थे। बंगाल की अंग्रेज सरकार ने इनको भारत सुरक्षा अधिनियम के अंतर्गत कलकत्ता से निष्कासित कर दिया था।

तरबगंज के इन नौजवानों में देशभक्ति के जज्बे का यह हाल था कि उनका हृदय लाहिड़ी की फाँसी, आंदोलनकर्ताओं पर पुलिस के अत्याचार या जेल की अमानवीय यातनाओं से भयभीत न होकर और भी उत्साह से आपूरित हो जाता था। आजादी की लक्ष्य-पूर्ति की चाह में ये कई बार जेल गए। छूटकर फिर अपने लक्ष्य को पाने में जुट गए। सालोंसाल नाव पर सोकर अंग्रेजों को चकमा देते रहे। इस साहसी टोली के नेता सिंघौही के श्याम लाल सिंह थे। विश्नोहरपुर के चंद्रभान शरण सिंह ने बोतल बम बनाकर दहशत पैदा कर दी थी। ब्रजनंदन ब्रह्मचारी ने जन्म भले ही बस्ती जनपद में लिया था, परंतु उनका कार्यक्षेत्र गोंडा और तरबगंज ही था। स्थानीय क्रांतिकारी उनको अपना गुरु मानते थे।

मनकापुर तहसील

सन् 1920 से लेकर सन् 1947 तक मनकापुर तहसील की भारत के स्वतंत्रता संग्राम के विविध आंदोलनों में निरंतर भागीदारी रही है।

मनकापुर पर बिसेन वंशीय क्षत्रियों का राज्य रहा। इसी वंश के गोंडा नरेश देवी बख्श सिंह भी थे, जिन्होंने भारत के प्रथम स्वाधीनता संघर्ष में अद्भुत वीरता और श्लाघनीय देशभक्ति का परिचय दिया था।

सन् 1929 में महात्मा गांधी का आगमन मनकापुर और गोंडा में हुआ था। महात्मा गांधी के इस आगमन का पूरा श्रेय मनकापुर के तत्कालीन राजा रघुराज सिंह को है। इनके

दोनों बेटों—राघवेंद्र प्रताप सिंह और देवेंद्र प्रताप सिंह का स्वतंत्रता आंदोलनों में सक्रिय योगदान रहा। राघवेंद्र प्रताप सिंह महात्मा गांधी के आंदोलनों से जुड़े और देवेंद्र प्रताप सिंह ने नेताजी सुभाषचंद्र बोस के 'फॉरवर्ड ब्लॉक' के संगठन का दायित्व सँभाला।

महात्मा गांधी के 'असहयोग आंदोलन' ने मनकापुर तहसील के खजुरी गाँव में चेतना की लहर दौड़ा दी। खजुरी गाँव के बारह नवयुवक स्वतंत्रता संग्राम में कूद पड़े थे।

चौरा चौरी की हिंसक वारदात के बाद दुखी होकर महात्मा गांधी ने अपना 'असहयोग आंदोलन' स्थगित कर दिया था। इस मुद्दे पर विचार करने के लिए सन् 1922 में बभनान रेलवे स्टेशन से दो किलोमीटर उत्तर-पश्चिम में स्थित सिसई रानीपुर में 30 व 31 मार्च को एक सभा आयोजित की गई थी। इस सभा में उस युग की कितनी ही गणमान्य हस्तियों ने अपनी उपस्थिति दर्ज कराई थी, जैसे कि पंडित जवाहरलाल नेहरू, रघुपति सहाय 'फिराक', खली कुज्जमा, स्वामी विचारानंद सरस्वती एवं छह वर्षीया इंदिरा गांधी। इस सभा की प्रबंध व्यवस्था दातादीन मिश्र तथा तहसील कॉन्फ्रेंस के प्रधान बब्बन सिंह को सुपुर्द थी। इस आयोजन की सफलता का श्रेय खजुरी गाँव के नवयुवकों—द्वारिका सिंह, उमराव सिंह, मथुरा सिंह तथा महादेव सिंह को जाता है।

मनकापुर के तत्कालीन राजा रघुराज सिंह के प्रयास से गांधी जी मनकापुर आए थे। राजा साहब ने उनका भव्य स्वागत किया। साथ आए आचार्य कृपलानी को स्वागत का यह तरीका अच्छा नहीं लगा, पर बापू बिना कोई प्रतिक्रिया दिए मंद-मंद मुस्कुराते रहे। इसी समय का एक रोचक प्रसंग है। महात्मा गांधी के आगमन से पूर्व राजा साहब ने सभी बच्चों को ऊपर से खादी के वस्त्र पहना दिए थे। बापू ने प्रणाम करने के लिए आए हुए बच्चों को आशीर्वाद देते समय पाया कि बच्चों के पहने खादी के वस्त्रों के नीचे पहना कपड़ा खादी का नहीं, दूसरी प्रकार का था। इस पर बापू ने हँसकर टिप्पणी की, "चलो, मेरे आने से इतना तो परिवर्तन आया कि ऊपरी आवरण खादी का है।"

सन् 1931 में महात्मा गांधी द्वारा प्रारंभ किए गए नमक सत्याग्रह आंदोलन से मनकापुर क्षेत्र विशेष रूप से प्रभावित हुआ। मनकापुर के अलावा खोड़ारे, कोल्हार गाँव (पचपुती जगतापुर), खरगूपुर, खजुरी और छपिया गाँवों के कितने ही युवकों ने इस आंदोलन से जुड़कर नमक कानून का उल्लंघन किया था। दंडस्वरूप लोग गिरफ्तार किए जाने लगे। अंग्रेजों के अत्याचारों का विरोध करते नौजवान "नमक का मौला सात समुंदर पार" की लोकवाणी को शब्द देते हुए हँसते-हँसते जेल जाते रहे।

इसी शृंखला में सन् 1932 में लगान बंदी आंदोलन भी सामने आया। अंग्रेजों के इशारे पर जमींदारों का किसानों के प्रति रवैया अत्यंत अमानवीय हो गया था। इन किसानों का

कांग्रेस का पक्षधर होना भी इसका एक कारण था। जमींदार किसानों को यातनाएँ दे-देकर अपना कर वसूल करते। सन् 1930 में लगान में 30 प्रतिशत की बढ़ोत्तरी कर दी गई। सरदार पटेल ने अंग्रेज सरकार से लगान वृद्धि वापस लेने की अपील की और ऐसा न करने की स्थिति में आंदोलन तथा लगान न चुकाने की धमकी दी। अंततः आंदोलन शुरू हो गया। मनकापुर और आसपास के कई गाँव—खजुरी, हरनाटायर, कुड़ासन, घुसवा और मसकनवा के लोग इस आंदोलन से जुड़े।

'सविनय अवज्ञा आंदोलन' की विफलता के कारणों का विश्लेषण करने पर गांधी जी ने अनुभव किया कि कोई भी आंदोलन तभी पूर्णतः सफल हो सकता है जब वह पर्याप्त व्यापक हो और इसके लिए कांग्रेस की विचारधारा जन-सामान्य तक पहुँचनी आवश्यक है। इसी उद्‌देश्य की पूर्ति के लिए गांधी जी ने सन् 1937 में निर्देश दिया कि गाँव-गाँव में कांग्रेस के वार्षिक अधिवेशन आयोजित किए जाएँ। सन् 1938 में मनकापुर में आयोजित कांग्रेस सभा इसी का एक उपक्रम थी।

द्वितीय विश्वयुद्ध-जन्य ऐसी अनेक परिस्थितियाँ तथा कारण थे, जिनके कारण 'सविनय अवज्ञा आंदोलन' टलता रहा। 8 अगस्त, 1940 को गवर्नर जनरल ने 'अगस्त योजना' नाम का एक वक्तव्य दिया, जिसे कांग्रेस और लीग, दोनों ने ही अस्वीकार कर दिया। इन परिस्थितियों में प्रश्न था कि क्या किया जाए। एक राजनीतिक संगठन के रूप में कांग्रेस चुप नहीं बैठ सकती थी। 15 सितंबर, 1940 को कांग्रेस ने महात्मा गांधी को 'सविनय अवज्ञा आंदोलन' प्रारंभ करने का अधिकार दे दिया। अतः महात्मा गांधी ने युद्ध में भारत को घसीटने के अंग्रेज सरकार के निर्णय के विरुद्ध व्यक्तिगत रूप से स्त्रियों एवं पुरुषों को आंदोलन करने का आह्वान किया। 17 अक्टूबर, 1940 को प्रथम व्यक्तिगत सत्याग्रही के रूप में विनोबा भावे के गिरफ्तार होते ही व्यक्तिगत सत्याग्रह संग्राम की रणभेरी बज उठी।

मनकापुर तहसील क्षेत्र में व्यक्तिगत सत्याग्रह में बहुसंख्यक लोगों ने अपना योगदान दिया। रानी बाजार, छपिया, संगवा, नगरा बुजुर्ग, फिरोजपुर, हरनाटायर, केशवनगर गिरंट, खजुरी, खम्हारिया, मसकनवाँ, अशरफपुर, कुड़ासन, घुसवा, सबरापुर और तुर्किया बुजुर्ग गाँवों से कितने ही लोगों ने अपने-आपको गिरफ्तार कराया।

इस प्रकार मनकापुर का स्वतंत्रता संग्राम में पूरा समर्थन और योगदान रहा। एक आमजन से लेकर राजघराने तक के लोगों ने आजादी की इस लड़ाई में यथेष्ट सहयोग किया।

करनलगंज तहसील

करनलगंज तहसील 26 जनवरी, सन् 1987 से पूर्व गोंडा के अंतर्गत थी, परंतु 26 जनवरी, 1987 में इसको स्वतंत्र तहसील का दर्जा प्राप्त हो गया। सन् 1856 में गोंडा को बहराइच से अलग कर जिला बना दिया गया। उस समय गोंडा और बहराइच के संयुक्त कमिश्नर के रूप में कर्नल विंग फील्ड की नियुक्ति हुई, जिनका मुख्यालय सकरौरा में था। कर्नल विंग फील्ड की उपाधि 'करनल' पर सकरौरा का एक भाग करनलगंज कहलाया। स्थानीय लोग इसे करनैलगंज या कंडैलगंज भी कहते हैं। सकरौरा का दूसरा भाग ग्रामीण सकरौरा है।

करनलगंज का भारत की आजादी के प्रयासों में अप्रतिम योगदान रहा है। सन् 1857 के स्वाधीनता संग्राम की पहली चिनगारी सबसे पहले सकरौरा में ही फूटी थी, जहाँ अंग्रेजी सेना में तैनात भारतीय सिपाहियों ने तीन अंग्रेज सैन्य अधिकारियों का वध करके गोंडा और बहराइच को ब्रिटिश नियंत्रण से मुक्त करा लिया था।

इसके पश्चात भारत की आजादी के द्वितीय संघर्ष—राष्ट्रीय आंदोलन में भी करनलगंज की महती भूमिका रही। करनलगंज के पाँच युवा—मथुरा प्रसाद शुक्ल, परागदत्त शुक्ल, राम अछैबर, माता प्रसाद पांडेय और मुहम्मद यूनुस अली देश की स्वतंत्रता का उद्‌देश्य लेकर नेताजी सुभाषचंद्र बोस की 'आजाद हिंद फौज' में भर्ती हुए थे।

जिस प्रकार आजादी की लड़ाई में मनकापुर तहसील के कुड़ासन और खजुरी गाँवों ने अपने क्षेत्र का मस्तक गर्वोन्नत किया, उसी प्रकार करनलगंज के मरचौर गाँव ने करनलगंज नाम उज्ज्वल किया है। कहने को तो मरचौर छोटा-सा गाँव है, परंतु इसी छोटे-से गाँव के छह युवा देश की आजादी के निमित्त स्वतंत्रता संग्राम में निर्भीक भाव से कूद पड़े। अमानवीय यातनाएँ भी उनको उनके निर्दिष्ट पथ से पीछे न कर सकीं।

परसपुर रियासत का मैनेजर अत्यधिक निरंकुश और अत्याचारी वृत्ति का व्यक्ति था। मलावी गाँव के मनोहर सिंह, मरचौर गाँव के बेचन सिंह और सुसुंडा गाँव के सिद्धनाथ पांडेय ने परसपुर रियासत के अत्याचारों का निडर भाव से विरोध किया। इन लोगों ने रियासत के मैनेजर को बिना डरे 'कुत्ता' कहकर अपमानित तक करने में कोई कसर नहीं छोड़ी। जिला प्रशासन द्वारा यातनाएँ देने पर ये निर्भीक युवा न तो समर्पण के लिए तत्पर हुए और न ही क्षमा-याचना के लिए।

स्वदेशी आंदोलन के दौरान विदेशी वस्त्रों और वस्तुओं का बहिष्कार किया गया। विदेशी वस्त्रों की होली जलाई गई। इस प्रसंग में करनलगंज के पंडित जुगुल किशोर का कृत्य अविस्मरणीय है। इनकी कपड़े की दुकान थी। इस दुकान का कपड़ा विदेशी था।

जुगुल किशोर जी ने बिना किसी दुविधा के दुकान का सारा कपड़ा आग को सौंप दिया और इस प्रकार विचार, वचन और कर्म की एकरूपता की मिसाल कायम करने के साथ अपनी देशभक्ति का सबूत दिया। इसी संदर्भ में करनलगंज के ज्ञानचंद्र पांडेय का नाम भी उल्लेखनीय है।

करनलगंज के चौक क्षेत्र में स्थित घंटाघर पर निर्भीक भाव से तिरंगा फहराकर शेख बकरीदी ने अंग्रेज प्रशासन को अपनी राष्ट्रभक्ति और अंग्रेजी प्रशासन की अस्वीकार्यता का प्रमाण दिया था। करनलगंज के ही राम अचल आचार्य ने अपनी गतिविधियों से अंग्रेजों की नाक में दम कर दिया था। रेल लाइन तोड़ना, पुलिस के दरोगा पर ईंट से प्रहार करना, थाने पर झंडा लहराना जैसी इनकी गतिविधियाँ रहीं। एक बार पुलिस ने इनसे पूछा, "तुम इतनी तोड़-फोड़ क्यों करते हो?" तब इनका निडर जवाब था, "तुम जैसे कुत्तों को बाहर निकालने के लिए।" इस बात पर उन्हें दस बेतों के साथ नौ मास कारावास का दंड दिया गया।

इस प्रकार देश की स्वतंत्रता के विराट यज्ञ में गोंडा जनपद की करनलगंज तहसील ने भी अपनी आहुति देकर अपना नाम उज्ज्वल किया।

राष्ट्रीय आंदोलन में महिलाएँ

आजादी की प्राप्ति की दृष्टि से उन्नीसवीं शती का उत्तरार्द्ध भारतीय इतिहास का वह उजला पृष्ठ है, जब समाज के हर समूह ने स्वयं को भारतीय राष्ट्र का एक भाग मानते हुए आजादी पाने के लिए लड़ाई लड़ी। दरअसल, सन् 1885 में भारतीय राष्ट्रीय कांग्रेस की स्थापना और महात्मा गांधी जैसे नेता के नेतृत्व ने आजादी के इस संघर्ष को एक ऐसा मंच प्रदान कर दिया, जहाँ स्वाधीनता संग्राम हर भारतवासी के लिए एक सार्वजनिक कृत्य बन गया। इस संघर्ष में उस युग की महिलाओं की भी महत्त्वपूर्ण भूमिका रही।

स्वतंत्रता आंदोलन के विभिन्न चरणों में प्रत्येक वर्ग और समुदाय की महिलाएँ जुड़ीं, जैसे कि उच्च, मध्यम, शहरी, ग्रामीण, मुस्लिम, दलित और आदिवासी वर्ग। महिलाओं की इस भागीदारी के संदर्भ में दो बिंदु उल्लेखनीय हैं। प्रथम तो यह कि इस संग्राम को स्त्रियों ने न केवल संख्यात्मक दृष्टि से मजबूती दी अपितु अपने साथ वे कई मुद्दे और सवाल भी साथ लेकर आईं। इनमें बाल-विवाह, विधवा-विवाह, वेश्या समस्या, स्त्री-शिक्षा और आभूषण त्याग उल्लेखनीय हैं। दूसरा बिंदु यह है कि स्त्रियों ने पहली बार सार्वजनिक गतिविधियों में भाग लिया। राजनीति में उनका प्रवेश बहुत सहजता से हुआ। इस संदर्भ

में पिंकी पूनिया का कथन है कि आंदोलन को राजनीतिक माना ही नही गया बल्कि एक धार्मिक मिशन के रूप में देखा गया। स्वतंत्रता संघर्ष को देश-पूजा माना गया। पूजा में शक्ति का आह्वान किया जाता है और स्त्री-शक्ति का प्रतीक मानी गई है। इसीलिए महिलाओं को शक्ति का रूप मान कर राष्ट्रीय आंदोलन में शामिल किया गया।[9] बंकिम चंद्र चटर्जी ने अपने सुप्रसिद्ध उपन्यास 'आनंद मठ' में राष्ट्र को एक माँ का रूप मानकर 'भारत माँ' की कल्पना को सामने रखा। इस कल्पना ने स्त्रीत्व के आदर्श को राष्ट्रवाद के साथ संयुक्त कर दिया।

(क) स्वदेशी आंदोलन : बंग-भंग के विरोध में 1905-08 के दौरान बंगाल में चले स्वदेशी आंदोलन में प्रारंभ से ही व्यापक स्तर पर राष्ट्रीय गतिविधियों में स्त्रियों की भूमिका लक्षित होने लगी थी। बंगाल विभाजन के विरोध में चलाए गए अभियानों के अप्रभावी होने पर जुलाई 1905 से विरोध का स्वर बदल गया। अगस्त 1905 में विदेशी सामान के बहिष्कार का निर्णय लिये जाने के बाद आंदोलन में स्त्रियों की सहभागिता के समाचार मिलने लगे। कलकत्ता में 24 अगस्त को फेडरेशन हॉल की आधारशिला के कार्यक्रम में 500 महिलाएँ उपस्थित हुईं। उसी दिन मुर्शिदाबाद जिले के एक गाँव में ग्रामीण स्त्रियों तक स्वदेशी का संदेश पहुँचाने के उद्‌देश्य से गाँव की स्त्रियों ने लक्ष्मी व्रतकथा का आयोजन किया। स्वदेशी की लहर बंगाल तक ही सीमित न रही, बल्कि पूरे देश में व्याप्त हो गई। महिलाओं ने विदेशी सामान की दुकानों पर धरना, विदेशी कपड़ों की होली जलाना, स्वदेशी प्रचार और स्वदेशी के प्रचार हेतु धन एकत्रीकरण जैसे कार्य किए। बंगाल, महाराष्ट्र और पंजाब की महिलाओं में बहुत सक्रियता थी। यद्यपि उस समय महिलाओं में अशिक्षा के कारण अपेक्षित जागृति का अभाव था, तथापि उन्होंने घर-घर चरखा चलाना, खादी का प्रचार करना और राष्ट्रीय दान कोष के निमित्त पैसे तथा आभूषण जुटाने के अलावा गरीबों के घर में मुट्‌ठी-भर अनाज के रूप में अंशदान लेना जैसे कार्यों में भागीदारी की।[10]

स्त्रियों को राष्ट्रीय आंदोलन से जोड़ना तत्कालीन नेताओं का बड़ा बुद्धिमत्तापूर्ण निर्णय था। इनमें से बहुत-सी स्त्रियाँ राष्ट्रवादियों की पत्नियाँ, बहनें या बेटियाँ थीं। अत: आंदोलन के लिए समर्थन समूह स्थापित कर पाना उनके लिए आसान था। तारा प्रसन्न बोस की पत्नी सरोजनी बोस तथा कुमुदनी गाँगुली ने आजादी पाने तक जेवर न धारण करने की शपथ ली। 1907 में विवेकानंद के भाई भूपेंद्र नाथ दत्त की गिरफ्तारी पर 208 महिलाओं ने विरोध सभा आयोजित कर उनकी माँ को सम्मानित किया।[11] बारीसाल में स्वदेशी आंदोलन के फंड के लिए स्त्रियों ने अपना जमापूँजी अश्वनी कुमार की 'स्वदेश

बांधव समिति' को सौंप दी। खुलान में काली प्रसन्न काव्यनिसरोद के भाषणोपरांत स्त्रियों ने हाथ में पहनी विदेशी चूड़ियाँ तोड़ कर फेंक दीं। 1907 में विपिन चंद पाल ने अपने बंगाल दौरे के दौरान हबीबगंज और भोला नामक शहरों में स्त्रियों को संबोधित किया था। मेमन सिंह जिले में सुरेंद्रनाथ बनर्जी का दौरा होने पर वहाँ की स्त्रियों ने अपूर्व उत्साह से उनका स्वागत किया था।[12] 1909 में लाहौर में औद्योगिक प्रदर्शनी हुई, जहाँ महिलाओं ने अपना अलग खंड स्थापित किया। वहीं के बैरिस्टर रोशन लाल की पत्नी हरदेवी 'भारत भगिनी' नाम की हिंदी पत्रिका की संपादक थीं। हरदेवी सभाओं के आयोजन, फंड एकत्रीकरण, समाज-सुधार तथा राजनीतिक कैदियों की सहायता जैसे अभियान चलाती थीं।

इसी कड़ी में स्यालकोट की सुशीला देवी और हिसार की पूरनी देवी के नाम भी उल्लेखनीय हैं। सुशीला देवी ने स्वदेशी से जुड़ी महिलाओं की सभा आयोजित कर राजनीतिक कैदियों के कानूनी व्यय हेतु धन संग्रह किया। पूरन देवी ने पंजाब का दौरा करके स्त्रियों से अपील की कि वे अपने बच्चों को सरकारी नौकरी की बजाय स्वयं का ऐसा व्यवसाय करने को प्रेरित करें जो स्वदेशी के निर्माण द्वारा उन्हें आत्मनिर्भर बना सके। साथ ही, यह भी कहा कि वे अपने बच्चों को जातीय प्रतिबद्धता से ऊपर उठाएँ।[13]

इन महिलाओं के अलावा हुक्मी, आज्ञावती, वेद कुमारी, स्वर्ण कुमारी घोषाल की बेटी सरला देवी चौधरी, कुमुदनी मित्रा, लीलावती मित्रा आदि महिलाएँ भी इस क्षेत्र में सक्रिय रहीं। हुक्मी कूका नेत्री थीं और लुधियाना तथा मलेर कोटला क्षेत्रों में कार्यरत थीं। आज्ञावती और वेदवती ने तो पुरुषों की सभाओं के भी संबोधित किया। गृह विभाग की सूचना के अनुसार आज्ञावती ने एक आश्रम की स्थापना की। इस आश्रम में औरतों को राष्ट्रवादी नीति का प्रचार करने की शिक्षा दी गई।[14] सरला देवी चौधरी का कार्य बहुत महत्त्वपूर्ण रहा। वे बंगाल से पंजाब के मध्य एक सेतु बन कर कार्य करती रहीं। ये बाल गंगाधर तिलक के सीधे संपर्क में थीं और मराठी महिलाओं के स्वदेशी आंदोलन को बल दे रही थीं। इन्होंने स्थान-स्थान पर 'लक्ष्मी भंडार' खोलकर स्वदेशी आंदोलन को लोकप्रियता तो दी ही, साथ ही बंगाल और पंजाब से बाहर भी जगह-जगह का दौरा करके स्वदेशी आंदोलन को राष्ट्रीय आंदोलन बनाने में अपना योगदान दिया। कुमुदनी मित्रा द्वारा स्थापित 'शिक्षित ब्राह्मण स्त्रियाँ' नाम का दल भूमिगत क्रांतिकारियों की सूचनाओं के आदान-प्रदान का जरिया था।[15] 1907 में इन्होंने 'सुप्रभात' नामक पत्र निकाला, जिसमें माँ काली, भारतमाता और क्रांति के संबंधों को दुहराया गया था।[16] लीलावती मित्रा के पति को स्वदेशी आंदोलन में सक्रियता के दंडस्वरूप अंग्रेज सरकार ने देशनिकाले की सजा दे दी थी। स्वाभिमानी लीलावती मित्रा ने अंग्रेजों द्वारा प्रदत्त गुजारा भत्ता लेना अस्वीकार कर

दिया था। ये क्रांतिकारी छात्रों की सहायता करती थीं। 1909 में अरविंदो घोष के जेल से छूटने के बाद लीलावती मित्रा ने इन्हें अपने घर में शरण दी थी।[17]

(ख) असहयोग आंदोलन : 'असहयोग आंदोलन' के राष्ट्रव्यापी कार्यक्रमों के अंतर्गत स्कूल व कालेजों का बहिष्कार, अदालतों का बहिष्कार, उपाधियों का बहिष्कार, शराब और विदेशी कपड़ों की दुकानों का बहिष्कार आदि था। 18 सन् 1921 में महात्मा गांधी ने अपने एक लेख में 'असहयोग आंदोलन' में भाग लेने के लिए स्त्रियों का आह्वान किया। गांधी जी की पुकार पर हजारों महिलाएँ आंदोलन में भाग लेने के लिए तत्पर हो गईं। इन महिलाओं ने विदेशी वस्त्रों का दहन किया, शराब और विदेशी सामान की दुकानों पर पिकेटिंग कर दुकानें बंद करवाईं, घर-घर चरखे चलाए, खादी पहनी और खादी बेची।

बंगाल की महिलाओं ने स्वदेशी आंदोलन की तरह विदेशी वस्तुओं के बहिष्कार की भी पहल की। देशबंधु चितरंजन दास की धर्मपत्नी वसंती देवी और उनकी बहन उर्मिला देवी के नेतृत्व में स्त्रियों ने खादी बेची और गैर-कानूनी सभाएँ आयोजित करके गिरफ्तारियाँ दीं।[19]

बंबई की महिलाओं ने राष्ट्रीय सक्रियता के प्रति समर्पित 'राष्ट्रीय स्त्री सभा' का गठन किया। यह पहला ऐसा संगठन था, जिसमें किसी पुरुष की सहायता नहीं ली गई थी। इस सभा की महिलाओं द्वारा समग्र बंबई नगर में खादी का प्रचार किया गया। नवंबर 1921 में प्रिंस ऑफ वेल्स के भारत आगमन के विरोध में इन महिलाओं ने पूरे बंबई शहर में हड़ताल आयोजित की।[20]

गुजरात में कस्तूरबा के नेतृत्व में देड़ा बहन, डाही बहन, भक्ति बा, मिट्ठू बहन और होरमस जी ने सत्याग्रह कार्यक्रम संचालित किए। सरला देवी साराभाई जहाँ हर गतिविधि में गांधी जी का साथ दे रही थीं, वहीं उनकी पुत्री मृदुला साराभाई स्वयंसेविका संगठन में क्रियाशील थीं। उत्तर प्रदेश का लखनऊ बहिष्कार आंदोलन का मुख्य केंद्र बन गया था। यहाँ लेडी अब्दुल कादिर और नेहरू परिवार की महिलाओं ने बहुत क्रियाशीलता दिखाई। कमला नेहरू अस्वस्थ होने के बावजूद धरनों और जुलूसों का नेतृत्व कर रही थीं। दिल्ली में स्वामी श्रद्धानंद की पुत्री वेद कुमारी आंदोलन का नेतृत्व कर रही थीं। पंजाब में लाला लाजपतराय की पत्नी राधा देवी, अली बंधुओं की माँ बी अमन, पार्वती देवी, लाडो रानी जुत्शी, तारा देवी, पूरनी देवी और शाम देवी महिलाएँ आगे बढ़कर काम कर रही थीं।[21]

उड़ीसा और असम में भी महिलाएँ सक्रिय थीं। उड़ीसा की रमा देवी चौधरी और नेपाल की सावित्री देवी ने जगह-जगह पहुँचकर 'असहयोग आंदोलन' और स्वदेशी का प्रचार किया और जन-चेतना फैलाई। मध्य प्रांत में अनुसूया बाई काले ने महिला जागरण

और बहिष्कार आंदोलन, दोनों का दायित्व सँभाल रखा था। कवयित्री सुभद्रा कुमारी चौहान 'खूब लड़ी मर्दानी' तथा 'जलियाँवाला बाग में बसंत' जैसी कविताओं से आंदोलनकारी युवक-युवतियों का उत्साहवर्धन कर रही थीं। सामाजिक कार्यक्षेत्र में योगदान देनेवाली दक्षिण भारत की लीला बाई सुब्रमण्यम, लक्ष्मीबाई संगम, मुत्तु लक्ष्मी रेड्डी, अम्मू स्वामीनाथन, कामेश्वरमा कुप्पास्वामी अपना क्षेत्र बदलकर बहिष्कार आंदोलन के साथ स्वतंत्रता संग्राम में सक्रिय हो गईं। इन्होंने 'देश सेविका संघ' संगठन की स्थापना की। इन सब गतिविधियों का सुफल यह रहा कि 1921 के कांग्रेस अधिवेशन में 145 महिलाएँ सम्मिलित हुईं। इन महिलाओं में 131 महिलाएँ स्वैच्छिक कार्यकर्ता थीं और 14 विभिन्न समितियों की सदस्याएँ थीं।[22]

महिला भागीदारी का महत्त्वपूर्ण पक्ष यह रहा कि गांधी जी के आश्वासन पर अभी तक सम्मानित परिवारों की महिलाएँ ही आगे आई थीं, पर अब गांधी जी की पुकार हाशिये पर पड़ी वेश्याओं और देवदासियों जैसी महिलाओं को भी स्फुरित करने लगी थी।[23]

1923 में काकीनाड़ा में आयोजित कांग्रेस अधिवेशन में बालिका दुर्गाबाई, जिसने 'बालिका कार्यकर्ता कोर' की स्थापना की थी, ने कार्यकर्ताओं से विनय की कि वे गांधी जी को वेश्याओं और देवदासियों से मिलवाने के लिए एक अलग सभा आयोजित कर दें। आयोजकों ने 5,000 रुपये की व्यवस्था करने को कहा। देवदासियों ने 5,000 रुपये की व्यवस्था के साथ गांधी जी का भाषण सुनने के एक घंटे के भीतर 20,000 रुपये और आभूषणों की अलग व्यवस्था कर दी।[24]

'असहयोग आंदोलन' और 'सविनय अवज्ञा आंदोलन' के मध्यवर्ती काल में भी महिलाओं की सक्रियता में कमी नहीं आई। 1925 में श्रीमती सरोजनी नायडू को कांगेस अधिवेशन में अध्यक्ष चुन लिया गया। इस पद पर प्रतिष्ठित होनेवाली वह पहली भारतीय महिला थीं। इससे महिलाओं का उत्साह और भी बढ़ा। भारतीय महिलाओं के राजनीतिक हस्तक्षेप को दूसरा नया मोड़ देते हुए साउथ कनारा से कमला देवी चट्टोपाध्याय ने पहली बार चुनाव लड़ा। 1926 में मुत्तु लक्ष्मी रेड्डी भारत की पहली महिला विधायक के रूप में मद्रास विधान सभा पहुँचीं और उपाध्यक्ष बनीं। 1928 में साइमन बहिष्कार में भी महिलाओं का सक्रिय योगदान रहा। पंजाब में आंदोलनकारी महिलाओं के रूप में कुछ नए नाम भी सामने आए, यथा—आत्मा देवी, करतार कौर, राजकुमारी अमृत कौर और अमर कौर।[25]

(ग) सविनय अवज्ञा आंदोलन : इस आंदोलन से राष्ट्रीय आंदोलन में स्त्री भागीदारी का एक नया चरण प्रारंभ हुआ जो पूर्व की तुलना में संख्यात्मकता और गुणात्मकता, दोनों ही दृष्टियों से कहीं बेहतर था।

अंग्रेजों के नमक बनाने के एकाधिकार को चुनौती देने के लिए गांधीजी ने दांडी यात्रा के रूप में 'सविनय अवज्ञा आंदोलन' का प्रारंभ किया। इसमें भागीदारी की इच्छुक महिलाओं को यद्यपि गांधीजी ने मना कर दिया था, तथापि 240 मील की यात्रा में जहाँ-जहाँ गांधीजी के पड़ाव होते, स्त्रियों का विशाल समुदाय उनको सुनने के लिए जुट जाता। बाद में औपचारिक रूप से इसमें महिलाएँ भी शामिल की गईं। दांडी यात्रा में अंतिम दिन शामिल हुई और नमक सत्याग्रह में गिरफ्तार होनेवाली सरोजिनी नायडू पहली महिला थीं।[26]

दांडी में आयोजित महिला सम्मेलन में गांधीजी ने महिलाओं के स्वभावानुकूल उनके लिए आंदोलन के भावी कार्यक्रमों की रूपरेखा तय कर दी, जिसमें विदेशी कपड़ों और शराब की दुकानों का बहिष्कार करना था।[27]

दांडी यात्रा के बाद स्त्रियाँ इस आंदोलन से पूर्णतः जुड़ गईं। हजारों महिलाओं ने नमक सत्याग्रह में नमक बनाने और बेचने का काम किया। पहली बार उन्होंने पुलिस दमन का सामना किया, उन पर लाठीचार्ज किया गया और कई बार उनको बेरहमी से पीटा गया। इससे जनाक्रोश बढ़ा। फलतः आंदोलन में और तेजी आई। पत्रिकाओं में पुलिस कृत्य की निंदा की गई। जेल जानेवाली स्त्रियों की संख्या में वृद्धि हुई। 1930 में बंबई में मतदान केंद्र पर चुनाव के विरोध में धरने पर बैठी 400 महिलाओं को गिरफ्तार करके कड़ी सजा दी गई। बहिष्कार के दंडस्वरूप 1932-33 में शहरी और ग्रामीण, दोनों ही महिलाओं ने भारी संख्या में गिरफ्तारी दी। कुल मिलाकर एक लाख व्यक्तियों को जेल हुई थी, जिसमें महिलाओं की संख्या 17 हजार आँकी गई थी।[28] यहाँ तक कि जेलें भर गईं, तब स्त्रियों को पकड़कर बाहर जंगलों में छोड़ा जाने लगा। इस आंदोलन में पहली बार सीमा प्रांत की बुर्केवाली महिलाएँ भी शामिल हुईं।[29]

पूरे 'सविनय अवज्ञा आंदोलन' में एक विशाल संख्या में महिलाओं ने पुरुषों के कंधे-से-कंधा मिला कर अपनी सहभागिता दर्ज की। उन्होंने कष्टों की भी परवाह नहीं की। बड़े-बड़े नेताओं को जेल हो गई तो बंगाल की नेली सेन गुप्ता ने प्रतिबंधित कांग्रेस की अध्यक्षता की। भारी लाठीचार्ज के बीच उन्होंने अपना अध्यक्षीय भाषण पढ़ा और फिर गिरफ्तार हो गईं। दिल्ली में अरुणा आसफ अली को दूसरी बार गिरफ्तार किया गया। उन पर भारी जुर्माना लगाने के अलावा उनके कीमती सामान को भी जब्त कर लिया गया। देशी रियासतों में भी प्रजामंडल के माध्यम से आंदोलन उठ खड़ा हुआ। इस प्रकार सारा भारत आंदोलन की चपेट में आ गया और हजारों की संख्या में महिलाएँ आंदोलनरत थीं।[30]

1930 में नमक सत्याग्रह में स्त्रियों की सक्रियता से एक सकारात्मक पहलू यह सामने आया कि अब महिला संगठनों पर उच्चवर्गीय महिलाओं का प्रभाव समाप्त होने लगा।

(घ) भारत छोड़ो आंदोलन : क्रिप्स मिशन की विफलता तय कर चुकी थी कि अब भारतीय किसी भी मूल्य पर स्वतंत्रता लेकर ही रहेंगे। 18 अगस्त, 1942 को बंबई के ऐतिहासिक अधिवेशन में जवाहरलाल नेहरू ने 'करो या मरो' का नारा दिया। इस आंदोलन में भी बड़ी संख्या में स्त्रियों ने भाग लिया। सरकार ने विद्रोह को दबाने का यथासंभव प्रयास किया। महिलाओं पर हर तरह के अत्याचार किए गए। नागपुर की सखाराम माते, बंगाल की 73 वर्षीय मातंगिनी हाजरा, असम की चौदह वर्षीय कनकलता और वृद्धा योगेश्वरी, कलकत्ता की प्रतिमा देवी जुलूसों का नेतृत्व करती हुई पुलिस की गोली से मृत्यु को प्राप्त हुईं।[31]

हजारों महिलाएँ भूमिगत हुईं तथा समानांतर सरकार बनाने में सहायक बनीं और कई गैर-कानूनी कामों में भागीदार बनीं। भूमिगत रहकर कार्य करनेवाली महिलाओं में अरुणा आसफ अली, सुचेता कृपलानी तथा उषा मेहता के नाम मुख्य हैं। अरुणा आसफ अली पर सरकार ने 5,000 का इनाम भी घोषित किया था, पर वे पुलिस के हाथ नहीं आईं। सुचेता कृपलानी ने भूमिगत रहते हुए राष्ट्रीय कांग्रेस के महिला विभाग की स्थापना की और 'भूमिगत स्वयंसेवक दल' संगठित कर जगह-जगह प्रशिक्षण की व्यवस्था की। उषा मेहता का नाम 'बंबई रेडियो षड्यंत्र' केस में प्रसिद्ध हुआ।[32]

क्रांतिकारी आंदोलन में महिला भागीदारी

आजादी पाने की कामना से एक ओर स्त्रियाँ 'सविनय अवज्ञा' और 'असहयोग आंदोलनों' से जुड़ रही थीं तो दूसरी ओर क्रांतिकारी आंदोलनों में भी भागीदारी कर रही थीं। प्रारंभ में उनका काम बहुत सीमित था, जैसे—क्रांतिकारियों को घर में छुपा लेना, प्रचार करना, धन एकत्रण, हथियारों को छिपाकर रखना, दूसरी जगह पहुँचाना तथा विस्फोटक बम बनाना। धीरे-धीरे वे प्रत्यक्ष गतिविधियों में भी शामिल होती गईं, कोर ग्रुप का हिस्सा बनीं और नेतृत्व सँभाला।

प्रवासी भारतीयों में भीकाजी कामा ने क्रांति का शंख फूँकने में महत्त्वपूर्ण भूमिका निभाई। प्रीतिलता वादेदार ने ऐक्शन ग्रुप का नेतृत्व किया और शहीद हुईं। शांति घोष और सुनीति चौधरी जैसी दो छोटी स्कूली बालिकाओं ने मजिस्ट्रेट स्टीवेंस के बँगले में घुस कर उस पर गोली चलाई। दोनों को मौत की सजा मिली। बीना दास ने फरवरी 1922 में

बंगाल के गवर्नर सर स्टैन ली जेक्सन पर गोली चलाकर मारने की कोशिश की। उसका प्रयास नाकाम रहा। उसे नौ वर्ष के कठोर कारावास का दंड दिया गया।[33] सरला देवी घोषाल क्रांतिकारी आतंकवाद की सूत्रधार थीं। 1913 में क्रांतिकारी आतंकवाद की समर्थक कुमुदनी मित्रा को बुडापेस्ट में संपन्न 'इंटरनेशनल वीमेन सफरेज एलांयस कांग्रेस' के लिए भारतीय प्रतिनिधि के रूप में आमंत्रित किया गया था।[34]

राष्ट्रीय आंदोलन और दलित महिलाएँ

भारतीय समाज के निम्नतम तबके से संबंधित होने के बावूजद राष्ट्रीय आंदोलन में दलित महिलाओं का योगदान सराहनीय रहा है। जहाँ 1857 के संग्राम में झाँसी की लड़ाई में रानी लक्ष्मीबाई की प्राण रक्षा में झलकारी बाई ने अपने प्राणों का उत्सर्ग कर दिया था, वहीं 1930 के 'सविनय अवज्ञा आंदोलन' में चंपूताई गणपतराव बंसोड़ ने सक्रिय भागीदारी के दंडस्वरूप सश्रम छह माह के कठोर कारावास का दंड पाया। फुलजले तथा गोपिकाबाई बाजीराव ने भी 1931-32 के सत्याग्रह में शराब की दुकान पर धरने के खिलाफ तीन-तीन महीने की जेल की सजा पाई।[35] ताराबाई शंकर कांबले ने 1942 के 'भारत छोड़ो आंदोलन' के भूमिगत सेनानियों को अपने यहाँ छिपाया था। अपने पिता नाना कोडंगी त्रिभुवन के साथ शकुंतला रघुनाथ भालेराव ने विभिन्न प्रदर्शनों और मार्च में भाग लिया। डी.सी. दिनकर ने अपनी पुस्तक 'स्वतंत्रता संग्राम में अछूतों का योगदान' में कुछ अन्य महिलाओं, जैसे पन्नादाई, महावीरी देवी भंगी, वीरापासी, मुन्नी कोरी, कमला हरिजन और मोदवती बाई द्वारा स्वतंत्रता संग्राम में किए गए संघर्ष को बताया गया है।[36]

राष्ट्रीय आंदोलन में सक्रियता के साथ दलित महिलाओं ने भारतीय समाज में मौजूद जातिवाद और अस्पृश्यता से मुक्ति के व्यापक आंदोलन में भी महत्त्वपूर्ण भूमिका निभाई। किसान सभा के अंतर्गत 1946 में हुए तेभागा आंदोलन में भी दलित और आदिवासी समुदायों की सर्वहारा और अर्ध-सर्वहारा स्त्रियों ने व्यापक स्तर पर स्वतंत्र कार्रवाई की। अपनी पहल पर उन्होंने 'नारी वाहिनी' बनाई और जो भी हथियार हाथ लगा, उसी के बल पर उपनिवेशी पुलिस का मुकाबला किया।

आदिवादी महिलाओं की भी राष्ट्रीय आंदोलन में सक्रिय भूमिका रही। रोहतास गढ़ में तीन बार तुर्क सेना पर हमला हुआ। सिनगी दई और कइली दई के नेतृत्व में महिलाओं ने सामना किया और शिकस्त दी। संथाल विद्रोह में सिद्धू-कान्हु और चाँद भैरव की फूलो और धानो नाम की दो बहनों ने अंग्रेजों से मुकाबला किया और उनके 21 सिपाहियों को

मार गिराया। झारखंड की देवमनी उर्फ बंधनी लेंबु और मकी नाम की आदिवासी महिलाओं ने आदिवासी विद्रोहों में महत्त्वपूर्ण भूमिका का निर्वहन किया।[37]

नागालैंड की आदिवासी महिला रानी गिडालू भी एक महत्त्वपूर्ण नाम है। गिडालू ने नागरिक अवज्ञा आंदोलन में सहभागिता की। ये केवल 13 वर्ष की थीं, जब स्वाधीनता संग्राम में कूद पड़ीं। अंग्रेजों ने इन्हें गिरफ्तार करने की बहुत कोशिश की, पर सफल न हो सके।

गोंडा तहसील के गाँव अयाह इटियाथोक निवासी श्रीमती तीर्थ देवी ने व्यक्तिगत सत्याग्रह में बढ़-चढ़कर भाग लिया था। इनके निवास पर स्वतंत्रता संग्राम के सेनानियों का बेरोक-टोक आना-जाना होता रहता था। आंदोलन में भाग लेने पर आपको 1941 में तीन माह की जेल के साथ 50 रुपये जुमाने की सजा दी गई थी।

तरबगंज तहसील के रमचेरापुर गाँव की निवासी रामप्यारी ईश्वरदीन की पुत्री थीं। इनका जन्म गाँव के अत्यंत निर्धन यादव परिवार में हुआ था। गाँव में बर्मा से आई गंगा देवी के सान्निध्य में आकर रामप्यारी ने उनकी ही भाँति 'सविनय अवज्ञा आंदोलन' का रास्ता चुना। दंडस्वरूप इनको 1932 में 4 माह का कड़ा कारावास दिया गया। तरबगंज तहसील की ही गंगा देवी सन् 1932 में 'सविनय अवज्ञा आंदोलन' में चार माह के लिए जेल गईं।

संदर्भ

1. कांग्रेस का इतिहास—पट्टाभि सीतारमैया, पृ. 302
2. गोंडा : अतीत तथा वर्तमान—डॉ. जगदेव सिंह, पृ. 150
3. उपर्युक्त, पृ. 151
4. हिंदी पत्रकारिता, डॉ. धीरेंद्र नाथ सिंह, पृ. 103, विश्वविद्यालय प्रकाशन, वाराणसी।
5. राष्ट्रीय स्वतंत्रता संग्राम और गोंडा जनपद से साभार, संपादक भगवती प्रसाद सिंह, पृ. 174
6. राष्ट्रीय स्वतंत्रता संघर्ष और गोंडा जनपद—संपादक भगवती प्रसाद सिंह, पृ. 76
7. उपर्युक्त, पृ. 256
8. राष्ट्रीय स्वतंत्रता संघर्ष और गोंडा जनपद—संपादक भगवती प्रसाद सिंह, पृ. 238
9. भारत में राष्ट्रवाद—संपादक अभय प्रसाद सिंह, ओरियंट ब्लैकस्वान, नई दिल्ली, पृ. 124
10. रोल आफ वूमेन इन द फ्रीडम मूवमेंट 1885-1947 लेखिका-मनमोहन कौर, पृ. 97 स्टर्लिंग पब्लिशर, दिल्ली

11 उपर्युक्त, पृ. 112

12 द स्वदेशी मूवमेंट इन बंगाल—सुमित सरकार, पृ. 271-72
13. रोल आफ वूमेन इन द फ्रीडम मूवमेंट 1885—1947 मनमोहन कौर, पृ. 112
14. उपर्युक्त, पृ. 98-99
15. पॉलिटिकल ट्रबुल इन इंडिया 1907-17, लेखक जे.सी. कीर। मनोहर प्रिंटिंग सीरीज, दिल्ली, पृ. 81
16. रोल ऑफ वूमेन इन द फ्रीडम मूवमेंट—मनमोहन कौर, पृ. 97
17. उपर्युक्त, पृ. 97
18. नारी विद्रोह के भारतीय मंच—आशारानी वोहरा, पृ. 80-81
19. नारी विद्रोह के भारतीय मंच—आशारानी वोहरा, पृ. 81-82 नेशनल पब्लिशिंग हाउस, दिल्ली
20. स्त्री संघर्ष का इतिहास—1880-1990—राधाकुमार, पृ. 140, वाणी प्रकाशन, नई दिल्ली
21. नारी विद्रोह के भारतीय मंच—आशारानी वोहरा, पृ. 83-84
22. नारी विद्रोह के भारतीय मंच—आशारानी वोहरा, पृ. 83-84
23. प्लासी से विभाजन तक—शेखर वंद्योपाध्याय, पृ. 424 ओरियंट ब्लैकस्वान पब्लिशिंग, नई दिल्ली
24. वूमेन इन मॉर्डन इंडिया—जी. फोर्ब्स, पृ. 127 कैंब्रिज यूनीवर्सिटी प्रेस यू.के.
25. नारी विद्रोह के भारतीय मंच—आशारानी वोहरा, पृ. 86
26. स्त्री संघर्ष का इतिहास—राधाकुमार, पृ. 161
27. राष्ट्रीय आंदोलन में महिलाएँ : भूमिका के सवाल-लता सिंह, पृ. 161
28. उपर्युक्त, पृ. 162
29. नारी विद्रोह के भारतीय मंच—आशारानी वोहरा, पृ. 91
30. नारी विद्रोह के भारतीय मंच—आशारानी वोहरा, पृ. 94-95
31. उपर्युक्त—पृ. 99-100
32. उपर्युक्त
33. स्त्री संघर्ष का इतिहास—राधाकुमार, पृ. 184
34. उपर्युक्त, पृ. 120
35. दलित वूमेंस पार्टिसिपेशन इन इंडियाज फ्रीडम स्ट्रगल, लेखक अभिनय गायकवाड़, पृ. 284-284
36. उपर्युक्त, पृ. 284-285
37. आदिवासी विकास से विस्थापन—रमणिका गुप्ता, पृ. 38 राधाकृष्ण प्रकाशन, नई दिल्ली

अध्याय : 5

स्वतंत्रता-प्राप्ति तक भारत का राजनीतिक घटना-चक्र

उन्नीसवीं शती के उत्तरार्द्ध में भारत में शांतिपूर्ण राजनीतिक गतिविधियाँ प्रारंभ हुईं। शिक्षित वर्ग ने संगठित राजनीतिक गतिविधियों का सूत्रपात किया, जिसका उद्देश्य था—भारत में प्रतिनिधि सभाओं की स्थापना, प्रेस और अभिव्यक्ति की स्वतंत्रता तथा आर्थिक शोषण की समाप्ति।

अंग्रेज शासकों का रवैया आम भारतीय के प्रति सदैव से ही दुर्भावनापूर्ण था। इंग्लैंड की महारानी की क्षमादान घोषणा यद्यपि भारतीयों के लिए किंचित मानवतापूर्ण थी, परंतु भारत में नियुक्त उनके अधिकारियों के तौर-तरीकों में कोई परिवर्तन लक्षित नहीं हुआ। वे भारतीयों के प्रति पूर्ववत विद्वेषपूर्ण बने रहे। उनका व्यवहार सिर्फ उन सामंतों के प्रति उदारतापूर्ण था, जिन्होंने स्वाधीनता संग्राम में उनका साथ दिया था, उनके लिए मुखबिरी की थी।

सन् 1884 के अंतिम दिनों में अवकाश प्राप्त ब्रिटिश अधिकारी ए.ओ. ह्यूम ने 'इंडियन नेशनल यूनियन' की स्थापना की। ह्यूम ने घोषणा की कि 23 मार्च, 1885 को पूना में इसका पहला अधिवेशन होगा, जिसमें देशों के सभी भागों से प्रतिनिधि आएँगे। इस संस्था का नाम 'भारतीय राष्ट्रीय कांग्रेस' रखा गया। पूना में हैजा फैल जाने के कारण यह अधिवेशन दिसंबर, 1885 को बंबई में हुआ। इस प्रकार 'भारतीय राष्ट्रीय कांग्रेस' का स्वरूप सामने आया। ह्यूम को 'भारतीय राष्ट्रीय कांग्रेस' का जन्मदाता कहा जाता है। कांग्रेस के प्रारंभिक बीस वर्षों में इस पर उदारवादी नेताओं का अधिकार था, लेकिन 1897 तक अंग्रेजों की उदारता और न्यायप्रियता से भी भारतीय जनता का विश्वास उठ गया तब लोकमान्य तिलक को कहना पड़ा, "अब हमें उग्र संवैधानिक तरीकों से अपनी शिकायतों को उनके (अंग्रेजों) कानों में डालना चाहिए।"[1] इस प्रकार कांग्रेस में उग्रवादी दल का उदय हुआ।

उदारवादी नेताओं की नीतियों एवं कार्य-पद्धति के विरुद्ध प्रतिक्रिया उग्रवाद रूप में प्रकट हुई। इसके दो रूप थे—उग्रवाद तथा आक्रामक राष्ट्रवाद। आक्रामक राष्ट्रवाद ही क्रांतिकारी या आतंकवादी आंदोलन के नाम से जाना जाता है। उग्रवादी विचारधारा में कुछ युवक ऐसे थे जो 'निष्क्रय प्रतिरोध' नीति के समर्थक नहीं थे। राजनीतिक स्वतंत्रता पाने के लिए वे हिंसात्मक संघर्ष को आवश्यक मानते थे। इन क्रांतिकारियों का बम, पिस्तौल, सरकारी संपत्ति को नुकसान, राजनीतिक हत्याओं और डकैतियों और सरकारी खजाने की लूट आदि द्वारा आतंक फैलाने में विश्वास था। तत्कालीन इस पृष्ठभूमि में कालांतर में कई राजनीतिक अथवा गैर-राजनीतिक घटना-चक्र सामने आए। उनमें से कुछ का विवरण इस प्रकार है—

काकोरी कांड

फरवरी, 1920 ई. में शचींद्रनाथ सान्याल ने भारत के क्रांतिकारी दलों को संगठित करके 'हिंदुस्तान रिपब्लिक पार्टी' की स्थापना की। इस क्रांतिकारी दल ने सशस्त्र क्रांति के उद्देश्य से बड़ी मात्रा में शस्त्र खरीदे। शस्त्रों की कीमत देने के लिए सरकारी खजाने के लूट की योजना बनाई गई। 9 अगस्त, सन् 1925 को काकोरी स्टेशन के पास सरकारी खजाना लूट लिया गया। 26 दिसंबर, सन् 1925 को गिरफ्तारियाँ हुईं। 6 अप्रैल, 1927 को स्पेशल अदालत के फैसले के अनुसार रामप्रसाद बिस्मिल, राजेंद्र नाथ लाहिड़ी, अशफाक उल्ला खाँ और रोशन सिंह को फाँसी दी गई। राजेंद्र लाहिड़ी को गोंडा जेल में फाँसी पर लटकाया गया। चंद्रशेखर आजाद ने बाद में एल्फ्रेड पार्क, इलाहाबाद में स्वयं को गोली मार ली। शचींद्रनाथ सान्याल, योगेश चंद्र चटर्जी, मुकुंदी लाल, गोविंद चरणकर, राजकुमार सिंह, रामकृष्ण खत्री, शचींद्रनाथ बख्शी को काला पानी, मन्मथ नाथ गुप्त 14 वर्ष की जेल, विष्णु शरण दुबालिश और सुरेश चंद्र भट्टाचार्य को दस-दस साल की जेल, भूपेंद्र नाथ सान्याल, राम दुलारे त्रिवेदी, प्रेम कृष्ण खन्ना को पाँच-पाँच साल की जेल और प्रणवेश चटर्जी को चार साल जेल की सजा सुनाई गई। बनवारी लाल सरकारी गवाह बन गया था। अत: उसे पाँच ही वर्ष की जेल हुई।

खिलाफत आंदोलन

प्रथम विश्वयुद्ध में ब्रिटिश शासन ने मुसलमानों को यह विश्वास दिलाया था कि 'खलीफा' का पद समाप्त नहीं किया जाएगा और तुर्की का राज्य भी विघटित नहीं किया जाएगा।

इस आश्वासन पर मुसलमानों ने युद्ध में अंग्रेजों का साथ दिया जबकि तुर्की अंग्रेजों के विरुद्ध जर्मनी की ओर था। युद्ध की समाप्ति पर मित्र राष्ट्र द्वारा तुर्की के साथ संधि की गई, जिसे 'सीर्वस की संधि' कहा जाता है। इस संधि के द्वारा तुर्की का बँटवारा किया गया। एशिया माइनर एवं श्रेस के प्रदेश तुर्की से छीन लिये गए। अरब, सीरिया, मिस्र एवं ईराक के प्रदेश तुर्की के साम्राज्य से पृथक् कर दिए गए। अंग्रेजों ने तुर्की के सुल्तान को बंदी बना लिया। तुर्की के एक बहुत बड़े क्षेत्र पर गैर-इस्लामी राज्यों का नियंत्रण स्थापित कर दिया गया।[2] मुसलमानों ने स्वयं को छला हुआ पाया। युद्ध से पूर्व अंग्रेजों ने कहा था कि युद्धोपरांत वे तुर्की से बदला नहीं लेंगे, लेकिन किया ठीक विपरीत। तुर्की की अखंडता समाप्त करने के अलावा वहाँ एक हाई कमिश्नर नियुक्त कर दिया गया। यही वहाँ का वास्तविक शासक था। तुर्की का सुल्तान उसका बंदी था। अंग्रेजों की इस नीति के विरुद्ध मुसलमानों द्वारा छेड़ा गया आंदोलन 'खिलाफत आंदोलन' नाम से जाना गया। इस आंदोलन की दो माँगें थीं—तुर्की साम्राज्य विघटित न किया जाए और 'खलीफा' का लौकिक एवं आध्यात्मिक स्वरूप यथावत रहे।

'खिलाफत आंदोलन' का गोंडा में विशेष प्रभाव नहीं रहा। यहाँ इसका नेतृत्व महमूद अली बेग वकील तथा रजीउद्दीन बैरिस्टर के हाथ में था। इसके अन्य कार्यकर्ता मोहम्मद नसीर खाँ तथा मास्टर घासीराम थे।

खिलाफत के प्रश्न पर महात्मा गांधी की मुसलमानों के प्रति पूरी सहानुभूति थी। स्वतंत्रता-प्राप्ति के लिए वे हिंदू-मुस्लिम एकता को जरूरी समझते थे। गांधी जी की अध्यक्षता में 24 नवंबर, 1919 को 'अखिल भारतीय खिलाफत सम्मेलन' आयोजित किया गया। सम्मेलन में कहा गया कि जब तक अंग्रेज सरकार अपने वचन पूरे नहीं करती तब तक उसे कोई भी सहयोग नहीं दिया जाएगा। जन सहयोग प्राप्त करने के लिए 'अखिल भारतीय खिलाफत समिति' भी स्थापित की गई। डॉ. एम.ए. अंसारी के नेतृत्व में गवर्नर जनरल चेम्सफोर्ड से 19 जनवरी, 1920 को एक प्रतिनिधि-मंडल मिला और तुर्की की अखंडता तथा 'खलीफा' पद बना रहने देने की माँग रखी, परंतु वायसरॉय से कोई संतोषजनक आश्वासन नहीं मिला। 29 मार्च, 1920 को मुसलमानों ने 'मातम दिवस' मनाया। मौलाना मुहम्मद अली के नेतृत्व में एक प्रतिनिधि मंडल लंदन भी गया, पर निष्फल रहा।

जलियाँवाला बाग

रोलट ऐक्ट के विरोध में सन् 1919 में देश-भर में बहुत अधिक उत्तेजना और तनाव व्याप्त था। अमृतसर में 30 मार्च तथा 6 अप्रैल, 1919 को हड़तालें आयोजित की गईं।

हड़तालें शांतिपूर्वक बीत गईं। अमृतसर में कांग्रेस का वार्षिक अधिवेशन होनेवाला था। कांग्रेसी नेता डॉ. सत्यपाल और डॉ. किचलू अधिवेशन की तैयारी का दायित्व सँभाले हुए थे। उस समय महात्मा गांधी बंबई में थे। इस अधिवेशन विषयक परामर्श तथा पंजाब में 'असहयोग आंदोलन' का नेतृत्व करने के उद्देश्य से उनको पंजाब आने का आमंत्रण दिया गया। शासन ने महात्मा गांधी को नगर न छोड़ने की हिदायत दी थी, जिसकी उपेक्षा कर पंजाब जाने का निश्चय करके वे 7 अप्रैल की रात रवाना हुए। दिल्ली से 40 मील दूर पलवल स्टेशन पर गांधी जी को पुलिस ने उतारकर 10 अप्रैल को पुलिस नियंत्रण में बंबई वापस भेज दिया। हालाँकि बाद में उन्हें रिहा कर दिया गया। सरकार के इस कृत्य के विरोध में बंबई में 17 अप्रैल तक हड़ताल रही। अहमदाबाद में भी दंगे शुरू हो गए। पंजाब में भी रोष व्याप्त हो गया। इस बीच पंजाब के डिप्टी कमिश्नर ने 10 अप्रैल को डॉ. सत्यपाल और डॉ. किचलू को बंदी बनाकर धर्मशाला शहर में नजरबंद कर दिया। इस समाचार की शहर में तीव्र प्रतिक्रिया हुई। शहर में हड़ताल हो गई, दुकानें बंद कर दी गईं और जनता ने अपने नेताओं की रिहाई की माँग करते हुए मुख्य मार्ग से होते हुए डिप्टी कमिश्नर के निवास तक जुलूस निकाला। जुलूस शांत था। इस समय अमृतसर में बैसाखी का मेला लगा था। रेलवे पुल के पास जनता और पुलिस में मुठभेड़ हो गई। पुलिस ने जुलूस तितर-बितर करने की चेतावनी दी, पर अपनी चेतावनी का असर होता न देखकर पुलिस ने फायरिंग शुरू कर दी। उत्तेजना में आकर जुलूसवालों ने तोड़-फोड़ शुरू कर दी। सरकारी संपत्ति नष्ट की, मार्ग में मिले अंग्रेजों पर हमला किया, नेशनल बैंक और एलाएंस बैंक को नष्ट किया और उनके यूरोपियन प्रबंधक तथा सह-प्रबंधक को मौत के घाट उतार दिया। श्रीमती शेरवुड नाम की मिशनरी महिला पर भी उत्तेजित भीड़ आक्रामक हो उठी। सेना बुलाई गई। सेना ने निहत्थी भीड़ पर गोली चलाकर दस लोग मार डाले। कितने ही घायल हो गए। शासन की इस कार्रवाई ने जलती आग में घी का काम किया।

11 अप्रैल को अमृतसर सेना के नियंत्रण में आ गया। जनरल डायर के हाथ में सेना का संचालन था। 12 अप्रैल को पूरे शहर में दफा 144 लगा दी गई। सभा और जुलूस प्रतिबंधित हो गए, लेकिन इस प्रतिबंध की पूर्णतः घोषणा नहीं की गई। सरकार की इस दमनकारी नीति के विरोध प्रदर्शन हेतु हड़ताल आयोजित हुई, जुलूस निकाला गया। नगर समिति के आह्वान पर 13 अप्रैल की शाम को 4:30 बजे पुलिस के अत्याचार की निंदा तथा मारे गए व्यक्तियों को श्रद्धांजलि देने के लिए एक सभा आयोजित की गई। सभा में अनुमानतः 20 हजार से अधिक व्यक्ति एकत्र हुए। योजना के अनुसार, सभा में आने से

सेना ने उन्हें नहीं रोका। सभा के निर्धारित समय पर डायर 50 अंग्रेज और 100 भारतीय सैनिकों को लेकर सभास्थल पर पहुँचा। उसने सभा को भंग करने की चेतावनी दिए बिना ही 100 गज रेंज से भीड़ पर 10 मिनट तक क्रूरतापूर्वक गोलियाँ बरसवाईं। उन स्थानों को विशेषकर लक्षित किया, जहाँ भीड़ अधिक थी। गोलियाँ समाप्त होने पर ही गोली वर्षा रुकी। इस पाशविक हमले में 379 लोग मारे गए और 1,200 से अधिक घायल हुए। कांग्रेस के आँकड़ों के अनुसार मृतक संख्या 1,500 थी।[3] डायर के क्रूर निर्देशानुसार घायलों को बाग में रोता-बिलखता पड़ा रहने दिया गया। अंग्रेज वेलेंटाइन शिरोल ने लिखा है, "जनसमूह पर 1,500 गोलियाँ चलाई गई थीं। सरकारी गोलियों में से होकर निकलने का व्यक्तियों द्वारा असफल प्रयास किया गया था। गोलियों से बचने के लिए वे पेट के बल लेट जाते थे।"[4]

इस घटना के दो दिन बाद पंजाब के पाँच जिलों—लाहौर, कसूर, गुजरांवाला, वजीराबाद तथा शेखपुरा में मार्शल लॉ लगा दिया गया। मिशनरी महिला वाली गली में लोगों को पेट के बल रेंगकर जाने की अनुमति दी गई। अमृतसर का बिजली-पानी बंद कर दिया गया। सार्वजनिक रूप से लोग पीटे गए। स्कूल और कॉलेज के छात्रों को दिन में चार बार सैनिक अधिकारियों के सामने पेश होना पड़ता था। छात्र तथा आम भारतीय अगर अंग्रेजों को सलाम न करते तो उनको बेंतों से पीटा जाता था। अंग्रेजों के सामने उनको छाता लगाने या सवारी पर बैठने की अनुमति नहीं थी। कई जगह किसानों पर गोलियाँ चलाई गईं। हवाई जहाज से भी गोली वर्षा की गई।

अंग्रेजों के अमानवीय अत्याचार के विरोध में रवींद्रनाथ ठाकुर ने शासन को 'सर' की उपाधि लौटा दी। सी.एफ. ऐंड्रूज ने डायर के इस दुष्कृत्य की 'निर्दयतापूर्ण तथा नृशंसतापूर्ण हत्याकांड' कहा। उनके अनुसार यह कुकृत्य अकथनीय, अपमानजनक, अरक्षणीय अक्षम्य तथा असह्य था।[5]

इस मामले की जाँच के लिए लॉर्ड हंटर की अध्यक्षता में पाँच सदस्योंवाली जाँच समिति शासन द्वारा गठित की गई। 'हंटर समिति' द्वारा पंजाब के अधिकारियों के कुकृत्य पर परदा डालने की कोशिश की गई। उसने डायर के काम को उचित माना। अपनाए गए साधन अनुचित बताए गए।

जलियाँवाला बाग के हत्याकांड और उसके बाद की दमन नीति ने भारतीयों को उद्वेलित कर दिया। इससे अंग्रेज विरोधी भावना और भी भड़क गई। इस कांड ने साबित कर दिया कि अंग्रेज अधिकारी किस सीमा तक पाशविक हो सकते हैं। इसलिए अब उनको भारत पर शासन करने का कोई अधिकार नहीं है।

इस कांड का प्रभाव गोंडा जनपद पर भी पड़ा। देश की स्वतंत्रता में सहयोग करने की भावना से अनेक नवयुवकों ने कांग्रेस में अपना नाम लिखवाया। इनमें गोंडा नगर के ईश्वर शरण और लाल बिहारी टंडन तथा खजुरी गाँव के द्वारिका सिंह, मथुरा सिंह, बब्बन सिंह और महादेव सिंह के नाम उल्लेखनीय हैं।

असहयोग आंदोलन

प्रथम विश्वयुद्ध के समय महात्मा गांधी ने अंग्रेजों का सहयोग किया था। अन्य उदारवादी कांग्रेसियों की तरह वे भी अंग्रेजों की न्यायप्रियता में विश्वास रखते थे लेकिन 1918 के बाद घटित घटनाओं, यथा रौलट एक्ट का पारित किया जाना, जलियाँवाला बाग का नरसंहार और खिलाफत के प्रश्न के अलावा अंग्रेजों के अन्य अत्याचारों ने उनका विश्वास छिन्न-भिन्न कर डाला। वे अंग्रेजों के सहयोगी से असहयोगी बन गए। उन्होंने ब्रिटिश राज्य को 'शैतानी राज्य' की संज्ञा दी।

कलकत्ता अधिवेशन के बाद गांधी जी ने पूरे भारत का दौरा करके अपनी विचारधारा का प्रचार किया। नागपुर में सन् 1920 में आयोजित कांग्रेस अधिवेशन में असहयोग प्रस्ताव भारी बहुमत से पारित किया गया। इस आंदोलन के कार्यक्रम में निर्णय किया गया कि वैतनिक और अवैतनिक सरकारी पदों और उपाधियों, सरकारी और अर्ध-सरकारी स्कूलों, कॉलेजों, अदालतों, समारोहों और विदेशी वस्तुओं का पूर्णतः बहिष्कार किया जाएगा।

असहयोग प्रस्ताव के पारित होने के साथ स्वराज्य को कांग्रेस का लक्ष्य घोषित करने और साधन रूप में मात्र वैधानिक साधन ही वहीं बल्कि अन्य उचित तथा शांत साधनों को अपनाने जैसा निश्चय किया गया। इन सब बातों के संदर्भ में नागपुर अधिवेशन का विशेष महत्त्व है। इंद्र विद्या वाचस्पति का कहना है, "असहयोग प्रस्ताव कलकत्ता अधिवेशन के पूर्व केवल एक हाथ-भर का इशारा था। अधिवेशन के बाद उठती हुई आँधी के रूप में बदलकर नागपुर अधिवेशन के समय एक झंझावात का रूप धारण कर रहा था।"[6]

'असहयोग आंदोलन' में उपर्युक्त उल्लिखित प्रमुख कार्यक्रमों के अतिरिक्त कुछ अन्य कार्यक्रमों का भी समावेश किया गया, यथा राष्ट्रीय विद्यालय तथा महाविद्यालयों की स्थापना, आपसी विवादों के निबटारे के लिए पंचायतों की स्थापना, सूत कातने और हथकरघे की व्यवस्था का पुनरारंभ और अस्पृश्यता उन्मूलन।

'असहयोग आंदोलन' को प्रारंभ करते हुए गांधी जी ने ब्रिटिश शासन द्वारा प्रदत्त उपाधि 'केसर-ए-हिंद', जमनालाल बजाज ने 'रायबहादुर' का खिताब तथा अवैतनिक

मजिस्ट्रेट पद का परित्याग कर दिया। मोतीलाल नेहरू, जवाहरलाल नेहरू, लाला लाजपतराय, चितरंजन दास, राजेंद्र प्रसाद, सी. राज गोपालाचार्य और आसफ अली जैसे देश के चोटी के वकीलों ने वकालत छोड़ दी। जमनालाल बजाज ने तिलक स्वराज्य कोष में एक लाख रुपया असहयोग करनेवाले वकीलों की सहायतार्थ दान किया। विद्यार्थियों ने विद्यालय और महाविद्यालय छोड़ दिए। इसी क्रम में काशी विद्यापीठ, अलीगढ़ राष्ट्रीय मुस्लिम विद्यालय, बिहार विद्यापीठ, पटना, गुजरात विद्यापीठ, अहमदाबाद, राष्ट्रीय महाविद्यालय, कलकत्ता और महाराष्ट्र विद्यापीठ पूना की स्थापना की गई। राष्ट्रीयता की दृष्टि से इन संस्थाओं का विशेष महत्त्व है।

सन् 1921 की फरवरी में ड्यूक ऑफ कनॉट भारत आए। विश्वयुद्ध में भारतीयों के योगदान के लिए कृतज्ञता ज्ञापन के उद्देश्य से कनॉट के ड्यूक के बाद ब्रिटेन के प्रिंस ऑफ वेल्स भी सन् 1921 नवंबर में भारत आए। भारतीय इस पीड़ा को भूल नहीं सके कि अंग्रेजों ने उनकी युद्धकालीन सेवाओं का प्रतिदान जलियाँवाला बाग के नरसंहार के रूप में दिया था। कांग्रेस ने ड्यूक के आगमन का बहिष्कार करने का निर्णय किया। हर जगह उनका स्वागत हड़तालों से किया गया। गड़बड़ी की आशंका से शासन ब्रिटिश राजकुमार के बहिष्कार को रोकना चाहता था। 17 नवंबर, 1921 को बंबई में ब्रिटिश राजकुमार का आगमन हुआ और इसी दिन वहाँ दंगा हो गया। पुलिस की गोली से 53 लोग मारे गए और 400 घायल हुए। ब्रिटिश राजकुमार को हर जगह काले झंडे दिखाए गए और उनके विरोध में हड़तालें हुईं। गवर्नर जनरल रीडिंग ने क्षुब्ध होकर हजारों की संख्या में कांग्रेस के स्वयंसेवकों को जेल में डाल दिया। मोतीलाल नेहरू, जवाहरलाल नेहरू, मौलाना आजाद और लाला लाजपतराय गिरफ्तार कर लिये गए।

ब्रिटिश राजकुमार भारत में ही क्रिसमस त्योहार मनाने के आकांक्षी थे। अत: वायसराय किसी भी प्रकार की अप्रियता से बचना चाहते थे। इसी कारण पंडित मदन मोहन मालवीय द्वारा कांग्रेस और सरकार के समझौता कराने के प्रयास में उन्होंने नजरबंद असहयोगियों को मुक्त करने की शर्त मान ली, पर जब महात्मा गांधी ने असहयोगियों के साथ कराची में फतवा देने के आरोपियों को मुक्त करने की बात कही और धरना देने के अधिकार की स्वीकृति चाही तो वायसराय तैयार न हो सके और वार्ता विफल हो गई।

अब सरकार ने दमन-चक्र शुरू कर दिया। सभी प्रमुख कांग्रेसी नेता जेल में डाल दिए गए। सार्वजनिक संस्थाओं को अवैध घोषित कर दिया गया। आंदोलन वाले स्थानों पर धारा 108 और 144 लगा दी गई। राजद्रोह अधिनियम का खुला इस्तेमाल किया गया। कुछ नेताओं की गतिविधियाँ प्रतिबंधित कर दी गईं। तीर्थयात्रियों के शांतिपूर्ण समुदाय

पर अकारण हमला किया गया। 4 मार्च, 1921 को ननकाना साहब गुरुद्वारे में पुलिस ने अकारण धावा बोलकर गोली चलाई और 195 तीर्थ-यात्रियों को मौत के घाट उतार दिया। "ननकाना जैसा भीषण कांड पहले कहीं नहीं हुआ था। संयुक्त प्रांत (उत्तर प्रदेश) में भी दमन-चक्र उग्र था। हजारों की संख़्या में असहयोगियों को जेल में बंद किया गया था और सैकड़ों की संख्या में गोली से हताहत हुए थे। अली बंधुओं को सितंबर में बंदी बना लिया गया।"[7]

इस दमन-चक्र से गांधी जी बहुत क्षुब्ध हुए। 1 फरवरी, 1921 उन्होंने वायसराय को पत्र लिखकर सभी बंदियों की मुक्ति, समाचार-पत्रों से सरकारी नियंत्रण हटाने की और असहयोगियों के शांतिपूर्ण कार्यों में हस्तक्षेप न करने की अपील की। गवर्नर जनरल रीडिंग ने जवाब में दमन को उचित माना।

अंग्रेजी दमन की तीव्रता के अनुपात में आंदोलन भी सक्रिय होता गया। इस बीच चौरा चौरी की दुर्भाग्यपूर्ण घटना घट गई। गोरखपुर जिले के चौरा चौरी नामक स्थान पर कांग्रेस के जुलूस और पुलिस में मुठभेड़ हो गई। आक्रोशित भीड़ ने पुलिस थाने में आग लगा दी। इस वारदात में 21 सिपाही जलकर मर गए। 'असहयोग आंदोलन' के इस हिंसात्मक स्वरूप ने गांधी जी को बहुत व्यथित किया। उन्होंने 12 फरवरी, 1921 को बारदौली में आयोजित कांग्रेस कार्य समिति के अधिवेशन में आंदोलन स्थगित करने के साथ रचनात्मक कार्यक्रम पर बल दिया। रचनात्मक कार्यक्रम इस प्रकार थे—एक करोड़ व्यक्ति कांग्रेस के सदस्य बनाए जाएँ, राष्ट्रीय शिक्षण संस्थाओं की स्थापना हो, शराबबंदी, चरखे का प्रचार और पंचायतों का संगठन हो तथा स्वदेशी का प्रचार हो।

कांग्रेस के कई नेता 'असहयोग आंदोलन' के स्थगन से सहमत नहीं थे। इनमें मोतीलाल नेहरू, लाला लाजपतराय और देशबंधु चितरंजन दास प्रमुख थे। नेताजी सुभाषचंद्र बोस ने कहा, "जब जनता का उत्साह चरमोत्कर्ष पर था, उस समय वापस लौटने का आदेश राष्ट्रीय संकट से कम न था।"[8]

'असहयोग आंदोलन' भारतीय राष्ट्रीय संघर्ष के इतिहास में एक युगांतकारी घटना है। पहली बार भारत की जनता ने इतने बड़े पैमाने पर किसी आंदोलन में सहयोग कर उसे जन आंदोलन का रूप दिया था। इस आंदोलन के द्वारा स्वदेशी और राष्ट्रीयता का व्यापक प्रचार-प्रसार हुआ। कूप लैंड का कहना है, "गांधी जी ने वह कार्य किया, जिसे तिलक भी न कर सके थे। महात्मा गांधी ने राष्ट्रीय आंदोलन को क्रांतिकारी आंदोलन में परिवर्तित कर दिया था।"[9]

'असहयोग आंदोलन' ने भारतीय जनमानस को नवचेतना संपन्न कर दिया। गांधी जी के मार्गदर्शन में उन्होंने कष्ट सहने और बलिदान होने की सीख पाई। अब भारत का प्रत्येक व्यक्ति स्वराज्य प्राप्ति के लिए सचेष्ट हो गया। इस आंदोलन ने भारतीयों के अंदर राष्ट्रीय चेतना तो जगाई ही, स्वदेशी, अस्पृश्यता निवारण, कुटीर उद्योग, खादी का प्रचार तथा सर्वधर्म समभाव जैसे आर्थिक स्वावलंबन और सामाजिक सुधारों की प्रेरणा भी दी।

गांधी जी के 'असहयोग आंदोलन' ने गोंडा जनपद पर भी अपना प्रभाव डाला। इस आंदोलन से जनपद के किसान भी संयुक्त हुए। गोंडा के गुलाम हैदरशाह और बाबा परागदास भार्गव ने अपनी पुलिस इंस्पेक्टर और आबकारी इंस्पेक्टर की नौकरियों से त्याग-पत्र दे दिया। विद्यार्थियों ने स्कूल छोड़ दिए। शिक्षा संस्थानों में हड़ताल हो गई। गोंडा का राजकीय हाईस्कूल हड़तालबंदी के कारण कई दिन तक बंद रहा। जुलूस भी निकाले गए। सरकारी कानून तोड़ने के प्रयास हुए। खजुरी गाँव के द्वारिका सिंह, उमराव सिंह, बब्बन सिंह और मथुरा सिंह 'असहयोग आंदोलन' में भाग लेने के कारण जेल भेजे गए। 30-31 मार्च, 1922 को सिसई रानीपुर में एक राजनैतिक सभा आयोजित की गई। सभा के अध्यक्ष मौलाना आजाद शुमानी थे। इस सभा में जवाहरलाल नेहरू, खलीकुज्मा, मुहम्मद यूसुफ उतरौलवी, स्वामी विचार नंद सरस्वती, रघुपति सहाय फिराक, महिला परिषद की सत्यवती तथा सरस्वती देवी ने भाग लिया था। सभा के प्रबंधक दातादीन मिश्र तथा बब्बन सिंह के अलावा मौलवी अहमद जमा खाँ, महाशय चुन्नीलाल, पंडित रामबदल द्विवेदी करनलगंज मंत्री जिला कॉन्फ्रेंस कमेटी भी उपस्थित थे। स्वयंसेवक के रूप में लाल बिहारी टंडन, बाबूराम मिश्र कूकनगर ग्रंट, राम आसरे मिश्र और बाबू बद्री प्रसाद मिश्र नगरा बुजुर्ग भी मौजूद थे। चौरा-चौरी कांड के बाद 'असहयोग आंदोलन' के स्थगन के बाद क्या किया जाए, इस विषय पर सभा में चर्चा हुई।

सन् 1924 में गोंडा में जिला स्तर पर राजनीतिक सभा आयोजित की गई। सभा का अध्यक्ष पद मौलाना हुसैन अहमद मदनी ने सँभाला था। इसी सभा में नेहरू जी ने अपना संदेश प्रसिद्ध कवि रघुपति सहाय 'फिराक' के हाथों भिजवाया था। सभा में 'असहयोग आंदोलन' के स्थगन के बाद शुरू किए गए रचनात्मक कार्यों, जैसे नशाबंदी, हथकरघे का कार्य तथा विदेशी वस्तुओं के बहिष्कार पर प्रस्ताव पारित किए गए। जिले में दो जगहों पर कपड़ा बुनने का आश्रम भी खोला गया।

'स्वदेशी आंदोलन' के अंतर्गत विदेशी वस्त्रों का बहिष्कार करते हुए करनलगंज तहसील के पंडित जुगुल किशोर भट्ट ने अपनी कपड़े की दुकान का लाखों रुपये

मूल्य का विदेशी कपड़ा स्वयं अपने हाथों से आग को समर्पित कर एक अनुकरणीय उदाहरण पेश किया। विदेशी वस्त्रों के बहिष्कार में करनलगंज के ही ज्ञानचंद्र पांडेय का भी योगदान उल्लेखनीय है।

केंद्रीय एसेंबली में बमबारी

क्रांतिकारी राष्ट्रवादी भगत सिंह का झुकाव मार्क्सवाद की ओर हो चला था। वे इस बात में विश्वास करने लगे थे कि क्रांति लाने का तरीका व्यापक जन आंदोलन है क्योंकि जनता ही जनता के लिए क्रांति कर सकती है। 31 मार्च, 1931 को अपने अंतिम संदेश में उन्होंने कहा था कि किसानों और मजदूरों को संगठित करना ही अब मुख्य काम होना चाहिए।

8 अप्रैल, 1927 को केंद्रीय एसेंबली में दो बिल रखे जा रहे थे—पब्लिक सेफ्टी बिल तथा ट्रेड डिस्प्यूट बिल। ये दोनों ही दमनकारी बिल थे। ट्रेड डिस्प्यूट बिल पारित हो चुका था। इस बिल में मजदूरों द्वारा की जानेवाली हर प्रकार की हड़ताल प्रतिबंधित कर दी गई थी। पब्लिक सेफ्टी बिल पर अध्यक्ष विट्ठल भाई पटेल को अपना फैसला सुनाना था। इस बिल के पारित हो जाने पर किसी भी संदिग्ध व्यक्ति पर बिना मुकदमा चलाए उसे हिरासत में लेने का अधिकार प्राप्त हो जाना था। इन दोनों बिलों को पास करवाने के पीछे सरकार का एकमात्र उद्देश्य यही था कि वह जनता में क्रांति के बीज पनपने से पहले ही उसे कुचलकर पूर्णतः नष्ट कर दे।

अंग्रेजी सरकार मांटेग्यू चेम्सफोर्ड सुधारों को लागू करने के उद्देश्य से शांति चाहती थी। इसलिए जेल में बंद अधिकांश क्रांतिकारियों को छोड़ दिया गया था। गांधी जी की अपील पर ये उनके साथ हो लिये। चौरा-चौरी की हिंसक वारदात के बाद जब महात्मा गांधी ने 'असहयोग आंदोलन' स्थगित कर दिया तब इन क्रांतिकारियों के सामने राष्ट्रीय नेतृत्व का संकट आ गया। फलतः ये अपने पुराने रास्ते पर लौट आए। इनमें भगत सिंह भी थे। हालाँकि इन क्रांतिकारियों की कोशिश रही कि ये विध्वंसक गतिविधियों से दूर रहें। नवंबर, 1928 को शेरे-पंजाब लाला लाजपतराय की पुलिस की लाठियों के प्रहारों से मृत्यु हो गई तब क्रांतिकारी उत्तेजित हो उठे और घटना के जिम्मेदार पुलिस अधीक्षक स्कार्ट के भुलावे में सांडर्स को दिसंबर, 1928 में गोली से उड़ा दिया।

8 अप्रैल, 1929 को भगत सिंह और बटुकेश्वर दत्त ने दिल्ली की केंद्रीय एसेंबली में दो बम विस्फोट किए, पर इस सतर्कता के साथ कि कोई आहत न हो। दोनों ने फरार होने

की कोशिश भी नहीं की। एसेंबली में बम विस्फोट के बाद 'इंकलाब जिंदाबाद' के नारे लगाते हुए पर्चे फेंकते रहे। पर्चों पर लिखा पहला शब्द था 'नोटिस'। उसके बाद फ्रांसीसी शहीद अगस्त वैलां का वाक्य था, "बहरों को सुनाने के लिए बम की आवश्यकता है।"

यह दिन भारतीय इतिहास में बहुत महत्त्वपूर्ण दिन था। इस अहिंसक बम विस्फोट के द्वारा इन दोनों क्रांतिकारियों ने दुनिया को दिखा दिया कि ये क्रांतिकारी हिंसक अपराधी नहीं हैं बल्कि ब्रिटिश हुकूमत को झकझोरकर जगानेवाले देश की आजादी के दीवाने हैं। भगत सिंह और बटुकेश्वर दत्त के इस कृत्य से ब्रिटिश सरकार हिल गई थी और देशवासियों की ब्रिटिश हुकूमत से मुक्ति पाने की कामना और भी बलवती हो गई थी। मन्मथ नाथ गुप्त का कथन है, "भगत सिंह और उसके साथियों ने इस समय मैदान में कूदकर सारे भारत में क्रांति की लहर दौड़ा दी।"[10]

भगत सिंह, सुखदेव और राजगुरु पर लाहौर षड्यंत्र केस के अंतर्गत मुकदमा चला। मुकदमे में अंग्रेज सरकार ने ऐसे गवाह पेश करने की चेष्टा की, जिनके अनुसार भगत सिंह पिस्तौल से लैस थे। भगत सिंह ने इसका खंडन किया। उन्होंने जिस तरह जिरह की, पूरा देश उनका मुरीद हो गया। उन्होंने स्वयं पर लगे झूठे आरोपों को निराधार बताते हुए अपना उद्‌देश्य बताया—स्वाधीनता। 23 मार्च, 1931 को भगत सिंह, राजगुरु और सुखदेव को लाहौर जेल में फाँसी दे दी गई।

सविनय अवज्ञा आंदोलन

'सविनय अवज्ञा आंदोलन' प्रारंभ करने से पूर्व भारतीय राजनीति में दो महत्त्वपूर्ण घटनाएँ घटीं—1928-29 में 'साइमन कमीशन' विरोधी आंदोलन चलाया गया तथा 1928 में नेहरू रिपोर्ट अस्तित्व में आई। 'साइमन कमीशन' की नियुक्ति से एक ओर भारत का राजनीतिक वातावरण विस्फोटक स्थिति में पहुँच गया था, वहीं दूसरी ओर नेहरू रिपोर्ट में यह प्रस्तावित किया गया कि भारत को अधिराज्य का दर्जा दिया जाए। दिसंबर, 1928 को कलकत्ता के भारतीय राष्ट्रीय कांग्रेस के अधिवेशन में नेहरू रिपोर्ट को बहुमत से अनुमोदित करने के साथ रिपोर्ट की अस्वीकृति की स्थिति में दूसरा जन आंदोलन प्रारंभ करने का अल्टीमेटम दिया गया। ब्रिटिश सरकार ने नेहरू रिपोर्ट को स्वीकार नहीं किया। अतः 1929 के लाहौर अधिवेशन में जवाहरलाल नेहरू ने घोषणा कर दी कि अब कांग्रेस का लक्ष्य पूर्ण स्वराज्य प्राप्ति होगा। प्रस्ताव में 'अखिल भारतीय कांग्रेस कमेटी' को अधिकार दिया गया कि वह जब और जहाँ चाहे, आवश्यक प्रतिबंधों के साथ 'सविनय अवज्ञा' तथा कामबंदी कार्यक्रम प्रारंभ कर दे।

31 दिसंबर, 1929 को आधी रात में भारतीय स्वाधीनता का तिरंगा फहराया गया। कांग्रेस ने देश की पूर्ण स्वाधीनता के लिए 'सविनय अवज्ञा आंदोलन' की तैयारियाँ प्रारंभ कर दीं।

अंग्रेज सरकार समझ गई थी कि ताकत के बल पर आंदोलन नहीं दबाया जा सकता। अब अंग्रेज सरकार संवैधानिक सुधारों की बात सोचने लगी। इस उद्देश्य से लंदन में प्रथम गोलमेज सम्मेलन हुआ। कांग्रेस के बहिष्कार के कारण सम्मेलन असफल रहा। विवशतः सरकार ने गांधी जी के साथ 'गांधी-इर्विन समझौता' नाम की ऐतिहासिक समझौता वार्ता की। इस समझौते के अनुसार सरकार ने इस आंदोलन से संबद्ध कानून वापस लेने पर राजी हो गई, गिरफ्तार आंदोलनकारियों को रिहा करने और आंदोलन के कारण जब्त संपत्ति को वापस करने पर सहमत हो गई, समुद्र तट पर निश्चित दूरी पर निःशुल्क नमक बनाने की अनुमति के साथ शराब तथा अफीम की दुकानों पर शांतिपूर्ण धरने की अनुमति दे दी गई।

इन शर्तों के मान लेने के एवज में गांधी जी आंदोलन वापस लेने पर सहमत हो गए। उन्होंने कहा कि द्वितीय गोलमेज सम्मेलन में भारत की द्वैध शासन संबंधी योजनाओं पर विचार किया जाए, लेकिन उसमें संघीय शासन व्यवस्था होनी चाहिए।

इस समझौते की मिश्रित प्रतिक्रिया हुई। कुछ ने सराहना की तो कुछ ने आलोचना की। कराची कांग्रेस द्वारा गांधीजी द्वितीय गोलमेज परिषद में कांग्रेस प्रतिनिधि के रूप में चुने गए। 1931 में लॉर्ड इर्विन की पदमुक्ति के बाद आए लॉर्ड विलिंग्डन को न इर्विन की नीतियों में आस्था थी और न गांधी-इर्विन समझौते में ही। ब्रिटिश अधिकारियों ने अपना दमन-चक्र जारी रखा। सरकार कांग्रेस को कुचलने के लिए कटिबद्ध थी।

दमनकारी ताकतों के चलते धीरे-धीरे शक्तिहीन होते जा रहे इस आंदोलन का स्थगन गांधी जी के लिए एक व्यावहारिक आवश्यकता थी, लेकिन यह निर्विवाद सत्य है कि इस आंदोलन के द्वारा पूरे देश में अभूतपूर्व राष्ट्रीय चेतना जाग्रत हो गई थी।

जैसा कि पूर्व में संकेत किया जा चुका है, इस आंदोलन ने गोंडा जनपद को भी अत्यधिक प्रभावित किया। नमक कानून का उल्लंघन, शराब की दुकानों पर धरना, लगानबंदी तथा विदेशी कपड़ों की होली जैसी कई घटनाएँ इस जनपद में घटीं।

भारत छोड़ो आंदोलन

'भारत छोड़ो आंदोलन' भारतीय स्वतंत्रता आंदोलन की अंतिम और बहुत बड़ी लड़ाई थी।

दूसरे महायुद्ध ने स्थितियाँ बहुत गंभीर बना दी थीं। जापान विजय करता हुआ भारत की ओर बढ़ रहा था। युद्ध के कारण महँगाई बेतहाशा बढ़ गई थी। जापान के बढ़ते प्रभुत्व को देखकर गांधीजी ने 'हरिजन' में लिखा था—अंग्रेजो, भारत को जापान के लिए मत छोड़ो बल्कि भारत को भारतीयों के लिए सुव्यवस्थित रूप में छोड़ जाओ। अतः उन्होंने अंग्रेजों से भारत छोड़ने और सत्ता भारतीयों को सौंपने की माँग की। उन्होंने कांग्रेस से 'भारत छोड़ो' प्रस्ताव पारित करने की अपील की। 4 जुलाई, 1942 को कांग्रेस महासमिति ने गांधी के इस अहिंसक विद्रोह के कार्यक्रम को स्वीकृति प्रदान कर दी। 7 अगस्त, 1942 को बंबई में आयोजित कांग्रेस के अधिवेशन में 'अगस्त प्रस्ताव' पेश किया गया। प्रस्ताव में कहा गया कि भारत तथा संयुक्त राष्ट्र संघ, दोनों का हित इस बात में है कि भारत में ब्रिटिश शासन की यथाशीघ्र समाप्ति हो। आजादी के बाद भारत में एक अस्थायी सरकार बनाई जाएगी। भारत संयुक्त राष्ट्र संघ का मित्र बन जाएगा और अपने सभी साधनों का प्रयोग आजादी के लिए और नाजीवाद, फासीवाद और साम्राज्यवाद के हमले के विरुद्ध करेगा। मुस्लिम लीग को आश्वस्त किया गया कि संविधान की रचना इस प्रकार की जाएगी, जिससे संघ में सम्मिलित सभी इकाइयों को अधिकतम स्वायत्तता मिल सके। शेष अधिकार केंद्र के हाथ में सुरक्षित रहेंगे। इन उद्देश्यों की प्राप्ति हेतु महात्मा गांधी के नेतृत्व में 'भारत छोड़ो आंदोलन' प्रारंभ करने का प्रस्ताव रखा गया।

सरकार के आदेश पर इस आंदोलन को कुचलने की मुहिम जारी हुई। बम वर्षा तक की गई। सरकारी सूत्रों के हवाले से इस दमन-चक्र में 940 लोगों की मौत हुई, 1,630 गोलियों के शिकार हुए, 60,229 बंदी बनाए गए और 18,000 को हिरासत में लिया गया। ब्रिटिश सरकार की प्रबल शक्ति के सामने 'भारत छोड़ो आंदोलन' टिक न पाया, लेकिन इसमें दो राय नहीं है कि इस आंदोलन के माध्यम से भारतीयों ने अपनी देशभक्ति का अद्भुत प्रदर्शन किया। इस आंदोलन के अंतर्गत कुछ स्थानों पर समानांतर सरकार का गठन भी इस आंदोलन का उल्लेखनीय पक्ष है।

अपनी असफलता के बावजूद 'भारत छोड़ो आंदोलन' ने अंग्रेजी सरकार की नींव हिलाकर रख दी थी। इस आंदोलन ने अंग्रेजों को यह सोचने के लिए बाध्य कर दिया कि अब उन्हें भारत को मुक्त करना ही पड़ेगा। रुजवेल्ट ने भी यह स्वीकार किया था कि अंग्रेजों के लिए यही अच्छा होगा कि वे भारत को पूर्णतः स्वाधीन कर दें। इस आंदोलन ने एक नए भारत को जन्म दे दिया था, भारत की राजनीति को एक नई दिशा दी थी। इस आंदोलन ने भारतीय राष्ट्रवाद के भविष्य पर बहुत गहरा असर डाला था।[11]

आजाद हिंद फौज

महान क्रांतिकारी रासबिहारी बोस के प्रयत्नों से 28-30 मार्च, 1942 में टोक्यो में एक सम्मेलन संपन्न हुआ। सम्मेलन में 'भारतीय राष्ट्रीय सेना' के गठन का प्रस्ताव पारित किया गया। दिसंबर, 41 में जब अंग्रेजी सेनाएँ जापान से हार गईं तब ब्रिटिश कमांडर हट ने 40 हजार पराजित भारतीय सैनिकों सहित जापानी सैनिक अधिकारी के सामने आत्मसमर्पण कर दिया। जापानी सैनिक अधिकारी ने ये भारतीय युद्धबंदी कैप्टन मोहन सिंह को सौंप दिए, जो कि पंजाब रेजीमेंट के अधिकारी थे। अब ये भारत की आजादी के लिए काम कर रहे थे। 40 हजार युद्धबंदी मोहन सिंह के नेतृत्व में गठित भारतीय राष्ट्रीय सेना में शामिल हुए। इसी संबंध में एक कार्यान्वयन परिषद स्थापित हुई। रास बिहारी बोस इसके अध्यक्ष थे।

4 जुलाई, 1943 को रासबिहारी बोस ने पूर्वी एशिया में भारतीय स्वतंत्रता आंदोलन का नेतृत्व सुभाषचंद्र बोस को सौंप दिया। सुभाषचंद्र बोस ने स्पष्ट कर दिया कि भारत की स्वतंत्रता के लिए वे 'आजाद हिंद फौज' का नेतृत्व करेंगे। अगले ही दिन उन्होंने 'आजाद हिंद फौज' के गठन की विधिवत घोषणा की और 'दिल्ली चलो' का नारा दिया। व्यापक सैनिक प्रशिक्षण प्रारंभ हुआ। 'झाँसी रेजीमेंट' नाम से स्त्रियों की रेजीमेंट गठित की गई। नागरिक प्रशासन में संगठनात्मक सुधार किए गए। 21 अक्टूबर, सन् 1943 को सिंगापुर में अस्थायी शासन का गठन हुआ। इस शासन का लक्ष्य था—भारत भूमि से अंग्रेजों को खदेड़ना। अस्थायी शासन ने 23 अक्टूबर, 1943 को ब्रिटेन और संयुक्त राज्य अमरीका के विरुद्ध युद्ध की घोषणा की। दक्षिण-पूर्वी एशियाई राष्ट्रों—जापान, इटली, कोरिया, बर्मा, थाइलैंड और चीन ने भारत की इस अस्थायी सरकार को मान्यता प्रदान की। 6 नवंबर, 1943 को जापानी प्रधानमंत्री ने अंडमान-निकोबार द्वीप समूह अस्थायी सरकार को सौंप दिया। इन द्वीपों को 'शहीद' एवं 'स्वराज्य' द्वीप कहा गया।

जुलाई, 1944 में जापानियों ने मणिपुर की राजधानी इंफाल को जीतने के लिए हमला किया। 'आजाद हिंद फौज' की तीन इकाइयाँ भी युद्ध कर रही थीं। मार्च, 1944 को भारत-बर्मा सीमा पार करके भारत भूमि पर तिरंगा लहरा दिया गया। जापानी सरकार ने इस क्षेत्र का प्रशासन भारत की अस्थायी सरकार पर छोड़ दिया। उनका अनुमान था कि वे मणिपुर पर जून, 1944 तक अधिकार कर लेंगे, पर प्रशांत महासागर में अपनी स्थिति मजबूत बनाने के लिए भारत-बर्मा सीमा से जापानियों को अपनी हवाई सेना

हटाकर मणिपुर क्षेत्र में लगानी पड़ी। मानसून भी आ गया था। ब्रिटिश सेना के बढ़ते दबाव के कारण 'आजाद हिंद फौज' सहित जापानी सेना को पीछे हटना पड़ा। इस संघर्ष में 'आजाद हिंद फौज' के 4 हजार सैनिक शहीद हुए।

रमेशचंद्र मजूमदार ने सच ही कहा है, "भारतीय स्वतंत्रता के इतिहास में 'आजाद हिंद फौज' की महत्त्वपूर्ण भूमिका है...'आजाद हिंद फौज' के सदस्यों का बलिदान व्यर्थ नहीं गया।"[12] उल्लेखनीय है कि मनकापुर के कुँवर देवेंद्र प्रताप सिंह ने नेताजी सुभाषचंद्र बोस के संरक्षण में फॉरवर्ड ब्लॉक के संगठन का दायित्व सम्हाला था।

संदर्भ

1. भारतीय राष्ट्रीय कांग्रेस-इतिहास एवं परंपरा—शंकर घोष, पृ. 31
2. भारतीय राष्ट्रीय आंदोलन—डॉ. भद्रदत्त शर्मा तथा डॉक्टर अंजनी कुमार, जमदग्नि लक्ष्मी नारायण अग्रवाल-आगरा-3, पृ. 90
3. भारत में उपनिवेशवाद और राष्ट्रवाद—डॉ. सत्या एम. राय, पृ. 245-46
   हिस्ट्री ऑफ द फ्रीडम मूवमेंट इन इंडिया वॉल्यूम-4 ताराचंद पब्लिकेशन डिवीजन, भारत सरकार दिल्ली, पृ. 484
4. हिस्ट्री ऑफ द फ्रीडम मूवमेंट इन इंडिया वॉल्यूम-1 आर.सी. मजूमदार, पृ. 26-27
5. हिस्ट्री ऑफ द फ्रीडम मूवमेंट इन इंडिया वॉल्यूम-1 आर.सी. मजूमदार, पृ. 29
6. भारतीय स्वतंत्रता संग्राम का इतिहास—इंद्र वाचस्पति, पृ. 230
7. कांग्रेस का संक्षिप्त इतिहास—डॉ. पट्टाभि सीतारमैया, पृ. 117-119
8. इंडियन स्ट्रगल—सुभाषचंद्र बोस, पृ. 108
9. इंडिया—ए रिस्टेटमेंट—प्रोफेसर कूप लैंड, पृ. 119
10. भूले-बिसरे क्रांतिकारी—रामशरण विद्यार्थी तथा मन्मथ नाथ गुप्त, पृ. 15
11. एन इनसाइक्लोपीडिया ऑफ इंडियन स्ट्रगल फॉर फ्रीडम—संपादक जगदीश शर्मा, पृ. 177-78
12. हिस्ट्री ऑफ द फ्रीडम मूवमेंट इन इंडिया—आर.सी. मजूमदार, पृ. 737

अध्याय : 6

गोंडा जनपद के प्रमुख स्वतंत्रता संग्राम सेनानी

गोंडा की स्वातंत्र्य चेतना का इतिहास प्रथम स्वाधीनता संग्राम से लेकर राष्ट्रीय स्वतंत्रता आंदोलन तक किसी देदीप्यमान नक्षत्र की भाँति प्रतिभासित है। प्रथम स्वाधीनता संग्राम के समय गोंडा जनपद ने राष्ट्र के सभी क्रांतिदूतों के लिए किसी शरण स्थल की-सी भूमिका का निर्वहन किया था।

प्रथम स्वाधीनता संग्राम यद्यपि सफल नहीं हो सका, परंतु इस संग्राम में भारत की आजादी की ज्वाला धधक उठी थी। यह ज्वाला समयांतराल में दब जरूर गई थी, पर बुझ न सकी। अंग्रेजों के उत्पीड़न, दमन, शोषण और अन्याय की हवा इसे भीतर-भीतर और प्रचंड बनाती चली गई और एक दिन राष्ट्रीय नेताओं के आह्वान पर यह पूरी प्रचंडता के साथ राष्ट्रीय आंदोलन के रूप में विस्फोटित हो उठी। अंग्रेजों ने इस आग के शमन का जितना प्रयत्न किया, यह आग उतनी ही विकराल होती गई। इसे दबाने के अंग्रेजों के क्रूरतम प्रयासों ने गांधी जी के अहिंसक आंदोलनों को भी कई बार हिंसक रूप दे दिया, जिसके परिणाम रूप में खूनी संघर्ष, तोड़-फोड़ और बम विस्फोट जैसी घटनाएँ हुईं।

स्वतंत्रता संघर्ष की इस लंबी यात्रा में गोंडा जनपद राष्ट्र के साथ कंधे-से-कंधा मिलाकर बराबर साथ चला। इस प्रसंग में इस जनपद ने अनेक अनुकरणीय उदाहरण सामने रखे। पुस्तक में यथास्थान उन उदाहरणों को इंगित भी किया गया है।

गोंडा समेत गोंडा जनपद की चारों तहसीलों—गोंडा, तरबगंज, मनकापुर और करनलगंज का स्वतंत्रता संग्राम में अप्रतिम योगदान रहा है। आजादी के बाद के 75 वर्षीय लंबे सफर के अधिकांश स्वतंत्रता संग्राम सेनानी आज परमधाम जा चुके हैं, जिन्होंने अपने उत्कट प्रयासों और बलिदानों से हमें आजाद भारत में जीने का अवसर दिया। वे दैहिक रूप से भले ही हमारे सामने न हों पर, उन पुण्यात्माओं की स्वर्गीय ज्योति आज भी हमारी आजादी को प्रकाशित किए हुए है।

गोंडा जनपद की तहसीलों के अनुसार स्वतंत्रता आंदोलन में अपना सक्रिय योगदान देनेवाले सेनानियों का विवरण इस प्रकार है—

गोंडा तहसील के स्वतंत्रता संग्राम सेनानी

स्वतंत्रता संग्राम में गोंडा तहसील के बहुसंख्यक सेनानियों ने अपना योगदान दिया। इनका वर्णन अधोलिखित है—

अयोध्या प्रसाद : इनके पिता का नाम नागेश्वर था। ये धानेपुर ताल्लुके के निवासी थे। गोंडा निवासी लाल बिहारी टंडन और बाबू ईश्वर शरण की प्रेरणा से यह राष्ट्रीय स्वतंत्रता संग्राम से जुड़े। सन् 1942 में 'भारत छोड़ो आंदोलन' में सक्रिय भागीदारी के कारण इनको तीन महीने का कठोर कारावास और 20 रुपये जुर्माने का दंड दिया गया था।

अयोध्या प्रसाद : इनके पिता का नाम रामदुलारे था। ये ग्राम मिश्रपुर, डाकखाना देवपुरा के निवासी थे। लाल बिहारी टंडन और बाबू ईश्वर शरण की प्रेरणा से गाँव-गाँव में सभाएँ करना, संगठनात्मक कार्य करना और स्वदेशी का प्रचार करना इनके मुख्य कार्य थे। सन् 1930-31 में 'सविनय अवज्ञा आंदोलन' में इनको छह महीने के लिए जेल हुई थी।

अर्जुन प्रसाद : सन् 1912 में जन्मे अर्जुन प्रसाद परमात्मादीन तिवारी के पुत्र थे। इनका निवास गाँव भैरमपुर, डाकखाना बमडेरा था। इन्होंने केवल कक्षा 4 तक की शिक्षा पाई। गोंडा के बाबू ईश्वर शरण की प्रेरणा लेकर आप कांग्रेस आंदोलन से जुड़े। सन् 1941 में 'व्यक्तिगत सत्याग्रह आंदोलन' में इनको एक माह का कारावास और 30 रुपये जुर्माने का दंड दिया गया था।

अवध राज सिंह : इनका जन्म 1912 में हुआ था। ये तहसील गोंडा के हारीपुर गाँव के निवासी थे। इनकी शिक्षा कानपुर से हुई। वहाँ के डी.ए.वी. कॉलेज से बी.ए. करने के बाद वकालत की पढ़ाई की। विद्यार्थी जीवन में गोंडा के ईश्वर बाबू की श्याम कुटीर में रहते हुए इनको बाबू जी गतिविधियाँ समीप से देखने का मौका मिला। इनके भीतर भी राष्ट्रभक्ति का भाव पैदा हुआ। इनका देशभक्ति का तरीका अन्यों से भिन्न रहा। अपनी वकालत की शिक्षा को इन्होंने देशभक्ति का जरिया बनाया। ये स्वाधीनता संग्राम के सेनानियों के मुकदमे की पैरवी बिना शुल्क लिये करते थे।

आदित्य प्रसाद पांडेय : ये बिंदेश्वरी प्रसाद पांडेय के पुत्र थे और गोंडा तहसील का नरौरा भर्रापुर इनका गाँव था। महात्मा गांधी और जवाहरलाल नेहरू इनके प्रेरणा स्रोत

थे। गोंडा के बाबू ईश्वर शरण का पथ प्रदर्शन पाकर इन्होंने व्यक्तिगत सत्याग्रह में भाग लिया और दो वर्ष पाँच महीने के लिए वाराणसी जेल में बंद रहे। देश की स्वतंत्रता के बाद ये कृषि के अलावा सामाजिक और राजनीतिक कार्यों में व्यस्त रहे।

बाबू ईश्वर शरण : ये गोंडा जनपद के महान स्वतंत्रता संग्राम सेनानी के रूप में जाने जाते हैं। इनके पिता बाबू श्यामा शरण एटा के रहनेवाले थे, परंतु बनारस के राजा मोतीचंद की जमींदारी के मुख्तार बनकर गोंडा आए और यहीं के हो गए। बाबू ईश्वर शरण उनके यहाँ 5 अगस्त, 1902 को पुत्र रूप में जन्मे। ये पाँच भाइयों में सबसे छोटे थे। बाबू ईश्वर श्यामा चरण ने जातिगत उपाधि को संकीर्ण विचारधारा का द्योतन करने के कारण 'सक्सेना' उपाधि को अपने नाम के साथ संयुक्त नहीं किया। 1907 में गोंडा भू-भाग में भीषण अकाल पड़ा था। तब बाबू श्यामा चरण जी ने लाला लाजपतराय के द्वारा गोंडा नगर में आर्य समाज की स्थापना की थी। इस पृष्ठभूमि ने ईश्वर शरण के भीतर संस्कार निर्मित किए।

प्रारंभिक शिक्षा गोंडा के मौलवी से प्राप्त करने के अनंतर आपने गोंडा की रामदास आर्य पाठशाला से प्राथमिक शिक्षा पूरी की। 1936 में अपने बड़े भाई लाडली शरण के पास यह हाईस्कूल की शिक्षा प्राप्त करने के लिए एटा चले आए। 1919 में जलियाँवाला बाग का भीषण नरसंहार हुआ। इस घटना का इनके किशोर मन पर गहरा प्रभाव पड़ा। सन् 1920 में 'असहयोग आंदोलन' के अंतर्गत गांधी जी के आह्वान—स्कूल, कॉलेजों का बहिष्कार, पर ये शिक्षा छोड़कर एटा से गोंडा आ गए। इन्होंने गोंडा के कई उत्साही युवकों के साथ कांग्रेस की सदस्यता ग्रहण कर ली और पार्टी के संगठन में जुट गए। सन् 1921 में आपने 'कांग्रेस वॉलेंटियर कोर' का संगठन किया। 1923 में जब गोंडा में हिंदू-मुस्लिम दंगा हुआ तब इसी कोर के साथ इन्होंने शांति स्थापना का कार्य किया। इससे आपकी लोकप्रियता बढ़ी।

गोंडा जिला कांग्रेस कमेटी की कार्यकारिता 1924 से पूर्व काफी धीमी रही, परंतु 1924 में जब बाबू ईश्वर शरण जी ने इसका कार्य सँभाला तो इसमें गतिशीलता आनी शुरू हो गई। सन् 1924 में गोंडा में रघुपति सहाय 'फिराक' और मौलाना अहमद हुसैन मदनी आए। सन् 1925 में ईश्वर शरण जी ने 101 स्वयंसेवकों के साथ कानपुर कांग्रेस में भर्ती की। कांग्रेस कमेटी इनके इस कार्य से बहुत प्रभावित हुई और इनको एक महत्त्वपूर्ण जिम्मेदारी सौंपी। काकोरी कांड के आरोपी विष्णु शरण दुबालिश के ऊपर चलनेवाले मुकदमे की पैरवी और गवाही तोड़ने के लिए इनको भेजा गया।

सन् 1927 में काकोरी कांड के आरोपी राजेंद्र लाहिड़ी को गोंडा में 17 दिसंबर की रात फाँसी देना तय हुआ। बनारस से लाहिड़ी के ममेरे भाई गोंडा आए। पुलिस के

भय से कोई उनको अपने यहाँ ठहराने को राजी न हुआ। यह जानकारी पाते ही ईश्वर शरण जी उन्हें आदरपूर्वक अपने यहाँ ले आए और अपने ही यहाँ रुकने की समुचित व्यवस्था की।

लाहिड़ी जी का कहना था कि फाँसी का फंदा गले में पड़ते ही वे 'वंदे मातरम्' का घोष करेंगे। प्रत्युत्तर में यदि 'वंदे मातरम्' का घोष सुनने को मिलेगा तो उन्हें लगेगा, उनका बलिदान सार्थक हुआ। ईश्वर शरण जी अपने डेढ़ सौ साथियों को लेकर लाहिड़ी जी के घोष का प्रत्युत्तर देने के लिए फाँसी कक्ष की दीवार से लगे अरहर के खेत में रात को ही आकर बैठ गए। तड़के 4 बजे ज्यों ही फाँसी के तख्ते की दिशा से 'वंदे मातरम्' की गूँज उठी, वैसे ही ईश्वर शरण जी और उनके साथियों ने प्रत्युत्तर में 'वंदे मातरम्' के नाद से वातावरण गुंजा दिया। लाहिड़ी की देह को फाँसी कक्ष के बाहर ईश्वर शरण ही लाए और स्वयं उनका अंतिम संस्कार संपन्न किया।

26 जनवरी, 1930 को जनतंत्र दिवस मनाया गया। गोंडा के प्रेम पकड़िया और बहराइच के चौक स्थल पर ईश्वर शरण जी और लाल बिहारी टंडन ने जनतंत्र का प्रथम प्रस्ताव पढ़ा और गिरफ्तार हुए। जनतंत्र दिवस मनाने पर गोंडा शहर में अनिश्चित कालीन धारा 144 लागू कर दी गई। कार्यकर्ताओं को ताबड़तोड़ गिरफ्तार किया जाने लगा। ईश्वर शरण जी भी गिरफ्तार हुए। उन्हें छह माह की सजा और 100 रुपये के जुर्माने का दंड दिया गया। नवंबर 1930 में ये जेल से छूटे।

बलरामपुर रियासत के गाँव सेमरी और बरईपुर में 'सविनय अवज्ञा आंदोलन' के दौरान किसानों पर बर्बर अत्याचार किया गया था। ईश्वर शरण जी उस समय जिला कांग्रेस कमेटी गोंडा के मंत्री थे। गांधी जी ने गोलमेज कॉन्फ्रेंस में जाना स्वीकार कर लिया था। भारतवर्ष के अत्याचारों की सूची में जिला कांग्रेस कमेटी गोंडा द्वारा बरईपुर कांड भी जोड़ा गया। गांधी जी ने नेहरू जी को भेजकर मामले की प्रामाणिकता पुष्ट करवाई। तब डिप्टी कमिश्नर को पदावनत किया गया तथा मैनेजर को हटा दिया गया। गांधी जी के गोलमेज कॉन्फ्रेंस से लौटते ही देश-भर में गिरफ्तारियाँ की गईं। लगानबंदी आंदोलन में जो पर्चे छपवाए गए थे, उसमें ईश्वर शरण जी को नौ महीने की जेल के साथ 200 रुपये का जुर्माना लगाया गया।

सन् 1934 में ईश्वर शरण जी उतरौला से निर्विरोध जिला बोर्ड के सदस्य निर्वाचित हुए। सन् 1936 में लखनऊ में कांग्रेस का अधिवेशन हुआ। इसमें गोंडा जिले का नेतृत्व लाल बिहारी टंडन और चुन्नीलाल के साथ ईश्वर शरण ने किया। इसमें 200 कार्यकर्ताओं ने झंडा लेकर भाग लिया था। सन् 1936 में संयुक्त प्रांत आगरा-अवध की प्रांतीय ऐसेंबली

का चुनाव हुआ। ईश्वर शरण तरबगंज से उम्मीदवार थे। उनके मुकाबले में दो जबर्दस्त प्रत्याशी खड़े थे, पर ईश्वर शरण की लोकप्रियता का यह हाल था कि शेष दोनों की जमानतें तक जब्त हो गईं और वे भारी बहुमत से जीते।

सन् 1938 में गोंडा जनपद भीषण बाढ़ की चपेट में आया। प्रांतीय सरकार द्वारा बाबू ईश्वर शरण तथा जिलाधिकारी को बाढ़ सहायता कार्य का इंचार्ज बना दिया गया। ईश्वर शरण ने 150 नावों, 2 मीटर बोटों, 2 कारगो बोटों तथा 200 कार्यकर्ताओं के साथ अथक, अटूट परिश्रम से जनसेवा का कार्य किया।

सन् 1938 में कांग्रेस वर्किंग कमेटी के निर्णयानुसार इन्होंने एसेंबली की सदस्यता से त्याग-पत्र दे दिया। सन् 1946 में पुनः प्रांतीय एसेंबली का चुनाव हुआ। सभी कांग्रेसी कार्यकर्ता जेल से छोड़ दिए गए। इस चुनाव में तरबगंज से ईश्वर शरण जी निर्विरोध निर्वाचित हुए।

देश की आजादी के बाद कांग्रेस और सोशलिस्ट पार्टी में अलगाव हो गया। ईश्वर शरण विधान सभा की सदस्यता से त्याग-पत्र देकर आचार्य नरेंद्र देव के नेतृत्ववाली 'सोशलिस्ट पार्टी' में चले गए। एसेंबली उपचुनाव में कांग्रेस उम्मीदवार चंद्रभानु शरण सिंह की जीत हुई। आचार्य नरेंद्र देव की मृत्यु के बाद ईश्वर शरण गोविंद वल्लभ पंत की प्रेरणा से 1953 में पुनः कांग्रेस में आ गए और कांग्रेस के ही टिकट पर नगर पालिका के अध्यक्ष निर्वाचित हुए। सन् 1954 में चंद्रभानु शरण सिंह की मृत्यु हो जाने पर रिक्त सीट का टिकट ईश्वर शरण को दिया गया। इस पर क्षुब्ध होकर बलदेव सिंह ने कांग्रेस छोड़कर निर्दलीय चुनाव लड़ा और जीते। सन् 1957 में ईश्वर शरण जी को एसेंबली चुनाव में पुनः तरबगंज का टिकट दिया गया। ईश्वर शरण ने शीतला प्रसाद के पक्ष में सीट छोड़कर उनको विजयी बनवाया। सन् 1962 तथा 1967 में आप गोंडा विधान सभा के सदस्य चुने गए। 1969 का चुनाव हारने के बाद आप रचनात्मक कार्यों में अपना योगदान देने लगे।

26 अगस्त, 1991 को ईश्वर शरण जी का निधन हो गया। आपके निधन से गोंडा समेत पूर्वी उत्तर प्रदेश के राजनीतिक और सामाजिक क्षेत्र को अपूरणीय क्षति पहुँची। ईश्वर शरण जी के संदर्भ में 'राष्ट्रीय स्वतंत्रता संघर्ष और गोंडा जनपद' पुस्तक में बहुत सार्थक टिप्पणी दी गई है, "बाबू जी सिद्धांततः आर्य समाजी, व्यवहारतः एक राजनेता तथा स्वभावतः एक गृहस्थ संत थे। परिश्रम, आस्तिकता तथा राष्ट्रभक्ति उनकी पूँजी थी और निःस्वार्थ लोक सेवा उनकी दिनचर्या।"[1]

बाबू ईश्वर शरण ने आजीवन कितने ही महत्त्वपूर्ण दायित्वों का वहन किया। वे 4 बार उत्तर प्रदेश विधान सभा के सदस्य होने के अतिरिक्त खादी ग्रामोद्योग, भारत सेवक

समाज, गोंडा, भ्रष्टाचार निरोधक समिति, गोंडा के अध्यक्ष, गांधी जन्म शताब्दी समिति के महामंत्री, आर्यसमाज, गोंडा के प्रधान और कुष्ठ सेवा केंद्र, गोंडा के उपाध्यक्ष रहे।

ओरी लाल : गोंडा के देवराना गाँव के ओरी लाल गुरुचरन के पुत्र थे। जेल अभिलेख के अनुसार सन् 1941 में इनको धारा 38/121 डी.आई.आर. के अंतर्गत व्यक्तिगत सत्याग्रह करने के कारण चार महीने का कारावास और 10 रुपये जुर्माने की सजा मिली थी। इनके प्रेरणा स्रोत गोंडा के बाबू ईश्वर शरण और लाल बिहारी टंडन थे।

कामता : ये विष्णुपुर इटियाथोक गाँव के रहनेवाले थे। इनके पिता का नाम ओरी था। 'भारत छोड़ो आंदोलन' में भाग लेने के कारण इन पर 150 रुपये का अर्थ दंड लगाया गया था।

कामता प्रसाद : शादी लाल के पुत्र कामता प्रसाद गोंडा नगर के कटहरिया मुहल्ले में रहते थे। वैसे तो भगत सिंह और चंद्रशेखर को अपना आदर्श मानने के कारण ये क्रांतिकारी कार्यों में अपना सहयोग देते रहे, परंतु सन् 1930 में इनको गांधी जी द्वारा प्रेरित 'नमक सत्याग्रह आंदोलन' में भाग लेने के कारण छह माह के कारावास के साथ 200 रुपये जुर्माने की सजा दी गई। जेल में भी आंदोलन चलाने के कारण दफा 52 के अंतर्गत इनकी सजा बढ़ाकर नौ महीने कर दी गई।

कामता प्रसाद : गोंडा नगर के सुभाष नगर (उस समय कानून गोयान) मुहल्ले के निवासी कामता प्रसाद सरजू प्रसाद के बेटे थे। 'भारत छोड़ो आंदोलन' की सक्रियता के कारण एक माह के कारावास के साथ इन पर 20 रुपया अर्थ दंड भी लगाया गया। अर्थ दंड न देने पर इनकी सजा की अवधि और एक माह बढ़ा दी गई। बाहर से आनेवाले कांग्रेसी नेता इनके घर में आतिथ्य ग्रहण करते थे।

काली प्रसाद : ये गोंडा नगर के बनकटवा मुहल्ले में रहते थे। इनके पिता का नाम गोविंद शरण था। जेल अभिलेख के अनुसार सन् 1941 में 'व्यक्तिगत सत्याग्रह आंदोलन' की सक्रियता के कारण इनको एक वर्ष का कारावास और पचास रुपये का अर्थ दंड मिला था। 31.10.1941 को इनको गोंडा जेल में डाला गया।

कुँवर विश्वनाथ : गोंडा के पटेलनगर निवासी कुँवर विश्वनाथ प्रसाद वर्मा ज्वाला प्रसाद वर्मा के पुत्र थे। प्रगतिवादी तथा राष्ट्रवादी जैसी विचारधारा के समर्थक विश्वनाथ राजर्षि पुरुषोत्तमदास के सहपाठी थे। सन् 1933 में राजर्षि पुरुषोत्तम दास गोंडा आए तब सबसे पहले इन्हीं से मिले थे। कांग्रेस को ये प्रायः धन की मदद देते थे। 1939 में महात्मा गांधी का गोंडा आगमन हुआ, तब उनके स्वागत समारोह के आयोजन में इनका बड़ा योगदान रहा। 1938 में नेताजी सुभाषचंद्र बोस के गोंडा आगमन पर भी संबंधित सभा

के आयोजन में इन्होंने आर्थिक मदद की। निर्धन छात्रों को आर्थिक सहायता देना इनका स्वभाव था। कांग्रेस की अधिकांश बैठकें इनके अहाते में होती थीं।

केदारनाथ शुक्ल : शंभुनाथ शुक्ल के पुत्र केदारनाथ गोंडा के बखरवा गाँव के निवासी थे। सन् 1944-45 में 'भारत छोड़ो आंदोलन' में भाग लेने पर इन्हें लगभग एक वर्ष तक नजरबंद रखा गया। जेल अभिलेखानुसार सन् 1973 में इनको स्वतंत्रता संग्राम सेनानी का ताम्रपत्र प्रदान किया गया। ये स्वयं को 'आजाद हिंद फौज' का सेनानी मानते थे।

ख्वाजा गुलाम हैदरशाह : मूलरूप से आप बहराइच के निवासी थे। गोंडा के थाना कौड़िया और नवाबगंज में आप पुलिस विभाग के सब-इंस्पेक्टर पद पर कार्यरत रहे। सन् 1921 में आपने गांधी जी की पुकार पर नौकरी छोड़ दी और गोंडा के ईश्वर शरण और लाल बिहारी टंडन के साथ जुड़ गए। सन् 1946-48 के बीच आपने 'गोंडा नेशनलिस्ट मुस्लिम फोरम' के सदस्य के रूप में रफी अहमद किदवई, मौलाना मदनी और नेहरू जी के साथ मिलकर मुस्लिम लीग का विरोध किया था।

गंगा प्रसाद : ये गोंडा जनपद के श्रीनगर गाँव के निवासी थे। इनके पिता का नाम प्रमोद बारी था। कांग्रेस आंदोलन में भाग लेने की शुरुआत आपने कानपुर से की। वहाँ गोली लगी। फिर ये गोंडा आकर विभिन्न आंदोलनों में भाग लेते रहे। इस कारण पुलिस की पिटाई भी झेली। कई बार पुलिस ने नगर से दूर ले जाकर छोड़ दिया। सन् 1932 में 'सविनय अवज्ञा आंदोलन' में भाग लेने के कारण छह माह की सजा दी गई। जेल से छूटते ही फिर से छह महीने का कारावास और 420 रुपये का अर्थ दंड भी लगाया गया। 1941 में सत्याग्रह आंदोलन में 10 माह के कारावास के साथ 10 रुपये का अर्थ दंड लगाया गया। बंदीकाल के दौरान बार-बार जेल कानून तोड़ने पर सजा की अवधि बढ़ा दी गई।

गंगा प्रसाद : गोंडा के नौशहरा मुहल्ले के निवासी गंगा प्रसाद के पिता का नाम नान्हू था। व्यक्तिगत सत्याग्रह आंदोलन में भाग लेने पर सन् 1941 में इनको नौ महीने की जेल के साथ 50 रुपये जुर्माने की सजा भी दी गई। जुर्माना अदा न करने पर जेल की अवधि बढ़ा दी गई।

गंगाराम : गोंडा के बड़गाव मुहल्ले में रहनेवाले गंगाराम शीतल के पुत्र थे। गोंडा के सेनानी ईश्वर शरण इनके प्रेरणास्पद रहे। 'भारत छोड़ो आंदोलन' में सक्रियता के कारण सन् 1943 में ये जेल गए। इन पर 500 रुपये का अर्थ दंड भी लगाया गया। घर वालों द्वारा अर्थ दंड चुकाना इन्होंने अस्वीकार कर दिया और एवज में अतिरिक्त सजा काटना मंजूर किया। जेल के अभिलेखों के अनुसार ये 1.2.1943 से 30.11.1943 तक गोंडा जेल में रहे।

गुरुप्रसाद : रामेश्वर लोहि0या के पुत्र गुरुप्रसाद का निवास गोंडा का गोलागंज मुहल्ला था। सन् 1940 में व्यक्तिगत आंदोलन में भाग लेने के कारण आपको नौ महीने की जेल तथा 50 रुपये जुर्माने की सजा दी गई। आजादी की लड़ाई में आपके परिवार ने यथोचित आर्थिक सहायता दी। जेल के अभिलेख के अनुसार ये 11.12.1940 से लेकर 1.11.1941 तक जेल में रहे।

गोपीदास 'सूर' : ये गोंडा के वीरपुर इमिलिया, थाना इटियाथोक के रहनेवाले थे। इनको 'सूर' कहा जाता था। 1930 से 1931 के बीच बहुत-से आंदोलनों में भाग लेने के कारण इनको 3-3 महीने की सजा और 30 तथा 50 रुपये जुर्माने की सजा मिली। 1932 में 'सविनय अवज्ञा आंदोलन' में भाग लेने पर छह माह की सजा के साथ 50 रुपये जुर्माने, 'व्यक्तिगत सत्याग्रह आंदोलन' में सन् 1940 में एक वर्ष की कड़ी सजा तथा 1942 में 'भारत छोड़ो आंदोलन' में भाग लेने पर एक वर्ष कारावास तथा 5 रुपये का अर्थ दंड लगाया गया था।

गोमती प्रसाद : चुन्नी लाल के पुत्र गोमती प्रसाद मुहल्ला राधाकुंड में रहते थे। पेशे से ये दर्जी थे। आजादी की लड़ाई के दौरान ये तिरंगा सिलकर लोगों में मुफ्त बाँटा करते थे। सन् 1934 में इन्होंने उत्तर प्रदेश के गवर्नर सर माल्कम हेली को काला झंडा दिखाया था।

घासीराम : 'भारत छोड़ो आंदोलन' के दौरान इनको अपनी गुप्त कार्रवाइयों के कारण दो माह के लिए नजरबंद किया गया था।

घिर्राऊ : जेल की अनुपूरक सूची के अनुसार यह गोंडा के बड़गाँव मुहल्ले के निवासी थे। जेल अभिलेख के अनुसार धारा 188 आई.पी.सी. के अंतर्गत यह 15.1.1932 से 25.5.1932 तक 3 माह के लिए जेल गए और 50 रुपये का अर्थ दंड भी मिला।

छेदी लाल : इनके पिता का नाम छोटे लाल था। यह गोंडा के जयनगरा गाँव के रहनेवाले थे। व्यक्तिगत सत्याग्रह में भाग लेने पर इनको 9 माह की कैद तथा 50 रुपये जुर्माने की सजा दी गई थी। जुर्माना न देने पर सजा बढ़ाई गई थी। 3 मई, 1967 को आपकी मृत्यु हो गई।

जगदंबा प्रसाद : इनको 'कर्नल बाबू' कहा जाता था। ये गोंडा के मालवीय नगर मुहल्ले के निवासी थे। नेता सुभाषचंद्र बोस के 'फॉरवर्ड ब्लॉक' के गठन में इनकी महत्त्वपूर्ण भूमिका थी।

जोगेश्वर शरण : ये बाबू ईश्वर शरण के भतीजे थे। आपने गोंडा के 'फॉरवर्ड ब्लॉक' के संगठन का कार्य मंत्री के तौर पर सँभाला था।

ठाकुर प्रसाद : तेगनाथ के पुत्र ठाकुर प्रसाद गोंडा के अयाह गाँव छटियाथोक के निवासी थे। 'भारत छोड़ो आंदोलन' के दौरान आपको सन् 1943 में छह माह की जेल और 10 रुपये के जुर्माने की सजा मिली थी।

तीर्थ देवी : यह गोंडा के अयाह गाँव इटियाथोक की निवासी थीं और अपने पति अक्षयवर दत्त के साथ मिलकर आजादी की लड़ाई में भाग लेती रहीं। 'व्यक्तिगत सत्याग्रह आंदोलन' में भाग लेने पर इनको सन् 1941 में 3 माह की कैद तथा 50 रुपये जुर्माने और 'भारत छोड़ो आंदोलन' में सहभागिता के कारण छह माह की कड़ी सजा मिली थी।

दरबारी : इनके पिता रामदरख थे। ये गोंडा के थुथराई गाँव में रहते थे। सन् 1941 में 'व्यक्तिगत सत्याग्रह आंदोलन' में इनको नौ माह की जेल तथा 100 रुपये जुर्माने की सजा मिली थी।

दीन मुहम्मद : धानेपुर गाँव के निवासी दीन मुहम्मद जहाँगीर के पुत्र थे। 'भारत छोड़ो आंदोलन' में इनको एक महीने की जेल के साथ 20 रुपये जुर्माने की सजा मिली थी। जुर्माना न भरने पर जेल की मियाद तीन माह और बढ़ा दी गई थी।

दुर्गा प्रसाद : रामनारायण के पुत्र दुर्गा प्रसाद गोंडा के रामनगर गाँव में रहते थे। 'सविनय अवज्ञा आंदोलन' में भाग लेने पर सन् 1931 में इनको दो माह की जेल के साथ 50 रुपये जुर्माने का दंड दिया गया था, परंतु समझौते के बाद ये जल्दी छूट गए थे।

द्वारिका प्रसाद : इनके पिता का नाम जानकीदास था। ये गोंडा के बड़गाँव मुहल्ले में रहते थे। 'भारत छोड़ो आंदोलन' में इनको तीन माह की जेल और 50 रुपये जुर्माने की सजा मिली थी।

धर्मानंद तिवारी : इनके पिता का नाम अयोध्या प्रसाद तिवारी था। ये राधाकुंड मुहल्ले में रहते थे। ये स्वतंत्रता संग्राम के विभिन्न आंदोलनों में शामिल रहे और स्वतंत्रता सेनानियों की हर प्रकार से सहायता करते थे।

ननकू : गंगादीन खटिक के पुत्र ननकू जगतापुर गाँव में रहते थे। सन् 1941 में इनको व्यक्तिगत सत्याग्रह में नौ महीने की सख्त जेल तथा 30 रुपये जुर्माने की सजा मिली थी।

परमेश्वर शरण : ये गोंडा के प्रसिद्ध स्वतंत्रता संग्राम सेनानी श्यामा शरण के पुत्र और ईश्वर शरण के भाई थे। 'सविनय अवज्ञा आंदोलन' में इनको 1932 में छह माह की जेल और 200 रुपये के जुर्माने की सजा मिली। 'व्यक्तिगत सत्याग्रह आंदोलन' में 1941 में छह मास की जेल और 100 रुपये के जुर्माने की सजा मिली तथा 1942 में 'भारत छोड़ो आंदोलन' दो माह के लिए नजरबंद किए गए।

पहलवान : 'व्यक्तिगत सत्याग्रह आंदोलन' में सन् 1941 में इनको नौ महीने की जेल के साथ 25 रुपये जुर्माने की सजा भी दी गई।

पाटेश्वरी राय : मूलतः बस्ती निवासी पाटेश्वरी राय के पिता राम हर्ष राय थे। गोंडा में आप फोर्बिसगंज में रहते थे। क्रांतिकारी गतिविधियों में संलिप्तता के कारण आपको 5 अगस्त, 1942 को शाहजहाँपुर से गिरफ्तार कर छह माह के लिए बरेली जेल भेज दिया गया।

पृथ्वीराज सिंह : ये भवानी सिंह के पुत्र थे और बिशुनपुर बैरिया गाँव के निवासी थे। आप कांग्रेस के सक्रिय सदस्य थे और भूमिगत रहकर कांग्रेस के गोपनीय परिपत्रों के प्रचार का दायित्व वहन करते थे। सन् 1941 के द्वितीय महायुद्ध में अंग्रेज सरकार ने भारत के युद्ध में शामिल होने की घोषणा कर दी। अतः सेना में जबरिया भर्ती और धन उगाही का काम शुरू कर दिया गया। पृथ्वीराज सिंह ने इसका जमकर विरोध किया। दंडस्वरूप, उनकी पिटाई की गई और दो दिन तक जेल में भूखा रखा गया।

बच्चू लाल : आप गोंडा के सिसईमाफी गाँव के निवासी थे। आजादी की लड़ाई में आपका योगदान 'आजाद हिंद फौज' के सिपाही के तौर पर है 'अंग्रेजो भारत छोड़ो' नारा लगाने के अपराध में आपको छह महीने की जेल हुई थी।

बनवारी : रामजी के पुत्र बनवारी गाँव इंदिरापुर के निवासी थे। 'व्यक्तिगत सत्याग्रह' में इनको सन् 1941 में छह महीने की जेल के साथ 50 रुपये का अर्थ दंड दिया गया था।

बनवारी लाल वर्मा : 'भारत छोड़ो आंदोलन' में सन् 1943 में आपको एक वर्ष के कठोर कारावास की सजा दी गई।

बलवीर सिंह : इनके पिता का नाम सोहन लाल था। सन् 1941 में 'व्यक्तिगत सत्याग्रह आंदोलन' में आपको नौ महीने की जेल तथा 25 रुपये जुर्माने की सजा दी गई।

बलभद्रनाथ मिश्र 'किसान' : इनके पिता का नाम तुलसीराम था और ये गोंडा के राधाकुंड मुहल्ले में रहते थे। 'व्यक्तिगत सत्याग्रह' के अतिरिक्त अन्य राजनीतिक गतिविधियों की संलिप्तता के कारण सन् 1942 तथा 1944 में कुल मिलाकर ये तीन वर्ष छह माह जेल के अंदर रहे। इनका विचार था कि देश के किसानों की स्थिति सुधारने पर ही देश का कल्याण होगा।

बहादुर पांडेय : इनके पिता श्रीधर पांडेय थे और निवास ग्राम सीर बनकट था। सन् 1930 में आपको 'सविनय अवज्ञा आंदोलन' में छह माह की जेल हुई थी।

बाबूराम : छेदीराम सुनार के पुत्र बाबूराम गोंडा के पांडे बाजार में रहते थे। 'सविनय अवज्ञा आंदोलन' में इनको सन् 1931 में दो महीने की जेल तथा 50 रुपये जुर्माने की सजा मिली थी।

बाबूलाल : इनके पिता का नाम ओरी लाल था। ये गोंडा के कटहरिया मुहल्ले में रहते थे। सन् 1931 में इनको 'सविनय अवज्ञा आंदोलन' में छह मास की सजा मिली थी, पर गांधी-इर्विन समझौते के कारण मुक्त कर दिया गया। 1941 में 'व्यक्तिगत सत्याग्रह' में छह मास की सजा और 15 रुपये का जुर्माना तथा 1942 में 'भारत छोड़ो आंदोलन' में आपको एक वर्ष के कारावास का दंड दिया गया।

बिल्लू : ये खरगूपुर बाजार के निवासी थे। 'असहयोग आंदोलन' में भाग लेने के कारण अपको 1932 में छह मास का कारावास दंड मिला।

ब्रजलाल : आप इटियाथोक के निवासी थे। सन् 1931 में 'सविनय अवज्ञा आंदोलन' में आपको छह मास की जेल और 100 रुपये जुर्माने की सजा मिली थी।

गगवान दीन मौर्य : आपके पिता ननकऊ थे और आप गोंडा के गाँव चिड़ियापुर रेतवागाड़ा के निवासी थे। सन् 1931 में 'सविनय अवज्ञा आंदोलन' में आपको छह महीने की जेल के साथ 100 रुपये का अर्थ दंड मिला था।

भवानी भीख उर्फ भवानी प्रसाद : ये गोंडा के नौशहरा मुहल्ले में रहते थे। इनका पिता का नाम राम प्रसाद था। व्यक्तिगत सत्याग्रह आंदोलन में सन् 1941 में आप एक वर्ष के लिए जेल गए तथा 30 रुपये का जुर्माना भी भरा।

भूरामल : शिवसहाय के पुत्र भूरामल गोंडा के साहबगंज मुहल्ले में रहते थे। 'भारत छोड़ो आंदोलन' में इनको सन् 1942 में आठ महीने की जेल हुई और 200 रुपये का अर्थ दंड लगा।

मंगल मिश्र : ये खरगू बाजार के निवासी थे। इनके पिता का नाम नंद कुमार था। सभी प्रमुख आंदोलनों में इनकी सक्रियता रही। सन् 1922 में 'असहयोग आंदोलन' में छह माह तथा सन् 1930 में नमक सत्याग्रह में छह मास की जेल के साथ 200 रुपये जुर्माने की सजा मिली।

महेश दत्त पांडेय : इनके पिता का नाम अंगद प्रसाद पांडेय था और ये पिपरा पदुम गाँव में रहते थे। 'व्यक्तिगत सत्याग्रह आंदोलन' में आपको एक वर्ष का कठोर कारावास तथा 5 रुपये के जुर्माने की सजा मिली।

माताप्रसाद : ये पारासराय गाँव के निवासी थे। इनके पिता का नाम सेवती मुराव था। 'सविनय अवज्ञा आंदोलन' में सन् 1933 में आप तीन माह के लिए जेल गए और 50 रुपये का अर्थ दंड भरा।

मालिक राम : इनके पिता का नाम संत सिंह छाबड़ा था। आपका जन्म-स्थान हासलावाला गाँव है जो अब पाकिस्तान में है। आजादी के गीत लिखने के अपराध में आपको 1938 में गिरफ्तार किया गया। दो वर्ष की कैद के बाद छूटे तो 'भारत छोड़ो

आंदोलन' में 1942 में फिर जेल गए और सुभाषचंद्र बोस के साथ लाहौर सेंट्रल जेल में रहे। 1947 में पाकिस्तानी शरणार्थी के रूप में गोंडा आ गए।

मुहम्मद रजा : 'भारत छोड़ो आंदोलन' में आपकी धारा 129 के अंतर्गत अट्ठारह माह की जेल तथा 15 रुपये का अर्थ दंड दिया गया।

मुहम्मद शरीफ खाँ : पिपरीडीह रेल डकैती में इनको ढाई वर्ष की जेल तथा 'भारत छोड़ो आंदोलन' में एक वर्ष की जेल हुई।

रमाकांत शुक्ल : ये नंद किशोर शुक्ल के पुत्र थे। 'व्यक्तिगत सत्याग्रह आंदोलन' में सन् 1941 में आपको 100 रुपये के जुर्माने के साथ छह महीने का कठोर कारावास मिला था।

राजदेव नारायण सिंह : सन् 1939 में आप 'सत्याग्रह आंदोलन' में एक माह के लिए गिरफ्तार किए गए। विभिन्न आंदोलनों में आपको 3 वर्षों का कारावास दंड मिला।

राजाराम : खरगूपुर बाजार निवासी राजाराम 'सविनय अवज्ञा आंदोलन' में सन् 1930 में छह माह के लिए जेल गए। इन पर 200 रुपये का अर्थ दंड भी लगा।

राम अवध तिवारी : सन् 1942 में 'भारत छोड़ो आंदोलन' में इनको दस माह का कारावास हुआ। थाने में पुलिस द्वारा इनकी निर्दयतापूर्वक पिटाई की गई।

रामचंद्र : 'व्यक्तिगत सत्याग्रह आंदोलन' में इनको छह माह के कारावास के साथ 30 रुपये के जुर्माने की सजा मिली।

रामचंद्र तिवारी : 'भारत छोड़ो आंदोलन' में इनको छह महीने के जेल और 50 रुपये का जुर्माना लगा।

रामदास : 'सविनय अवज्ञा आंदोलन' में इनको छह महीने का कठोर कारावास दंड मिला।

रामदेव सिंह : सन् 1930 में 'सविनय अवज्ञा आंदोलन' में आपकी नौ महीने की जेल के साथ 50 रुपये का जुर्माना भी लगा।

रामनीबर तिवारी : 'सविनय अवज्ञा आंदोलन' में सन् 1931 में तथा 'व्यक्तिगत सत्याग्रह' में सन् 1941 में आपको क्रमश: छह महीने की जेल व 25 रुपये का अर्थ दंड तथा तीन माह का कारावास दिया गया।

राम वल्लभ : 'भारत छोड़ो आंदोलन' में सन् 1943 में आपको छह माह का कठोर कारावास दंड दिया गया था।

राम भरोसे : 'व्यक्तिगत सत्याग्रह आंदोलन' में आपको 1941 में छह महीने की जेल और 10 रुपये का अर्थ दंड मिला था।

राम मंजूर : 'भारत छोड़ो आंदोलन' में सन् 1942 में इन्हें छह माह का कठोर कारावास तथा 10 रुपये अर्थ दंड दिया गया था।

राम लखन : इनके पिता बुद्धू बारी थे। सन् 1930 में नमक सत्याग्रह 1939 में कांग्रेस आंदोलन में जेल गए। 1943 में 'भारत छोड़ो आंदोलन' की सक्रियता के चलते आपको चार माह का कठोर कारावास तथा 25 रुपये जुर्माने की सजा दी गई।

राम लखन : इनके पिता का नाम बदलू पासी था। 'सविनय अवज्ञा आंदोलन' तथा 'व्यक्तिगत सत्याग्रह आंदोलन' में भाग लेने के कारण ये कई बार जेल गए और सन् 1930 से लेकर सन् 1941 के दौरान लगभग दो साल जेल के भीतर रहे।

राम लाल : इनका जेल रिकार्ड उपलब्ध नहीं है। बताया जाता है कि सन् 1931 में 'सविनय अवज्ञा आंदोलन' में भाग लेने के कारण इनको चार महीने की जेल और 50 रुपये का अर्थ दंड मिला था।

राम समुझ मिश्र : जेल अभिलेख के अनुसार, इनको छह माह का कारावास तथा 20 रुपये जुर्माने की सजा दी गई। विदेशी कपड़ा जलाने, स्वदेशी का प्रचार, पर्चे बाँटने तथा गोपनीय पत्रों के आदान-प्रदान के अतिरिक्त 'व्यक्तिगत सत्याग्रह' और 'असहयोग आंदोलन' में इनकी सहभागिता रही।

राम सिंह : शंभु दत्त के पुत्र राम सिंह ने सन् 1942 के 'भारत छोड़ो आंदोलन' में भाग लिया था। 'व्यक्तिगत सत्याग्रह' में भाग लेने के कारण आपको छह मास का कारावास दंड मिला।

रामेश्वर दत्त तिवारी : आजादी के संघर्ष में आपको 1941 में गोंडा जेल में नौ महीने का कठोर कारावास मिला। 10 अगस्त, 1942 को दफा 26 के अंतर्गत गवर्नर के वारंट पर नजरबंद कर दिए गए। अंग्रेज सरकार की दृष्टि में आप एक शातिर अपराधी थे।

लाल बिहारी टंडन : श्री लाल बिहारी टंडन गोंडा के उल्लेखनीय स्वतंत्रता संग्राम सेनानी रहे हैं। आपकी प्रेस से प्रकाशित होनेवाला साप्ताहिक पत्र 'रियाया' समाज में राष्ट्रीय चेतना भरने का कार्य करता था। 1930 में 'नमक सत्याग्रह' में सक्रियता के कारण आपको छह माह का कारावास तथा 150 रुपये का अर्थ दंड दिया गया। सन् 1940 में 'भारत रक्षा कानून' के अंतर्गत इनको दस मास का कारावास और 25 रुपये जुर्माने की सजा मिली। सन् 1942 में 'भारत छोड़ो आंदोलन' के बंबई प्रदर्शन में पुलिस के लाठीचार्ज से आप घायल हो गए। इलाज करवा कर गोंडा आते ही गुप्तचर की रिपोर्ट पर आपको नजरबंद कर लिया गया।

राम लुटावन उर्फ राम नरेश : गोंडा के प्रेम पकड़िया मैदान में नमक कानून तोड़ने के दंडस्वरूप इनको एक महीने का कठोर कारावास तथा 20 रुपये के जुर्माने की सज़ा मिली। जेल से छूटते ही इन्होंने पुनः नमक कानून तोड़ा। इस बार दो माह के कठोर कारावास के साथ 50 रुपये का अर्थ दंड लगाया गया।

विचित्र कुमार श्रीवास्तव : बनारस विश्वविद्यालय से इलेक्ट्रिक इंजीनियरिंग परीक्षा में पहला स्थान पाने पर इनको सरकारी खर्चे पर आगामी अध्ययन हेतु विदेश जाने का आमंत्रण मिला। वहाँ जाकर ये लेबर पार्टी में शामिल हो गए। स्पेन में दिए अपने एक भाषण में इन्होंने भारत की अंग्रेज सरकार की आलोचना कर दी। परिणामस्वरूप, भारत लौटने पर एक वर्ष के लिए इनका नाम काली सूची में डाल दिया गया। विवशतः इन्होंने एक प्राइवेट कंपनी में मामूली-सी नौकरी की।

चेतनदास उर्फ ब्रह्मचारी : 'व्यक्तिगत सत्याग्रह आंदोलन' में इनको सन् 1941 में नौ माह का कड़ा कारावास दंड दिया गया।

शिवलाल : 'व्यक्तिगत सत्याग्रह आंदोलन' में सन् 1941 में आपको छह माह के कठोर कारावास के साथ 30 रुपये का अर्थ दंड भी लगाया गया।

शिवशंकर : इनको 'व्यक्तिगत सत्याग्रह आंदोलन' में सन् 1941 में छह माह की कठोर जेल सहित 30 रुपये का अर्थ दंड भी दिया गया था।

शीतलदेव उर्फ शीतल दीन : नमक आंदोलन में सन् 1930 में इनको छह मास का कठोर कारावास मिला था।

शीतला प्रसाद मिश्र : मात्र पंद्रह वर्ष की वयस में नमक सत्याग्रह में आपको 1930 में चार मास का कारावास दंड दिया गया।

श्रीराम : 'भारत छोड़ो आंदोलन' में आपको दो माह के लिए नजरबंद किया गया। इसके पूर्व नमक सत्याग्रह में आपको तेरह मास का कारावास दंड दिया गया।

सकटू : 'भारत छोड़ो आंदोलन' में आपको सन् 1943 में तीन सप्ताह के कठोर कारावास के साथ 5 रुपये का अर्थ दंड भी लगाया गया।

सत्यनारायण पांडेय : 'स्वतंत्रता संग्राम सैनिक' पुस्तक के अनुसार इनको 'व्यक्तिगत सत्याग्रह' में सन् 1941 में नौ महीने के कारावास के साथ 50 रुपये का जुर्माना भी लगाया गया। बंबई में कांग्रेस पार्टी की वर्किंग कमेटी की गिरफ्तारी के समर्थन में आंदोलन करने पर इनको डेढ़ वर्ष का कारावास दिया गया। सन् 1942 में 'भारत छोड़ो आंदोलन' में भाग लेने पर इनको नजरबंद किया गया।

सालिगराम : नमक बनाने के अपराध में इनको सन् 1930 में छह महीने का कारावास और 200 रुपये के जुर्माने की सजा मिली। जुर्माना न चुकाने पर सजा की मियाद डेढ़ महीने और बढ़ा दी गई।

सूरज नारायण पांडेय : 'व्यक्तिगत सत्याग्रह आंदोलन' में भाग लेने के कारण आपको 9 माह की जेल तथा 30 रुपये जुर्माने का दंड दिया गया।

हजारी : अशर्फी हलवाई के पुत्र हजारी को 'सविनय अवज्ञा आंदोलन' में सन् 1930 में छह मास का कठोर कारावास दिया गया।

हजारी लाल : ये रामदास के पुत्र थे। नमक सत्याग्रह में इनको सन् 1930 में तीन महीने की जेल के साथ एक सौ रुपये का अर्थ दंड भी दिया गया।

हितकरन नाथ : 'व्यक्तिगत सत्याग्रह' में हितकरन नाथ को सन् 1941 में छह महीने का कठोर कारावास दिया गया।

तरबगंज तहसील के स्वतंत्रता संग्राम सेनानी

तरबगंज तहसील के राष्ट्रभक्तों ने देश की आजादी की लड़ाई में अपना पूरा योगदान दिया। इनका संक्षिप्त विवरण इस प्रकार है—

अनिरुद्ध सिंह : 1941 में 'व्यक्तिगत सत्याग्रह आंदोलन' में इनको चार माह के कारावास के साथ 40 रुपये का अर्थ दंड भी लगाया गया। 'भारत छोड़ो आंदोलन' में आपको लंबे समय तक नजरबंद किया गया।

अयोध्या हलवाई : सन् 1942 में 'भारत छोड़ो आंदोलन' में भाग लेने के कारण इनको 1944 में एक मास का कारावास दंड मिला था।

ओम प्रकाश : 'व्यक्तिगत सत्याग्रह आंदोलन' में सन् 1942 में इनको सवा महीने के लिए कारावास दंड मिला था।

काली प्रसाद : इनको 'भारत छोड़ो आंदोलन' में सन् 1942 में एक मास का कड़ा कारावास और 20 रुपये का अर्थ दंड दिया गया।

गया प्रसाद : 'नमक सत्याग्रह' के दौरान लखनऊ में इनको गिरफ्तार किया गया। 1941 में 'व्यक्तिगत सत्याग्रह' में इनको नौ मास का कारावास तथा 35 रुपये का अर्थ दंड दिया गया था। दरभंगा में रेल की पटरी उखाड़ते समय पुलिस की गोली इनके पैर में लगी थी। आजादी के बाद के भारत में इनकी स्थिति बहुत दुखपूर्ण रही।

गया प्रसाद आजाद : गया प्रसाद ने अपनी कवित्व प्रतिभा का प्रयोग अंग्रेजों के विरुद्ध रची कविताओं के द्वारा जनजागरण में किया। 'आजादी का बिगुल' और 'स्वराज्य

भजन संग्रह' उनके दो संग्रह हैं। 'आजादी का बिगुल' रचने के अपराध में इनको नौ माह का कठोर कारावास और 25 रुपये का जुर्माना लगाया गया। 'भारत छोड़ो आंदोलन' के दौरान इनको नजरबंद कर दिया गया। इन्होंने गांधी आश्रम खोला था, जहाँ सौ के करीब लड़के-लड़कियाँ चरखे से सूत कातना सीखते थे। अंग्रेजों ने इनके आश्रम का सामान जलवा दिया था।

गल्हू सिंह : वजीरगंज डाकखाना लूटने के अपराध में इनके ऊपर मुकदमा चलाया गया और इनको दो महीने की जेल हुई।

गुरु प्रसाद : सन् 1942 'भारत छोड़ो आंदोलन' में इनको छह महीने की कैद के साथ 100 रुपये जुर्माने की सजा दी गई।

गोपीनाथ तिवारी : सन् 1941 'व्यक्तिगत सत्याग्रह आंदोलन' में आप तरबगंज के जमथा गाँव से गिरफ्तार किए गए और नौ महीने की जेल तथा 5 रुपये का अर्थ दंड पाया।

गौरी शंकर : इनको 'श्रीराम' के नाम से भी जाना जाता है। 'सविनय अवज्ञा आंदोलन' में सन् 1932 में इनको छह माह का कठोर कारावास तथा 20 रुपये जुर्माने की सजा तथा 1941 में 'व्यक्तिगत सत्याग्रह आंदोलन' में नौ माह का कठोर कारावास तथा 25 रुपये जुर्माने की सजा मिली थी। 15 सितंबर, 1979 को आपकी मृत्यु हुई। मुख्यमंत्री द्वारा प्रदत्त ताम्रपत्र अत्यधिक निर्धनता की स्थिति में आपके पुत्र द्वारा 15 रुपये में बेच दिया गया।

चंद्रभान शरण सिंह : 'व्यक्तिगत सत्याग्रह आंदोलन' में इनको सन् 1941 में एक वर्ष के कठोर कारावास के साथ 200 रुपये जुर्माने तथा 'भारत छोड़ो आंदोलन' में छह साल की नजरबंदी की सजा मिली। कारागार में इकलौते बारह वर्षीय पुत्र मजबूत सिंह की मृत्यु का समाचार पाकर भी ये माफीनामा भरकर घर जाने को तैयार नहीं हुए। 1954 में क्षय रोग से आपकी मृत्यु हुई।

चंद्रिका सिंह : नेता जी सुभाषचंद्र बोस के नेतृत्व में इन्होंने आजादी की लड़ाई लड़ी थी। बंदी होने पर अपने पाँच सौ साथियों सहित इन्हें मृत्युदंड की सजा दी गई, परंतु जवाहरलाल नेहरू व महात्मा गांधी के प्रयासों से सब मुक्त कर दिए गए।

जगपाल सिंह : सन् 1942 में 'भारत छोड़ो आंदोलन' में इनको एक वर्ष के लिए नजरबंद किया गया था।

जगमोहन : इनके पिता मालेदीन थे। 'भारत छोड़ो आंदोलन' में सन् 1942 में आपको 50 रुपये जुर्माने के साथ तीन महीने की जेल हुई।

जगमोहन : रामाधीन के पुत्र जगमोहन को 'व्यक्तिगत सत्याग्रह' में सन् 1941 में 50 रुपये के अर्थ दंड के साथ अदालत समाप्त होने तक कैद की सजा दी गई।

ठाकुर प्रसाद : इनको 'व्यक्तिगत सत्याग्रह' में सन् 1941 में छह महीने के कारावास के साथ 100 रुपये जुर्माने की सजा दी गई।

तित्तिर सिंह : सूचना विभाग द्वारा प्रकाशित और ठाकुर प्रसाद सिंह द्वारा संपादित 'स्वतंत्रता संग्राम सैनिक' पुस्तक के अनुसार इनको सन् 1941 में 'व्यक्तिगत सत्याग्रह आंदोलन' में एक महीने की जेल के साथ 5 रुपये जुर्माने की सजा मिली थी, जबकि पति की पेंशन प्राप्त कर रही शांति देवी का कहना है कि उनके पति को नौ मास का कारावास हुआ था। पति की मृत्यूपरांत उनका जीवनाधार मात्र पेंशन है।[2]

दशरथ सिंह : 3 फरवरी, 1941 को 'व्यक्तिगत सत्याग्रह आंदोलन' में भाग लेने पर इनको इनके गाँव सेहरिया से गिरफ्तार कर नौ माह की जेल तथा 15 रुपये जुर्माने की सजा दी गई। इन्होंने बेगारी प्रथा के विरुद्ध भी मुहिम चलाई। 'भारत छोड़ो आंदोलन' में आपको सन् 1942 में तीन माह की जेल हुई। 6 जून, 1987 को आपका निधन हो गया।

देवी प्रसाद पांडेय : सन् 1941 में ब्रिटिश विरोधी भाषण देने पर इनको छह माह का कठोर कारावास तथा 100 रुपये जुर्माने की सजा दी गई।

नंद लाल : 'व्यक्तिगत सत्याग्रह आंदोलन' में आपको वर्ष 1941 में एक वर्ष का कठोर कारावास दिया गया।

नानक प्रसाद वर्मा : सन् 1921 के 'असहयोग आंदोलन' में इनको एक वर्ष का कारावास हुआ।

बद्री प्रसाद : 18 अगस्त, 1942 को वजीरगंज डाकखाना लूटने की कोशिश में इनको जेल हुई। छूटने के एक सप्ताह बाद ही 'भारत सुरक्षा नियम' में पुनः इनको कारावास हुआ।

बदली सिंह : सन् 1928 में आपने 'साइमन कमीशन' का विरोध किया। सन् 1930 में 'नमक सत्याग्रह आंदोलन' में तीन महीने की जेल के साथ 200 रुपये के जुर्माने की सजा पाई। सन् 1932 में 'सविनय अवज्ञा आंदोलन' में 50 रुपये अर्थ दंड के साथ छह महीने की कड़ी जेल की सजा मिली। 1941 में 'व्यक्तिगत सत्याग्रह आंदोलन' में नौ महीने की जेल तथा 5 रुपये अर्थ दंड मिला।

बाबू राम तिवारी : सन् 1928 में आपने 'साइमन कमीशन' का विरोध किया। 1941 में 'व्यक्तिगत सत्याग्रह आंदोलन' किया। दंडस्वरूप, छह मास का कारावास तथा 25 रुपये जुर्माने की सजा मिली।

बाले राम आर्य : 18 अगस्त, 1942 को डाकखाना लूटने के प्रयास में आपको गिरफ्तार किया गया और दो माह की जेल दी गई। 1982 में 76 वर्ष की आयु में आपका निधन हुआ।

बिहारी : 'व्यक्तिगत सत्याग्रह आंदोलन' में इनको सन् 1941 में नौ माह का कारावास तथा 30 रुपये जुर्माने की सजा दी गई।

बुधराज पांडेय : 'व्यक्तिगत सत्याग्रह आंदोलन' में सन् 1941 में छह माह की कैद और 30 रुपये जुर्माने की सजा मिली।

बृजनंदन ब्रह्मचारी : सन् 1921 में 'असहयोग आंदोलन' में कारावास मिला। सन् 1930 में 'नमक सत्याग्रह' के दौरान इनको छह मास की जेल के साथ 100 रुपये का अर्थ दंड मिला। 4 दिसंबर, 1982 को आपका देहांत हुआ।

भगौती प्रसाद : जिला कारागार रिपोर्ट के अनुसार, सिक्योरिटी प्रिजनर्स के रूप में धारा 129 डी.आई.आर. में इनको दो माह की जेल हुई। इन्हें सरकार द्वारा पेंशन नहीं प्राप्त होती।

भगौती प्रसाद पांडेय : 'व्यक्तिगत सत्याग्रह आंदोलन' में पुलिस ने इनको पकड़ा, परंतु कारागार में न डालकर टिकरी के घने जंगल में छोड़ दिया। सन् 1942 के 'भारत छोड़ो आंदोलन' में इनको दो माह का कठोर कारावास मिला। पुलिस इनको गिरफ्तार न कर पाती, पर इनकी विधवा माँ और चाचा को पकड़कर उन्हें पीड़ित किए जाने के कारण इन्होंने न्यायालय में स्वयं समर्पण कर दिया।

भभूती : 'व्यक्तिगत सत्याग्रह आंदोलन' में इनको सन् 1941 में छह महीने की जेल के साथ 20 रुपये का अर्थ दंड लगा।

भानु प्रताप तिवारी : 4 मई, 1932 को लखनऊ के झंडेवाला पार्क में तिरंगा फहराने के दंड में इनको छह मास का कठोर कारावास मिला। कलकत्ता कांग्रेस अधिवेशन में गमन प्रतिबंधित होने पर भी ये गए। वहाँ गिरफ्तार करके 12 दिन के लिए नजरबंद कर दिए गए। मार्च, 1941 में 'व्यक्तिगत सत्याग्रह आंदोलन' में 40 रुपये के जुर्माने के साथ इनको तीन माह की जेल हुई। जुर्माना अदा न करने पर जेल की अवधि तीन माह के लिए बढ़ा दी गई। 'व्यक्तिगत सत्याग्रह आंदोलन' में 7 सितंबर, 1941 की इनको पुनः तीन माह का कारावास मिला। सन् 1942 में 'भारत छोड़ो आंदोलन' में तीन माह की सख्त जेल मिली। 15 जून, 1981 को आपका देहांत हो गया।

महादेव मिश्र : 7 अप्रैल, 1941 को 'व्यक्तिगत सत्याग्रह आंदोलन' में इनको नौ माह की जेल और 25 रुपये जुर्माने का दंड दिया गया।

रखेले : 'भारत छोड़ो आंदोलन' में 1942 में इनको दो माह की जेल हुई। प्रदेश के मुख्यमंत्री द्वारा इनको ताम्रपत्र भेंट किया गया है।

रघुराज सिंह : 'व्यक्तिगत सत्याग्रह आंदोलन' में इनको 1941 में नौ महीने की कैद और 5 रुपये का अर्थ दंड दिया गया। अपने क्षेत्र के युवकों को संगठित कर प्रत्येक दिन तिरंगा फहराना और देशप्रेम के गीत गाना आपकी नियमित दिनचर्या थी।

रमाकांत शुक्ल : आप अपने मुहल्ले के युवकों को उस समय का सरकार विरोधी और राष्ट्रभक्ति से पूर्ण प्रतिबंधित साहित्य उपलब्ध कराते थे। अपने पड़ोसी और अंग्रेज समर्थक जमींदार शिवशंकर सिंह के दरवाजे पर 'व्यक्तिगत सत्याग्रह आंदोलन' के अपराध में 1941 में इनको छह माह की जेल के साथ 100 रुपये जुर्माने की सजा मिली थी। जेल से छूटने पर कुछ दिनों बाद मात्र 56 वर्ष की आयु में आपका देहांत हो गया।

राजाराम सिंह : सन् 1942 में 'भारत छोड़ो आंदोलन' के अंतर्गत इन्होंने अपने पाँच सौ साथियों सहित डाकखाने पर कब्जा, तार काटने और पुलिस को कैद करने की योजना बनाई थी, पर एक मुखबिर की सूचना पर ये पकड़े गए। इनको दो माह की जेल हुई।

राम खेलावन सिंह : देश सेवा के निमित्त इन्होंने अविवाहित रहने का संकल्प किया। 'व्यक्तिगत सत्याग्रह आंदोलन' में आपको दो माह की जेल हुई। मित्रों के साथ गाँव में तिरंगा फहराना और राष्ट्रीय भावना के गीत गाना आपका रोज का काम था।

रामनरेश तिवारी : 18 अगस्त, 1942 को 'भारत छोड़ो आंदोलन' में लाहौर में इनको गिरफ्तार किया गया और एक वर्ष के कठोर कारावास के साथ 100 रुपये के जुर्माने की सजा मिली। जुर्माना न देने पर कारावास की अवधि तीन माह के लिए और बढ़ा दी गई।

राम पियारे : 18 अप्रैल, 1942 को आपने साथियों सहित डाकखाना लूटने की योजना बनाई। योजना तो फलीभूत न हो सकी, लेकिन आपको दो माह का कठोर कारावास मिल गया। 86 वर्ष की वय में सन् 1988 में आपने परलोक गमन किया।

राम प्यारी : आपका संबंध एक अत्यंत निर्धन यादव परिवार से था। 'सविनय अवज्ञा आंदोलन' में इनको आठ मास का कड़ा कारावास दंड मिला।

रामफल : 'व्यक्तिगत सत्याग्रह आंदोलन' में इनको सन् 1941 में नौ महीने की कैद तथा 30 रुपये जुर्माने की सजा मिली।

रामफेर मिश्र : 'व्यक्तिगत सत्याग्रह आंदोलन' में इनको सन् 1941 में 60 रुपये अर्थ दंड के साथ नौ माह की जेल हुई।

राम मिलन शुक्ल : 'व्यक्तिगत सत्याग्रह आंदोलन' में इनको सन् 1941 में छह महीने की जेल और 35 रुपये जुर्माने की सजा मिली। 22 अगस्त, 1992 को आपका निधन हो गया।

राम सुंदर : 'भारत छोड़ो आंदोलन' में 1944 में इनको 100 रुपये के अर्थ दंड के साथ तीन माह का कठोर कारावास दिया गया। सन् 1979 में आपकी मृत्यु हुई।

रामेश्वर : 'सविनय अवज्ञा आंदोलन' में आपको सन् 1932 में छह महीने की जेल और 30 रुपये जुर्माने की सजा हुई।

शंभु : 'व्यक्तिगत सत्याग्रह आंदोलन' में आपको सन् 1941 में छह मास का कारावास तथा 100 रुपये जुर्माने की सजा मिली।

शीतल देव : 'नमक सत्याग्रह' में भाग लेने पर आपको सन् 1930 में छह माह की जेल हुई। 'व्यक्तिगत सत्याग्रह आंदोलन' 1941 में एक महीने की जेल तथा 5 रुपये जुर्माने की सजा मिली। इसके पूर्व सन् 1933 में भी आपको छह माह की जेल और 20 रुपये का अर्थ दंड दिया गया था। आपकी पत्नी गंगा देवी भी सन् 1932 में 'सविनय अवज्ञा आंदोलन' में चार माह के लिए जेल गईं।

श्याम लाल सिंह : इनका जीवन बड़ा क्रांतिपूर्ण रहा। 1938 में 'गया आर्मरी' लूट की योजना के संबंध में अपनी गिरफ्तारी से पूर्व ही ये फरार हो गए। सन् 1939 में अपने क्रांतिकारी साथियों के साथ इन्होंने बनारस का लंका पोस्ट ऑफिस लूटा। इनकी गिरफ्तारी हुई, पर ये खिड़की काटकर फरार हो गए। भूमिगत रहते हुए इन्होंने गवर्नर की स्पेशल ट्रेन उड़ाने की योजना बनाई, पर असफल रहे। मार्च, 1941 में ट्रेन डकैती को अंजाम दिया। क्रांतिकारियों की बैठक में भाग लेने के लिए आते समय पुलिस ने इनको गिरफ्तार कर लिया। 1942 में शस्त्र अधिनियम के अंतर्गत इनको जेल भेज दिया गया। जेल में फरारी, अवैध शस्त्र तथा ट्रेन डकैती के अपराध में इनको लंबी अवधि की जेल, जुर्माना तथा 30 बेतों की सजा मिली। दिसंबर, 1942 में जेल स्थानांतरण के समय इन्होंने भागने का प्रयास किया, पर असफल रहे। हरदोई स्टेशन पर एस.पी. के ऊपर प्रहार किया। जेल हुई। वहाँ से भी भागने का प्रयास किया। पकड़े जाने पर निर्मम पिटाई हुई। सवा साल की जेल की सजा मिली।

श्रीराम : अपने भाई सालिक राम के साथ इन्होंने वजीरगंज डाकखाना लूटने का प्रयास किया। 129 डी.आई.आर. के अंतर्गत इनको दो माह की जेल हुई। 1987 में इनका देहावसान हुआ।

राम बहादुर सिंह : 'भारत छोड़ो आंदोलन' में आपको सन् 1943 में दो महीने की कड़ी सजा और 50 रुपये जुर्माने की सजा मिली।

सरजू सिंह : 'व्यक्तिगत सत्याग्रह आंदोलन' में सन् 1941 में इनको छह महीने की जेल तथा 45 रुपये जुर्माने की सजा मिली।

सालिक राम : सन् 1942 में अपने भाई श्रीराम के साथ इन्होंने वजीरगंज डाकघर लूटने का प्रयास किया। इस अपराध में इनको 15 दिन की जेल हुई।

सुख नंदन सिंह : तरबगंज के गाँव दत्त नगर के निवासी सुख नंदन ने लाहौर में रहते हुए कांग्रेस के आंदोलन में भाग लेकर एकाधिक बार जेल यात्रा की।

इनके अतिरिक्त तरबगंज तहसील के स्वतंत्रता संग्राम सेनानियों में सुंदर लाल आर्य, सूरज नारायण शुक्ल और सूरत सिंह भी उल्लेखनीय नाम हैं।

मनकापुर तहसील के स्वतंत्रता संग्राम सेनानी

मनकापुर तहसील सन् 1920 से लेकर सन् 1947 तक की अवधि में भारत के स्वतंत्रता संग्राम के विविध चरणों की भागीदार और साक्षी रही है। भारत के स्वतंत्रता समर में अपनी सहभागिता देनेवाले वीर सपूतों का विवरण इस प्रकार है—

अमृत नाथ मिश्र : स्वाधीनता आंदोलन से जुड़े परिवार से संबंधित होने के कारण अमृत नाथ मिश्र ने गोंडा जेल में दो महीने का कारावास पाया। ये सदैव क्रांतिकारियों को संरक्षण देते थे।

अयोध्या : ये मनकापुर के गाँव चुवाड़े के निवासी थे। 'भारत छोड़ो आंदोलन' में आपको छह महीने का कारावास मिला। जेल में इनको बहुत यातनाएँ दी गईं।

आद्याशंकर सिंह : नमक सत्याग्रह आंदोलन में इनको सन् 1930 में लखनऊ से गिरफ्तार किया गया और छह महीने के लिए कारावास में डाला गया।

उमराव सिंह : इनके पिता कालीदीन सिंह खजुरी गाँव के प्रसिद्ध स्वतंत्रता सेनानी थे। सन् 1922 में आपको 'असहयोग आंदोलन' में भाग लेने के कारण एक वर्ष का कठोर कारावास मिला। सन् 1942 में 'भारत छोड़ो आंदोलन' में भारतीय सुरक्षा अधिनियम के अंतर्गत दो माह की जेल हुई। आपका देहावसान हो चुका है।

उमाशंकर गुप्त : 'स्वदेशी आंदोलन' में सन् 1930 में विदेशी वस्त्रों का बहिष्कार करने में इनको दो माह की जेल हुई। सन् 1932 में भारतीय दंड विधान धारा 188 में तीन माह का कारावास दंड मिला। सन् 1941 में 'भारतीय सुरक्षा कानून' के अंतर्गत ग्यारह माह की जेल हुई। सन् 1942 में 'भारत छोड़ो आंदोलन' में इनको पुनः ग्यारह मास का कारावास हुआ। गिरफ्तारी के समय पुलिस की यातनापूर्ण पिटाई भी सहन करनी पड़ी।

कन्हैया लाल : 'व्यक्तिगत सत्याग्रह आंदोलन' में इनको सन् 1941 में नौ महीने के कारावास के साथ 60 रुपये के जुर्माने से दंडित किया गया।

कमला प्रसाद शुक्ल : सन् 1930-31 में आपने 'नमक सत्याग्रह' में भाग लिया था। सन् 1937 में 'सविनय अवज्ञा आंदोलन' में आपको दस माह का कारावास हुआ। सन् 1941 में 'व्यक्तिगत सत्याग्रह आंदोलन' में तीन माह की जेल हुई। सन् 1960 में आपका देहावसान हो गया।

किशोरी लाल : 'व्यक्तिगत सत्याग्रह आंदोलन' में आपको सन् 1941 में छह महीने की जेल तथा 50 रुपये का अर्थदंड मिला था।

कृष्ण नारायण : 'व्यक्तिगत सत्याग्रह आंदोलन' में इनको सन् 1941 में छह महीने का कारावास तथा 300 रुपये जुर्माने की सजा मिली।

केशरी दत्त सिंह : 'व्यक्तिगत सत्याग्रह आंदोलन' में आपको सन् 1941 में दस माह के कारावास के साथ 25 रुपये का अर्थदंड मिला था।

गंगा प्रसाद : 'व्यक्तिगत सत्याग्रह आंदोलन' में सन् 1941 में आपको दस महीने की जेल के साथ 25 रुपये जुर्माने की सजा मिली थी।

गया प्रसाद पांडेय : 'व्यक्तिगत सत्याग्रह आंदोलन' में आपको 26 फरवरी, 1941 में गिरफ्तार किया गया। 'भारत सुरक्षा कानून' के अंतर्गत आपको 25 रुपये जुर्माने के साथ दस माह का कारावास दंड मिला। जेल में मियादी बुखार होने पर आपकी हालत बहुत गंभीर हो गई, पर आपने मरना मंजूर किया और क्षमा-याचना के द्वारा रिहाई का प्रस्ताव ठुकरा दिया। स्वस्थ होकर आप दस माह के बाद जेल से छूटे, पर 1942 में 'भारत छोड़ो आंदोलन' में पुनः गिरफ्तार हो गए। छपिया के थानेदार जमीरुल रहमान ने इनकी मर्मांतक पिटाई की। सार्वजनिक रूप से इनको अपमानित किया। इनकी वृद्धा माँ को भी मारा। इनके सामान में आग लगवा दी। गुंडा एक्ट में चालान करके इनको गोंडा जेल भेज दिया। वहाँ गोंडा के स्वतंत्रता संग्राम सेनानी ईश्वर शरण ने प्रयास करके इनको राजनीतिक कैदी का दर्जा दिलवाया। चार माह बाद आप जेल से छूटे।

गोकुल प्रसाद : 'व्यक्तिगत सत्याग्रह आंदोलन' में आपको सन् 1941 में 5 महीने की जेल तथा 25 रुपये के जुर्माने का दंड मिला था।

चंद्र नारायण : 'व्यक्तिगत सत्याग्रह आंदोलन' में आपको दस महीने के कारावास के साथ 25 रुपये का अर्थदंड मिला था। कारावास की दंड अवधि आपने गोंडा तथा चुनारगढ़ जेल में बिताई।

चंद्रपाल सिंह : 'व्यक्तिगत सत्याग्रह आंदोलन' में आपको सन् 1941 में 300 रुपये जुर्माने के साथ छह महीने का कारावास दंड मिला।

छेदी : 'सविनय अवज्ञा आंदोलन' में आपको सन् 1930 में तीन महीने की जेल तथा 50 रुपये जुर्माने की सजा मिली।

छेदी लाल : 'व्यक्तिगत सत्याग्रह आंदोलन' में इनको सन् 1941 में दस महीने की कैद तथा 10 रुपये जुर्माने की सजा दी गई थी।

जय मंगल शर्मा : सन् 1942 में 'भारत छोड़ो आंदोलन' में भाग लेने के कारण आपको तीन महीने तक नजरबंद रखा गया।

ठाकुर प्रसाद : 'भारत छोड़ो आंदोलन' में सन् 1942 में आपको छह माह की जेल और 100 रुपये का जुर्माना हुआ था।

त्रिलोक चंद्र ब्रह्मचारी : आप 'नेपाली बाबा' कहे जाते थे। एक संन्यासी के रूप में आपने आजादी की लड़ाई में भाग लिया था। 'व्यक्तिगत सत्याग्रह आंदोलन' में दस माह की कैद और 10 रुपये जुर्माने की सजा मिली थी। सन् 1942 में 'भारत छोड़ो आंदोलन' में आपको 'भारत सुरक्षा अधिनियम' के अंतर्गत छह माह तक नजरबंद रखा गया।

दान बहादुर लाल : 'व्यक्तिगत सत्याग्रह आंदोलन' में आपको सन् 1941 में छह महीने की कैद के साथ 50 रुपये जुर्माने की सजा हुई थी।

दान बहादुर सिंह : 'भारत छोड़ो आंदोलन' में आपको सन् 1943 में छह माह की जेल तथा 25 रुपये जुर्माने की सजा मिली थी।

दुखी : 'भारत छोड़ो आंदोलन' में भाग लेने के कारण आपको सन् 1942 में छह मास की जेल तथा 100 रुपये का अर्थदंड मिला था।

द्वारिका प्रसाद : 'व्यक्तिगत सत्याग्रह आंदोलन' में सन् 1941 में आपको दस महीने की जेल हुई और 10 रुपये का अर्थदंड लगा।

द्वारिका सिंह : नमक कानून तोड़ने के अपराध में आपको जेल हुई। कारावास के दौरान अंग्रेज जेल अधिकारी को इन्होंने कड़ी बातें कह दीं। बदला लेने की भावना से उसने डॉक्टर के द्वारा इनको दवा के स्थान पर कुछ ऐसी चीज़ दिलवा दी कि कुछ ही घंटों में इनकी मृत्यु हो गई। सतर्कता बरतते हुए पुलिस न तो शव का पोस्टमार्टम होने दिया और न शव को इनके गाँव खजुरी ले जाने की ही अनुमति दी। जेल के पीछे ही इनका अंतिम संस्कार कर दिया गया।

परदेशी : सन् 1941 में आपको 'व्यक्तिगत सत्याग्रह आंदोलन' में छह मास की जेल तथा 100 रुपये के जुर्माने की सजा मिली।

प्रभु दयाल : 'व्यक्तिगत सत्याग्रह आंदोलन' में सन् 1941 में आपको नौ माह की कैद के साथ 50 रुपये का अर्थ दंड भी लगा।

बब्बन सिंह : 'असहयोग आंदोलन' में आपको छह माह का कारावास हुआ और 100 रुपये का जुर्माना भी लगा। सन् 1941 में यूनियन जैक उतारकर तिरंगा फहराने के प्रयास में आपको गिरफ्तार किया गया तथा दस महीने की जेल के साथ 200 रुपये का अर्थ दंड दिया गया। ब्रिटिश हुकूमत के नजर में बब्बन सिंह एक खतरनाक आदमी थे। 1942 में 'भारत छोड़ो आंदोलन' में आपको सवा साल तक नजरबंद रखा गया। अब आपका देहावसान हो चुका है।

बलदेव सिंह : मई, 1930 में नमक सत्याग्रह में आपको जेल हुई। 1930 जून में धारा 144 तोड़ने के आरोप में छह माह का कारावास दंड दिया गया। 1932 में कलकत्ता कांग्रेस अधिवेशन में इन्हें कलकत्ता से गिरफ्तार कर एक सप्ताह जेल में रखा गया। सन् 1941 में भारत रक्षा कानून के अंतर्गत छह महीने के कठोर कारावास के साथ 150 रुपये का जुर्माना भी लगाया गया। 'भारत छोड़ो आंदोलन' में सन् 1942 में इनको लगभग पौने दो साल नजरबंद रखा गया।

बहादुर : 'व्यक्तिगत सत्याग्रह आंदोलन' में सन् 1941 में आपको नौ महीने की जेल तथा 20 रुपये के जुर्माने की सजा दी गई।

बिंदेश्वरी : 'नमक सत्याग्रह आंदोलन' में आपको सन् 1930 में छह माह का कठोर कारावास दिया गया।

बृजमोहन सिंह : आपने सन् 1922 से ही राष्ट्रीय आंदोलनों में आगे रहकर मनकापुर क्षेत्र वालों के समक्ष प्रेरक उदाहरण प्रस्तुत किए। सरकार विरोधी सक्रियता के कारण इनको कैद करने के प्रयास में जिलाधिकारी के आदेश पर इनका घर ध्वस्त कर दिया गया। परगना अधिकारी के आश्वासन पर इन्होंने अपने भाई बब्बन सिंह के साथ गिरफ्तारी दी। 'भारतीय सुरक्षा अधिनियम' के अंतर्गत आपको 58 दिन की जेल हुई। कारावास अवधि दो महीने में दो दिन कम होने के कारण स्वतंत्रता के पश्चात आप सेनानी पेंशन के लिए अधिकृत न हो सके। अब आपका निधन हो चुका है।

भगवती प्रसाद : 'व्यक्तिगत सत्याग्रह आंदोलन' में आपको सन् 1941 में पाँच माह का कारावास दंड दिया गया।

भुवनेश्वरी प्रसाद : 'व्यक्तिगत सत्याग्रह आंदोलन' में सन् 1941 में आपको नौ माह की कैद के साथ 70 रुपये के जुर्माने से दंडित किया गया।

मंगल सिंह यादव : आप नेताजी सुभाषचंद्र बोस के आह्वान पर 'आजाद हिंद फौज' में सम्मिलित हुए थे।

मथुरा सिंह : भभूति सिंह के पुत्र मथुरा सिंह सन् 1921 से ही राष्ट्रीय आंदोलनों में सक्रिय रहे। सन् 1930 में आपको नौ महीने की जेल और 200 रुपये का अर्थ दंड लगा। सन् 1941 में 'व्यक्तिगत सत्याग्रह आंदोलन' में दस माह की कड़ी कैद के साथ 10 रुपये जुर्माने की सजा मिली। सन् 1942 में 'भारत छोड़ो आंदोलन' में आपको तीन महीने के लिए नजरबंद किया गया। अब आपका देहांत हो चुका है।

मथुरा सिंह : उदित सिंह के पुत्र मथुरा सिंह को 'भारत छोड़ो आंदोलन' में दो महीने के लिए नजरबंद किया गया। अब आपका देहावसान हो चुका है।

मस्तराम : सन् 1922 से ही राष्ट्रीय आंदोलन में आपकी सक्रियता शुरू हो गई थी। सन् 1930 में 'नमक सत्याग्रह' में आपको छह माह की कैद के साथ 25 रुपये जुर्माने की सजा दी गई।

महादेव सिंह : ब्रज बहादुर सिंह के पुत्र महादेव सिंह को 'व्यक्तिगत सत्याग्रह आंदोलन' में सन् 1941 में तीन माह और चौदह दिन के लिए कारावास दंड मिला। रिहा होने पर तोड़-फोड़ के अपराध में संलिप्तता के जुर्म में इनको पुन: चार वर्ष का कारावास दिया गया।

महादेव सिंह : दृगविजय सिंह के पुत्र महादेव सिंह सन् 1922 से ही स्वतंत्रता संग्राम में सक्रियता निभाते रहे। सन् 1930 में 'नमक सत्याग्रह आंदोलन' में आपको छह महीने की जेल तथा 200 रुपये के जुर्माने की सजा मिली। सन् 1933 में अंग्रेज सरकार ने कांग्रेस को अवैध घोषित कर दिया था। आप कांग्रेस अधिवेशन में भाग लेने के लिए कलकत्ता गए परंतु पुलिस द्वारा पकड़े गए। निर्मम पिटाई के अलावा आपको वहाँ की जेल में भी दस दिन के लिए रखा गया। सन् 1942 में 'भारत छोड़ो आंदोलन' में आपको एक वर्ष के लिए नजरबंद किया गया। अब आपका देहांत हो चुका है।

महेश राम : 'सविनय अवज्ञा आंदोलन' में आपको सन् 1932 में तीन माह की जेल के साथ 50 रुपये जुर्माने की सजा दी गई।

रघुपति शर्मा : स्वतंत्रता आंदोलन में आपको सन् 1941 और 1943 में कारावास दिया गया। अपने साक्षात्कार में रघुपति शर्मा ने स्वतंत्रता संग्राम के संघर्षों का खुलासा करते हुए बताया कि इस राह पर चलने में अपने परिवारवालों का भी सहयोग नहीं मिल पाया। कारावास के दौरान इलाज के अभाव में इकलौता पुत्र चल बसा। पुलिस इनकी खोज में गाँव तक पहुँचती थी। गाँववालों से पूछताछ करती थी। अत: वे भी इनसे उकताए रहते थे। जेल की यातनाएँ तो अपनी जगह थीं ही।

राघवेंद्र प्रताप सिंह : 17 अक्टूबर, सन् 1910 को राघवेंद्र प्रताप सिंह का मनकापुर के राजा रघुराज प्रताप सिंह के यहाँ जन्म हुआ। शिक्षा के लिए आप विलायत गए। वहाँ आप एम.एम. राव तथा कुँवर ब्रजेश सिंह जैसे क्रांतिकारियों के सम्पर्क मैं आए। उनसे प्रभावित होकर रघुराज प्रताप सिंह ने स्वयं भी राष्ट्रीय आंदोलन से जुड़ने का मन बना लिया। अत: स्वदेश वापसी पर साबरमती आश्रम गए और गांधी जी को अपना मंतव्य बताया। इस पर गांधी जी ने माता-पिता की अनुमति की बात कही। इसे असंभव जान कर रघुराज प्रताप सिंह उस समय तो चुप हो बैठे, परंतु पुन: अहमदाबाद जा पहुँचे। गांधी जी दांडी मात्रा पर जा चुके थे परंतु बा को निर्देश दे गए थे कि "यदि राघवेंद्र प्रताप सिंह आएँ तो उन्हें सरोजनी नायडू वाले जत्थे में शामिल कर लेना।" नमक कानून तोड़ने के अपराध में आपको गिरफ्तार कर लखनऊ जेल में डाल दिया गया। यह सूचना पाकर इनके पिता बहुत दुखी हुए। किसी प्रकार इनको जेल से मुक्त करवाया। मनकापुर आकर राघवेंद्र प्रताप सिंह ने आंदोलनकारियों का एक दल गठित किया!

25 जून, 1930 को लखनऊ में सत्याग्रह हुआ। वहाँ लगी दफा 144 तोड़ने के दंडस्वरूप इनको डेढ़ वर्ष का कारावास दंड दिया गया। लंदन में गोलमेज कॉन्फ्रेंस के बाद सत्याग्रह वापस ले लिया गया। गांधी जी की स्वदेश वापसी पर राघवेंद्र प्रताप सिंह उनके साथ साबरमती आश्रम में रहे।

बंबई में गांधी जी की गिरफ्तारी के बाद आप मनकापुर लौट आए। सार्वजनिक सुरक्षा के विचार से जारी प्रांतीय इमरजेंसी अध्यादेश के अनुसार राघवेंद्र प्रताप सिंह को मनकापुर में ही रहने का आदेश हुआ। आदेश की अवहेलना के जुर्म में 18 जनवरी, सन् 1932 को आपको छह मास का कारावास दंड दिया गया।

गांधी जी के साथ आश्रम में रहते हुए आपको पिता के अस्वस्थ होने की सूचना मिली। गांधी जी ने पिता की सेवा के लिए उनको मनकापुर भेज दिया। पिता का देहावसान हो गया। गांधी जी ने राघवेंद्र प्रताप सिंह को मनकापुर में रहकर माता की सेवा करने और हरिजन उद्धार कार्यक्रम चलाने का आदेश दिया। गांधी जी के आदेश को आपने शिरोधार्य किया।

सन् 1940 में व्यक्तिगत सत्याग्रह आंदोलन में आपको पुन: जेल हुई। कारावास अवधि पूर्ण हो जाने पर भी आपको 'आतंकवादी' घोषित करते हुए मुक्त नहीं किया गया। वस्तुत: उसके पीछे कुछ लोगों की दुरभि-संधि थी। परिजनों के प्रयास के बाद आपको कारागार से तो मुक्त कर दिया गया, परंतु मनकापुर से बाहर जाने पर पाबंदी लगा दी गई। स्वाभिमानी प्रकृति के राघवेंद्र प्रताप सिंह को यह स्थिति अपमानजनक

लगी। वे लखनऊ के गुप्तचर विभाग के उच्चाधिकारियों से मिले उनको वस्तुस्थिति से अवगत कराया। सत्य से अवगत होने पर उनके ऊपर लगी पाबंदी हटा दी गई।

राघवेंद्र प्रताप सिंह के बड़े भाई और मनकापुर के तत्कालीन राजा अंबिकेश्वर प्रताप सिंह के गंभीर रूप से बीमार पड़ने पर गांधी जी ने राविना प्रताप सिंह को आंदोलन में भाग लेने की मनाही करते हुए भाई को सेवा का आदेश दिया। 5 जुलाई, 1943 को अग्रज की मृत्यूपरांत राघवेंद्र प्रताप सिंह को मनकापुर रियासत का भार सौंप दिया गया। आप अपने दायित्व का निर्वहन करते हुए जीवन-पर्यंत राजनीति और जनसेवा में सक्रिय रहे।

राघवेंद्र प्रताप सिंह को गांधी जी और कस्तूरबा का बहुत स्नेह और विश्वास प्राप्त था। ये गांधी जी के 'पर्सकीपर' थे। आप गांधी जी के पुत्र देवदास गांधी के विवाह में भी शामिल हुए थे। आश्रम प्रवास के दौरान आपकी पंडित नेहरू और डॉक्टर राजेंद्र प्रसाद के साथ बहुत घनिष्ठता स्थापित हो गई थी।

राघवेंद्र प्रताप सिंह गांधी जी की भाँति सात्त्विक मनोवृति के व्यक्ति थे। उन्होंने आजीवन मांस और मदिरा का स्पर्श भी नहीं किया। विदेश में प्रवास के दौरान भी उनका जीवन सात्त्विक ही रहा।

मनकापुर के राजा के रूप में उनकी कार्यक्षमता, सादगी, निर्भीकता, सूझबूझ और प्रबंध कौशल प्रशंसनीय रहा। परिणामत: मनकापुर जैसी छोटी रियासत ने राजनीति के समानांतर कृषि और उद्योग क्षेत्र में भी अपना नाम ऊँचा किया।

सन् 1964 में राघवेंद्र प्रताप सिंह का निधन हो गया। गोंडा के पूर्व सांसद कुँवर आनंद सिंह आपके पुत्र और वर्तमान सांसद कीर्तिवर्धन सिंह आपके प्रपौत्र हैं।

राम आसरे : सन् 1940 में 'व्यक्तिगत सत्याग्रह आंदोलन' में आपको चार माह की जेल तथा 10 रुपये जुर्माने की सजा मिली। सन् 1942 में दो माह के लिए नजरबंद किया गया। 'स्वदेशी आंदोलन' तथा 'नमक सत्याग्रह' में भी आपकी भागीदारी रही।

राम उजागर : 'भारत छोड़ो आंदोलन' में आपको सन् 1942 में दो माह की जेल हुई।

राम किशन : 'व्यक्तिगत सत्याग्रह आंदोलन' में सन् 1941 में आपको दस महीने की जेल और एक रुपया जुर्माने की सजा मिली थी।

रामदत्त : 'भारत छोड़ो आंदोलन' में सन् 1943 में आपको एक वर्ष की जेल हुई थी।

रामधनी : 'व्यक्तिगत सत्याग्रह आंदोलन' में आपको नौ महीने की जेल और दस रुपये जुर्माने का दंड मिला था।

राम नारायण तिवारी : 'व्यक्तिगत सत्याग्रह आंदोलन' में आपने सन् 1941 में दस माह जेल की सजा काटी। सन् 1942 में 'भारत छोड़ो आंदोलन' में आप पाँच माह तक पुनः जेल में रहे।

राम नारायण सिंह : 'व्यक्तिगत सत्याग्रह आंदोलन' में आपको सन् 1941 में दस महीने की कैद के साथ 10 रुपये जुर्माने से दंडित किया गया। अब रामनारायण सिंह का देहावसान हो चुका है।

रामफेर : स्वतंत्रता संग्राम में आपको चार माह की जेल के साथ 20 रुपये का अर्थ दंड भी लगा।

राम बख्श : 'व्यक्तिगत सत्याग्रह आंदोलन' में आपको 25 फरवरी, सन् 1941 से 17 मई, 1941 तक कारावास में रखा गया।

राम बरन : इनका नाम रामदास भी था। 'व्यक्तिगत सत्याग्रह आंदोलन' में आप तीन महीने तक गोंडा जेल के बंदी रहे।

राम राज : 'व्यक्तिगत सत्याग्रह आंदोलन' में आपको सन् 1941 में तीन महीने की जेल तथा 100 रुपया जुर्माने का दंड मिला था।

राम लखन पांडेय : 'व्यक्तिगत सत्याग्रह आंदोलन' में आपको पंद्रह दिन की जेल हुई। सन् 1980 में आपका निधन हुआ।

रामशंकर : रामशंकर के पिता का नाम नेपाल था। सन् 1942 में 'भारत छोड़ो आंदोलन' में आपको दो महीने की जेल हुई थी।

रामशंकर : राम औतार के पुत्र रामशंकर को सन् 1941 में सरकार विरोधी भाषण देने के विरोध में धारा 38/121 के अंतर्गत जेल की सजा दी गई।

राम सुफल पांडेय : 1 अप्रैल, सन् 1941 को 'व्यक्तिगत सत्याग्रह आंदोलन' के संबंध में जनसभा को संबोधित करने के आरोप में पुलिस ने आपको गिरफ्तार कर लिया। धारा 38/1/5 डी.आई.आर. के अंतर्गत आपको छह माह के कठोर कारावास के साथ 50 रुपये जुर्माने का दंड दिया गया। जुर्माना अदा न करने की स्थिति में कारावास अवधि दो माह के लिए और बढ़ा दी गई।

लालता प्रसाद : 'व्यक्तिगत सत्याग्रह आंदोलन' में आपको सन् 1941 में नौ महीने की कैद तथा 30 रुपये जुर्माने की सजा दी गई।

शिवाकांत तिवारी : 15 वर्ष की अल्प वयस से ही आपका झुकाव देश-सेवा की ओर हो गया था। सन् 1941 'व्यक्तिगत सत्याग्रह आंदोलन' में आप अंग्रेज सरकार विरोधी भाषण देते हुए गिरफ्तार कर लिये गए। आपको दस माह के कठोर कारावास के साथ 50

रुपया जुर्माने का दंड मिला। जुर्माना न चुकाने पर कारावास अवधि दो मास और बढ़ाने की सजा थी। सन् 1942 में 'भारत छोड़ो आंदोलन' में आपने भूमिगत होकर पूरे गोंडा जनपद में जन जागरण चलाने का कार्य किया।

शेर बहादुर सिंह : 26 अगस्त, सन् 1920 को 'नमक सत्याग्रह' में भाग लेने के कारण आपको तीन महीने की जेल के साथ 200 रुपये जुर्माने की सजा मिली। जुर्माना अदा न करने पर कारावास की अवधि डेढ़ माह के लिए और बढ़ा दी गई। इसके अतिरिक्त जुर्माना भुगतान न करने के अपराध में इनका घर भी नीलाम कर दिया गया। सन् 1941 में 'व्यक्तिगत सत्याग्रह आंदोलन' में आपको नौ माह के कारावास दंड के साथ 100 रुपया जुर्माने की सजा मिली। जुर्माना न चुकाने पर घर का सामान नीलाम कर दिया गया। सन् 1942 में गोंडा नगर से पुनः आपको पकड़ा गया तथा चार महीने की जेल के साथ 25 रुपये के जुर्माने से दंडित किया गया।

श्रीराम : 'व्यक्तिगत सत्याग्रह आंदोलन' में आपको सन् 1941 में अदालत खत्म होने तक की सजा के साथ 100 रुपये का अर्थ दंड लगाया गया।

श्रीराम वर्मा : 'व्यक्तिगत सत्याग्रह आंदोलन' में आपको कारावास दंड दिया गया।

संत बख्श सिंह : सन् 1930 में 'सविनय अवज्ञा आंदोलन' में भाग लेने के कारण आपको तीन माह के कठोर कारावास के साथ 200 रुपये के जुर्माने की सजा मिली। अब आपका निधन हो चुका है।

सर्जन सिंह : 'व्यक्तिगत सत्याग्रह आंदोलन' में सन् 1941 में आपको छह माह के कारावास के साथ 25 रुपये जुर्माने की सजा दी गई।

सर्वदमन सिंह : 'भारत छोड़ो आंदोलन' में 'भारत सुरक्षा अधिनियम' के अंतर्गत आपको दो महीने के लिए नजरबंद किया गया। आपका निधन हो चुका है।

सुफल : 'व्यक्तिगत सत्याग्रह आंदोलन' में आपको सन् 1941 में नौ माह के कारावास तथा 10 रुपये का अर्थदंड दिया गया।

सूरजबली : 'सविनय अवज्ञा आंदोलन' में सन् 1932 में आपको छह माह की जेल के साथ 50 रुपये का अर्थ दंड दिया गया।

सोमन दास : 'व्यक्तिगत सत्याग्रह आंदोलन' में आपको सन् 1941 में नौ माह के कारावास दंड दिया गया।

करनलगंज तहसील के स्वतंत्रता सेनानी : गोंडा-बहराइच में जिस क्रांति की ज्वाला ने भीषण रूप धारण कर लिया था, उसकी चिनगारी करनलगंज की सकरौरा छावनी से ही फूटी थी, जब 10 जून, 1857 को भारतीय सैनिकों ने तीन अंग्रेज सेनाधिकारियों

का वध करके गोंडा और बहराइच को ब्रिटिश नियंत्रण से मुक्त करा लिया था। 'राष्ट्रीय आंदोलन' तथा 'आजाद हिंद फौज', दोनों में ही करनलगंज की भूमिका उसके स्वदेश प्रेम और बलिदान की द्योतक है। राष्ट्रीय स्वतंत्रता आंदोलन में सक्रिय रहनेवाले करनलगंज के स्वतंत्रता संग्राम सेनानियों का विवरण अधोलिखित है :

अयोध्या सिंह : 'व्यक्तिगत सत्याग्रह आंदोलन' अप्रैल, 1941 में जिलाधिकारी को नोटिस देने के कारण आपको गिरफ्तार किया गया तथा नौ माह के कठोर कारावास के साथ 30 रुपये के जुर्माने से दंडित किया गया।

केशव राम मास्टर : 'सविनय अवज्ञा आंदोलन' में भाग लेने के कारण सन् 1932 में आपको छह महीने का कठोर कारावास और 200 रुपये का अर्थदंड दिया गया तथा सन् 1942 में नजरबंद किया गया।

गिरधारी प्रसाद तिवारी : 'सविनय अवज्ञा आंदोलन' में आपको गोंडा जेल में 17 मई, 1922 से 26 फरवरी, 1923 तक बंद रखा गया। आजादी से पूर्व ही आपका निधन हो गया।

चंद्र भूषण सिंह : 'सविनय अवज्ञा आंदोलन' में भाग लेने के कारण आपको नौ महीने तक गोंडा जेल में रखा गया। देश की स्वतंत्रता के सात वर्ष पूर्व ही आपका देहांत हो गया।

छोटे लाल : 'व्यक्तिगत सत्याग्रह आंदोलन' में आपको सन् 1941 में गिरफ्तार किया गया और अठारह महीने की जेल के साथ 20 रुपये जुर्माने से दंडित किया गया। आप आजीवन अविवाहित रहे। सन् 1964 में आपकी मृत्यु हुई।

जगदीश्वर शरण : 'असहयोग आंदोलन' में आपको सन् 1922 में छह मास का कारावास दंड मिला था।

जगन्नाथ सिंह : कांग्रेस और गांधी जी के समर्थक होने के कारण आपको आंटा रियासत के कुँवर साहब से बहुत प्रताड़ना मिलती थी। उन्होंने इनकी जमीन भी छीन ली थी। 'व्यक्तिगत सत्याग्रह आंदोलन' में आपको एक वर्ष का कारावास तथा 50 रुपये जुर्माने की सजा मिली थी।

जुगुल किशोर भट्ट : ये बहुत संपन्न वस्त्र व्यवसायी थे। गांधी जी के स्वदेशी आंदोलन के आह्वान पर इन्होंने सन् 1930 में अपनी दुकान का सारा कपड़ा स्वयं अग्नि को समर्पित कर दिया था। सन् 1932 में आपको एक वर्ष का कारावास दंड मिला। सन् 1941 में 'व्यक्तिगत सत्याग्रह आंदोलन' में आपको एक वर्ष की जेल हुई। 1942 में 'भारत छोड़ो आंदोलन' में नजरबंद कर दिया गए। 1943 में रिहाई

हुई और 1944 में आपका स्वर्गवास हो गया। इस दौरान आपका व्यापार ठप्प हो गया। आलीशान कोठी कर्ज की भेंट चढ़ गई। आपकी मृत्यूपरांत परिवार को आर्थिक विपन्नता में दिन बिताने पड़े।

ज्ञानचंद्र पांडेय : गांधी जी के आह्वान पर स्कूल छोड़कर ये राष्ट्रीय आंदोलनों में सहभागिता करने लगे। इन्होंने 'नमक सत्याग्रह' में भाग लिया। सन् 1932 में कानपुर में विदेशी वस्त्रों की होली जलाने के जुर्म में इनको छह मास का कारावास और 100 रुपये का अर्थदंड दिया गया। रिहाई के बाद ये भूमिगत होकर कार्य करने लगे। अंग्रेज सरकार की सामंतशाही प्रवृत्ति, अंग्रेजों की पक्षधर रियासतों के विरोध और किसान-मजदूरों के समर्थन में आंदोलन करते रहे। 'भारत छोड़ो आंदोलन' में इनको चौदह महीने का कठोर कारावास दंड दिया गया।

पराग दत्त शुक्ल : आप भारतीय सेना में भर्ती थे। विश्व युद्ध में भारतीय सेना के समर्पण के बाद सैनिकों को जेल भेज दिया गया। इन सैनिकों को नेताजी सुभाषचंद्र बोस ने 'आजाद हिंद फौज' में भर्ती कर लिया। पराग दत्त भी उन सैनिकों में से एक थे। ये दो वर्ष 'आजाद हिंद फौज' में रहे। नेताजी की मृत्यु के बाद इनको भी अन्य सैनिकों के साथ जेल में डाल दिया गया। अंग्रेज सरकार ने रिहा करके इनको जंगी कैंप में भेज दिया। रिहाई के बाद घर वापसी हुई। अब आपका निधन हो चुका है।

बदल राम यादव : 'सविनय अवज्ञा आंदोलन' में इनको सन् 1922 में एक वर्ष का कारावास दंड मिला। सन् 1952 में आपकी मृत्यु हो गई।

बदल राम द्विवेदी : 'असहयोग आंदोलन' में सन् 1922 में आपत्तिजनक भाषण देने के अपराध में आपको ढाई वर्ष का कारावास दंड मिला।

बनवारी लाल वर्मा : मिडिल शिक्षा के लिए लखनऊ में रहते हुए आपने राष्ट्रीय आंदोलन संबंधित पर्चे बाँटने का काम भी गुप्त रूप से शुरू कर दिया। पकड़े जाने पर दस बेंत की सजा मिली। स्कूल छोड़कर अब बनवारी लाल वर्मा लखनऊ मंडल के सत्याग्रह संचालक का दायित्व सँभालने लगे। सरकार विरोधी साहित्य वितरण पर आपको एक वर्ष का कठोर कारावास दंड मिला। जेल से रिहाई के बाद आपको पुन: तीन माह के लिए जेल की सजा दी गई।

बाँके बिहारी चंद्र : सन् 1942 में 'भारत छोड़ो आंदोलन' में आपको गिरफ्तार कर एक वर्ष के लिए नजरबंद किया गया।

बेचन सिंह : सन् 1941 में आपने अपने चार साथियों की मदद से एक जनसभा आयोजित की, जिसमें अंग्रेजों को जनधन की मदद करना अनुचित है—इस आशय का

पत्र पढ़ा। साथ ही, अंग्रेजों के हिमायती ताल्लुकों को भी इसी आशय का पत्र भिजवा दिया। ताल्लुकेदारों ने अंग्रेज कलक्टर से इस बात की शिकायत कर दी। बेचन सिंह को साइकिल से बाँधकर घसीटते हुए थाने ले जाया गया। वहाँ निर्मम पिटाई हुई तथा बेंत लगाई गई। 'भारतीय सुरक्षा कानून' के अंतर्गत इनको नौ माह का कठोर कारावास दंड दिया गया।

ब्रह्मानंद मिश्र : 'सविनय अवज्ञा आंदोलन' में आपको छह माह की जेल के साथ 20 रुपये जुर्माने की सजा भी मिली। 1963 में आपका निधन हो गया।

भगवान दास मिश्र : 'सविनय अवज्ञा आंदोलन' में आपको नौ माह का कारावास दंड मिला। सन् 1960 में आपकी मृत्यु हो गई।

भैरव प्रसाद : 'व्यक्तिगत सत्याग्रह आंदोलन' में आपको सन् 1941 में चार महीने की कड़ी कैद और 100 रुपये जुर्माने की सजा मिली। अब आपकी मृत्यु हो चुकी है।

भैरव प्रसाद : 'व्यक्तिगत सत्याग्रह आंदोलन' में आपको सन् 1941 में चार मास का कठोर कारावास दंड तथा 100 रुपये जुर्माने की सजा मिली।

मथुरा प्रसाद शुक्ल : ये 'आजाद हिंद फौज' के सिपाही थे। नेताजी के देहांत के बाद 'आजाद हिंद फौज' के सिपाही गिरफ्तार कर लिये गए। अत: मथुरा प्रसाद शुक्ल को चार साल कारावास में रहना पड़ा।

मनीराम दास : आपके पिता गाँव के गरीबों को मुफ्त दवा देते थे। इन गरीबों को दवा के साथ चुपचाप कांग्रेस की प्रचार सामग्री तथा गांधी टोपी भी दी जाती थी। अंग्रेजों के हिमायती आंटा रियासत के ताल्लुकेदार ने मनीराम वर्मा को 350 बीघा भूमि से धीरे-धीरे करके पूर्णत: बेदखल कर दिया। सन् 1932 में 'सविनय अवज्ञा आंदोलन' में भाग लेने के कारण सन् 1932 में इनको एक वर्ष का कारावास दंड मिला था। आजादी के बाद स्वतंत्रता संग्राम सेनानियों को मिलनेवाली पेंशन तथा सुविधाओं को लेने से आपने इनकार कर दिया। सन् 1968 में आपकी मृत्यु हुई।

मनोहर सिंह : मनोहर सिंह ने देशभक्ति के संस्कार अपने पिता खुनखुन सिंह जी से पाए थे, जो 1930 में अपनी रेलवे की नौकरी छोड़कर 'सविनय अवज्ञा आंदोलन' में सक्रिय हुए। परिणामत: डेढ़ वर्ष का कारावास दंड भोगा। पिता की भाँति मनोहर सिंह भी राष्ट्रीय आंदोलन से जुड़े। 'भारत सुरक्षा कानून' में इनको 1932 में छह महीने की कैद के साथ 30 रुपये जुर्माने की सजा मिली। ये रियासतदारों के अत्याचार के भी शिकार बने। परसपुर के ताल्लुकेदार ने तीन बार इनके घर की कुर्की कराई। इनकी अमानवीय पिटाई भी करवाई। सन् 1950 में आपका देहांत हो गया।

माता प्रसाद पांडेय : आप 'आजाद हिंद फौज' में भर्ती थे। नेताजी की मृत्यु के बाद आपको जेल में डाल दिया गया, जहाँ से पाँच वर्ष बाद आपकी रिहाई हुई। अब आप का निधन हो चुका है।

मोहम्मद यूनुस खाँ : आप नेताजी सुभाषचंद्र बोस के आह्वान पर 'आजाद हिंद फौज' में भर्ती हो गए थे और स्वयं को देश के लिए समर्पित कर दिया था।

रामदत्त शुक्ल : श्री रामदत्त शुक्ल की कांग्रेस पार्टी के साथ संयुक्तता आंटा रियासत के कुँवर साहब को सख्त नापसंद थी। इस विषय में उन्होंने शुक्ल जी को चेतावनी भी दी थी, पर शुक्ल जी पर इसका कोई भी असर न पड़ा। क्रुद्ध होकर कुँवर साहब ने शुक्ल जी के पिता की 75 बीघा जमीन का इस्तीफा लिखवा लिया। इस प्रकार के अन्याय ने शुक्ल जी के उत्साह का और संवर्धन किया। 1941 में 'व्यक्तिगत सत्याग्रह आंदोलन' में गिरफ्तार कर इनको छह माह का कारावास और 30 रुपये का अर्थ दंड दिया गया। जुर्माना न भरने पर इनको कुल 18 महीने जेल का दंड भोगना पड़ा।

राम अचल आचार्य : आप बचपन से ही अंग्रेज विरोधी गतिविधियों में शामिल रहे, जिनमें गुप्त पत्रों का आदान-प्रदान, क्रांतिकारी गतिविधियों का प्रचार-प्रसार, रेल लाइन तोड़ना और पुलिस पर हमला आदि जैसे कार्य थे। सन् 1942 में बिहार के मीनापुर थाने पर झंडा लहराने के अपराध में आपको छह माह की जेल हुई। स्वदेशी आंदोलन में विदेशी कपड़ा फूँकने के जुर्म में सन् 1942 में पुलिस ने इनको पकड़ लिया। पुलिस को अपशब्द कहने के जुर्म में इनको 10 बेंत तथा नौ माह का कारावास दंड मिला। आप अभी जीवित हैं।

राम अछेबर : ये 'आजाद हिंद फौज' में कंपनी कमांडर थे। नेताजी के निधन के बाद अंग्रेजों ने इनको एक माह तक जेल में रखा। भारत आने पर आपको छह महीने तक नजरबंद रखा गया।

राम अशीष मिश्र : 'व्यक्तिगत सत्याग्रह आंदोलन' में आपको सन् 1941 में नौ माह का कारावास दंड मिला। सन् 1942 में 'भारत छोड़ो आंदोलन' में आपको छह महीने के कारावास के साथ 50 रुपये का जुर्माना भी लगा। सन् 1917 में आपका देहांत हो गया।

राम रतन : 'व्यक्तिगत सत्याग्रह आंदोलन' में आपको सन् 1940 में 4 महीने की कठोर जेल के साथ 100 रुपये का अर्थ दंड भी लगा था।

राम शंकर पांडेय : 'व्यक्तिगत सत्याग्रह आंदोलन' में आपको सन् 1941 में 10 महीने के कारावास के साथ 10 रुपये का अर्थदंड भी लगा था।

लालता प्रसाद : 'सविनय अवज्ञा आंदोलन' में आपको सन् 1922 में नौ माह का कारावास दंड मिला था। 17 फरवरी, 1923 को रिहाई के कुछ समय बाद आपकी मृत्यु हो गई।

शांति चंद्र शुक्ल : सन् 1941-42 में अंग्रेज सरकार ने कांग्रेस को अवैध घोषित कर दिया। उस समय आप कांग्रेस के गुप्त कागजात साइक्लोस्टाइल करवाकर दूर-दूर के कार्यकर्ताओं तक पहुँचाते थे। जिला कांग्रेस संगठन के कार्यालय मंत्री के रूप में आपका कार्य सराहनीय रहा। सन् 1990 में आपका देहांत हो गया।

शिवदास : सन् 1941 में 'व्यक्तिगत सत्याग्रह आंदोलन' में आपको तीन मास के कारावास का दंड मिला। आपकी इकलौती पुत्री अपने पिता और पति की मृत्यूपरांत बाबू ईश्वर शरण के आश्रम में रहकर जीवन-यापन करती रही। अब उसकी भी मृत्यु हो चुकी है।

शेख बकरीदी आजाद : सन् 1930 में 'नमक सत्याग्रह आंदोलन' में आपको छह माह की जेल तथा 50 रुपये का जुर्माना हुआ था। फैजाबाद के दरोगा अब्दुल करीम ने शत्रुतावश आपको कत्ल को झूठे केस में फँसा दिया। आचार्य नरेंद्र देव ने अपने सहयोगी बैरिस्टर की सहायता से आपको बाइज्जत बरी करवा दिया। चौक फैजाबाद के घंटाघर के ऊपर तिरंगा फहराने और नारेबाजी के जुर्म में आपको एक वर्ष का कारावास दंड दिया गया। 1942 में 'भारत छोड़ो आंदोलन' में आपको एक साल तक नजरबंद रखा गया। शेख बकरीदी आजाद का नाम फैजाबाद जेल के मुख्य द्वार पर सेनानियों के प्रस्तर लेख पर अंकित है। स्वतंत्रता संग्राम सेनानियों की पेंशन आपने नहीं ली।

श्यामनाथ पांडेय : ये गरीबों और किसानों के मददगार थे। ताल्लुकेदार जब इनके गाँव के किसानों को लगान आदि के लिए पीड़ित करते तो ये उनकी वित्तीय मदद करते। इनका किसानों का समर्थक बनना परसपुर ताल्लुके के मैनेजर को बहुत कष्टकारी प्रतीत होता। एक बार गाँव में कांग्रेस-सभा कराने पर क्षुब्ध होकर आंटा तथा परसपुर के ताल्लुकेदारों ने इनकी जमीन की कुर्की करा ली और कई झूठे मामलों में इनको फँसा दिया। परसपुर थाने पर हथगोला फेंकने के जुर्म में सन् 1930 में इनको गिरफ्तार कर लिया गया। सन् 1941 में डी.आई.आर. के अंतर्गत इनको नौ महीने की कैद तथा 40 रुपये जुर्माने की सजा मिली। सन् 1970 में आपका देहांत हो गया।

सिद्धनाथ पांडेय : 'भारत छोड़ो आंदोलन' में आपको सन् 1941 में नौ महीने के कारावास के साथ 50 रुपये के जुर्माने से दंडित किया गया। सरकारी अभिलेख सिद्धनाथ पांडेय को लापता सूचित करते हैं, जबकि सच्चाई यह है कि इस सूचना के बाद भी वे ताल्लुकेदारों के अन्याय के विरुद्ध आवाज उठाते रहे। परसपुर रियासत के अत्याचारी

मैनेजर की पांडेय जी ने पिटाई कर दी। दंडस्वरूप अंग्रेज कलक्टर ने उनको जिला बदर कर दिया। एक वर्ष तक वे गोंडा में भूमिगत रहकर कांग्रेस आंदोलनों के लिए कार्य करते रहे। फिर बंबई आ गए। जहाँ उन्होंने फिल्मों में भी काम किया। सन् 1975 में आपकी मृत्यु हो गई।

गोंडा जनपद के एकमात्र जीवित स्वतंत्रता संग्राम सेनानी : राम अचल आचार्य

पता चला था कि राम अचल जी गोंडा के बालपुर के समीपस्थ गाँव बख्तावर पतीसा लोहाँडी में वास करते हैं। वहाँ जाने पर ज्ञात हुआ कि वे करनलगंज में रहते हैं। ढूँढ़ते-ढूँढ़ते करनलगंज की सँकरी सड़कों को पार करते हम उनके निवास तक पहुँच ही गए। राम अचल जी का निवास एक पुराने मंदिर के बड़े से हॉलनुमा कक्ष में था। कभी यहाँ रामलीला हुआ करती थी। अब राम अचल जी का तख्त पड़ा था और थोड़ा-बहुत उनका सामान रखा था।

पच्चानबे वर्षीय वयोवृद्ध स्वतंत्रता संग्राम सेनानी राम अचल जी आज भी पूर्णतः स्वस्थ हैं। उनकी विगत की स्मृतियाँ आज भी प्रखर हैं। मेरी पूछी हर बात का उन्होंने विस्तारपूर्वक जवाब दिया। उन्होंने अपनी जन्मतिथि मुझे 1927 बताई, परंतु अभिलेख के अनुसार उनकी पैदाइश 1924 की है।

राम अचल जी ने बताया कि उनका परिवार आर्थिक दृष्टि से कमजोर था। संस्कृत शिक्षा के लिए पिता ने 11 वर्ष की उम्र में अयोध्या के उमापति तिवारी संस्कृत विद्यालय में भेजा। वहाँ ये ब्रजनंदन ब्रह्मचारी के संपर्क में आए। ब्रह्मचारी जी ने इनको गुप्तचरी का काम सौंपा। राम अचल जी बताते हैं कि वहाँ सन् 1938 में पंडित जवाहरलाल नेहरू की अध्यक्षता में एक अधिवेशन हुआ, जिसका संचालन आचार्य नरेंद्र देव कर रहे थे। राम अचल जी ने चंदा करके पार्टी के लिए कुछ रुपये उन्हें थमाए तो वे द्रवित हो गए। बोले, "यह बच्चा चाहता तो इस पैसे की मिठाई खरीदकर खा सकता था, पर इस देशभक्त बच्चे ने ऐसा नहीं किया।" उन्होंने बालक राम अचल की बहुत सराहना की।

दो-तीन वर्षों के बाद राम अचल जी स्वयं क्रांतिकारियों का नेतृत्व करने लगे। बस्ती जनपद के कुछ विद्यार्थियों के साथ फैजाबाद में रेल की पटरी उखाड़ दी। पकड़ने पहुँची पुलिस दल के दरोगा को खींचकर ईंट मारी। वह बेहोश हो गया। अफरातफरी का लाभ उठाकर राम अचल फरार होकर बिहार जा पहुँचे।

13 अगस्त, 1942 को मुजफ्फरपुर बिहार के मीनापुर थाने पर झंडा फहराने के आरोप में इनको छह महीने का कारावास दंड मिला। जेल से रिहाई के बाद राम अचल जी गोंडा चले आए। यहाँ स्वदेशी आंदोलन में भाग लेते हुए करनलगंज निवासी और कपड़ा व्यवसायी जुगल किशोर भट्ट की दुकान का विदेशी कपड़ा जलवा दिया।

5 सितंबर, 1942 को पुलिस ने इनको अयोध्या से गिरफ्तार कर लिया। पुलिस ने इनसे तोड़-फोड़ करने का उद्‌देश्य पूछा, तब राम अचल ने मुँहतोड़ जवाब दिया, "तुम जैसे कुत्तों को देश से बाहर निकालने के लिए।" इस बात के लिए उनको 10 बेंतों के साथ नौ मास के लिए जेल का दंड मिला।

इस समय राम अचल आचार्य स्वतंत्रता संग्राम सेनानी की पेंशन पा रहे हैं। उन्हें उत्तर प्रदेश के मुख्यमंत्री कमला पति त्रिपाठी तथा भारत की प्रधानमंत्री इंदिरा गांधी द्वारा ताम्रपत्र भेंट किए गए हैं। बातचीत के क्रम में राम अचल जी ने बताया कि देश के भूतपूर्व प्रधानमंत्री इंद्र कुमार गुजराल ने एक बड़ी अच्छी बात कही थी कि भारत के स्वतंत्रता संग्राम सेनानियों की गिनती राष्ट्रीय परिवार में की जानी चाहिए।

चलते हुए राम अचल आचार्य ने अत्यंत दुखपूर्वक बताया कि गाँव की राजनीति के चलते स्थानीय विधायक ने उनके घर के बाहर काँटों का ढेर लगा दिया है, जिसके कारण बहुत कठिनाई होती है। वे गाँव छोड़कर मंदिर में रहने के लिए बाध्य हैं।

संदर्भ

1. राष्ट्रीय स्वतंत्रता संघर्ष और गोंडा जनपद—संपादक : भगवती प्रसाद सिंह, पृ. 183
2. राष्ट्रीय स्वतंत्रता संघर्ष और गोंडा जनपद—संपादक : भगवती प्रसाद सिंह, पृ. 250-51

अध्याय : 7

स्वतंत्रता संग्राम से संबंधित गाँव

'भारत की आत्मा' कहे जानेवाले गाँव भारत के सर्वांग में रक्त वाहिनी की तरह व्याप्त हैं। यह कहना अतिशयोक्तिपूर्ण न होगा कि इन गाँवों से ही जीवन पाकर भारत समृद्ध, संपन्न और 'भारत' बना है।

स्वतंत्रता की लड़ाई ने पूरे भारत को प्रभावित किया। पूरे देश ने इस संघर्ष में अपना योगदान दिया। भारत का हृदयस्थल—उसके गाँव इस लड़ाई से कैसे अछूते रहते? यह कहना संभवत: अधिक उपयुक्त होगा कि उस समय गाँवों का योगदान शहरों से भी बढ़-चढ़कर रहा। स्वतंत्रता आंदोलन में अग्रणी रहनेवाला गोंडा जनपद इस आंदोलन में अपने गाँवों को लेकर भी आगे रहा। स्वतंत्रता आंदोलन में सक्रिय रहनेवाले गोंडा जनपद के गाँवों की फेहरिस्त लंबी है। उस विवरण को प्रस्तुत करने से पूर्व मनकापुर तहसील के दो गाँवों—खजुरी तथा कुड़ासन का उल्लेख उचित होगा।

खजुरी

स्वतंत्रता आंदोलन में सक्रिय भूमिका वाला खजुरी संभवत: भारत का ऐसा बिरला गाँव है, जहाँ एक ही गाँव तथा परिवार के 14 लोग स्वतंत्रता आंदोलन में कूद पड़े। इनमें से कुछ के नाम इस प्रकार हैं—उमराव सिंह, बब्बन सिंह, द्वारिका सिंह, ब्रजमोहन सिंह, मथुरा सिंह, महादेव सिंह, राम नारायण सिंह, जंगबहादुर सिंह, संत बख्श सिंह, सर्वदमन सिंह, शेर बहादुर सिंह और नरसिंह बहादुर सिंह।

ऐसी वीरभूमि को समीप से देखने का चाव हमें खजुरी गाँव खींच ले गया। गोंडा से 40 किलोमीटर से भी दूर स्थित इस गाँव तक पहुँचने के लिए हम मनकापुर पार करते, सघन वृक्षों की छाया तले बिछी मनोरम सड़क का सफर तय करते बभनजोत तक आ पहुँचे। यहीं से सड़क खजुरी की ओर जाती है। गाँव के मुहाने पर ही राहुल सिंह समेत

गाँव के कुछ युवाओं से भेंट हुई। बातचीत हुई। गाँव की मौजूदा हालत को लेकर उन नौजवानों के भीतर बहुत आक्रोश था। इन नौजवानों का कहना था कि स्वतंत्रता आंदोलन के गढ़ इस गाँव को पहचान देने के लिए कोई गेट, पत्थर या बोर्ड लगाया जाना चाहिए था। हमने बभनजोत पर गेट लगाने की माँग भी की थी, पर माँग पूरी नहीं की गई।

उन्होंने बताया कि खजुरी जानेवाली सड़क बरसात के मौसम में घुटने-घुटने तक पानी में डूब जाती थी। मुलायम सरकार ने सड़क पक्की करवा दी। तब से बहुत समय हो गया। सड़क काफी टूट-फूट गई, पर दुबारा बनने की नौबत नहीं आई। आज सड़क खस्ता हाल में मौजूद है। बिजली के हालात भी असंतोषप्रद हैं। तार खतरनाक स्थिति में टूटकर लटके हुए हैं। जरा-सी असावधानी से कभी भी दुर्घटना घट सकती है। बिजली-ट्रांसफॉर्मर टूटे पड़े हैं। 2,200 वोटर और 5,000 की आबादी वाले इस गाँव में अस्पताल का न होना आश्चर्यजनक है। गाँव में शिक्षा का स्तर बहुत अच्छा है। गाँव में लगभग 200 शिक्षक हैं; पर शिक्षा संस्था के नाम पर केवल प्राइमरी स्कूल है।

14 स्वतंत्रता संग्राम सेनानियों के इस गाँव में अभी तक कोई स्मारक नहीं था। अब द्वारिका सिंह की मूर्ति लगाई गई है, पर यह काम भी अभी तक अधूरा ही है।

नगरा बुजुर्ग के स्वतंत्रता संग्राम सेनानी गया प्रसाद पांडेय के प्रयास से नगरा बुजुर्ग में रेलवे हॉल्टिंग हो गई, जिसकी सुविधा का लाभ खजुरी गाँववालों को भी मिला।

हमारे आने का समाचार पाकर खजुरी के सेनानी बब्बन सिंह और ब्रजमोहन सिंह के प्रपौत्र दिलीप सिंह मिलने आ गए। दिलीप सिंह पेशे से अध्यापक थे। अब अवकाश प्राप्त कर चुके हैं। उनसे देर तक बातें हुईं। उनके मन में भी यही पीड़ा थी कि स्वतंत्रता संग्राम में अपने 14 सेनानियों के द्वारा जिस खजुरी ने अपना भरसक योगदान दिया, उसकी कोई पहचान नहीं। जिस गाँव को हिंदुस्तान के नक्शे पर जगमगाता हुआ होना चाहिए था, उस गाँव तक लोगों को पता पूछते-पूछते आना पड़ता है, कोई पत्थर, कोई नाम पट्टिका नहीं। कम-से-कम एक पत्थर तो ऐसा होता, जिस पर सारे सेनानियों के नाम खुदे होते। स्थानीय विधायक चुनाव जीतने के बाद कभी गाँव की ओर रुख ही नहीं करते।

कुड़ासन

मनकापुर के कुड़ासन गाँव का स्वतंत्रता आंदोलन में योगदान खजुरी गाँव जैसा ही है। यह 22 पुरवे का गाँव है, जिसमें लगभग हर पुरवे का एक-न-एक व्यक्ति स्वतंत्रता आंदोलन

में सक्रिय हुआ। कुड़ासन से स्वतंत्रता आंदोलन में भाग लेनेवाले थे—राम लखन पांडेय, रघुपति शर्मा, रामनारायण तिवारी, रामराज मिश्रा, रामबरन चौहान, राम सुफल पांडेय और सर्जन सिंह। कुड़ासन के डिहवा पुरवे से छैल बिहारी, केशरी दत्त सिंह और जंगबहादुर सिंह, क्वार पुरवा से परदेशी, मिल डिहवा से रामकिशन (दलित) तथा बंदर पुरवा से राम भरोसे वर्मा ने स्वतंत्रता आंदोलन में सक्रिय योगदान दिया।

मुझसे बात करने के लिए कुड़ासन गाँव के स्वतंत्रता आंदोलन के सेनानी रघुपति शर्मा के बाद की तीन पीढ़ियाँ उपस्थित थीं—रघुपति शर्मा के बड़े भाई दशरथ तिवारी, पौत्र विद्याधर त्रिपाठी, विद्याधर त्रिपाठी के पुत्र राकेश कुमार त्रिपाठी और राकेश कुमार त्रिपाठी के पुत्र आर्यन तिवारी और अल्पांश तिवारी। विद्याधर त्रिपाठी ने बताया कि रघुपति शर्मा के बड़े भाई दशरथ तिवारी हमारे बाबा थे। रघुपति शर्मा स्वयं नि:संतान थे।

मैंने सहज ही पूछ लिया कि यदि आप रघुपति शर्मा के प्रपौत्र हैं तो आप लोग नाम के आगे 'तिवारी' क्यों लगाते हैं? राकेश कुमार त्रिपाठी ने बताया कि अंग्रेज सरकार को चकमा देने के लिए बाबा (रघुपति शर्मा) अपने नाम के आगे 'शर्मा' लगाने लगे थे अन्यथा पुलिस पूछताछ करके घरवालों को परेशान करती।

मुख्य सड़क से एक बहुत ही सँकरी-सी कच्ची सड़क कुड़ासन गाँव को गई है। गाँव में स्वतंत्रता संग्राम सेनानियों का कोई चिह्न कोई स्मारक नहीं है। गाँव की स्थिति बहुत संतोषप्रद नहीं है। स्वतंत्रता आंदोलन में अपना महत्त्वपूर्ण योगदान देनेवाला कुड़ासन गाँव सरकारी उपेक्षा का शिकार है।

स्वतंत्रता संग्राम से संबंधित गोंडा तहसील के गाँव

क्रमांक	गाँव	स्वतंत्रता संग्राम सेनानी
1.	मिश्रपुर डाकखाना देवपुरा	अयोध्या प्रसाद
2.	भैरमपुर डाकखाना बमडेरा	अर्जुन प्रसाद
3.	हारीपुर	अवध राज सिंह
4.	नरोरा भर्रापुर	आदित्य प्रसाद पांडेय
5.	देवरावाँ डाकखाना रामपुर बवघुसरी	ओरी लाल, शिवलाल
6.	विष्णुपुर	कामता
7.	बखरवा पोस्ट मेहनौन	केदारनाथ शुक्ल

8.	बीरपुर इमलिया	गोपीदास
9.	श्रीनगर	गंगादास
10.	मुंडेरवा	घिर्राऊ
11.	अयाह	ठाकुर प्रसाद, तीर्थ देवी
12.	घुघराई	दरबारी
13.	खरगूपुर	दलाल, बच्चू लाल, बिल्लू स्वर्णकार, मंगल मिश्र, राजाराम
14.	रामनगर तरहर	दुर्गा प्रसाद
15.	जगतापुर	ननकू
16.	बिशुनरपुर बैरिया	पृथ्वीराज सिंह
17.	इंदिरापुर	बनवारी, रामनारायण शुक्ल, बनवारी लाल शुक्ल
18.	सीर बनकट	बहादुर पांडेय
19.	चिड़ियापुर रेतवागाड़ा	भगवानदीन मौर्य
20.	रमवापुर गोविंदा	मथुरा प्रसाद पांडेय
21.	पिपरा पदुम	महेश दत्त पांडेय
22.	पारासराय	माता प्रसाद
23.	पिपरी	रमाकांत शुक्ल
24.	सिसईमाफी पोस्ट खरगूपुर	बच्चू लाल
25.	नौशहरा	राम अवध तिवारी
26.	मझौवा	रामचंद्र तिवारी
27.	कोनिया बनकट	रामनीवर तिवारी
28.	बेलवा नोहर	राम वल्लभ
29..	पिपरा	राम वल्लभ
30.	बिथरिया	राम मंजूर
31.	पंडरी कृपाल	राम समुझ मिश्र
32.	डोमा कल्पी	राम सिंह
33.	कोनिया	रामेश्वर दत्त तिवारी, शीतला प्रसाद मिश्र
34.	पूरे उदई	सत्यनारायण पांडेय

स्वतंत्रता संग्राम से संबंधित तरबगंज तहसील के गाँव

क्रमांक	गाँव	स्वतंत्रता संग्राम सेनानी
1.	भिखारी कलां	काली प्रसाद
2.	खरगीपुर	गया प्रसाद
3.	सेहरिया	गल्हू सिंह, दशरथ सिंह, राजाराम सिंह
4.	किंधौरा	गोपीनाथ तिवारी,
	राम	निहोरे तिवारी
5.	गंगरौली	चंद्रिका सिंह
6.	अमदही	जगपाल सिंह
7.	तुलसीपुर	जगमोहन
8.	मौजा रुपईडीह	तित्तिर सिंह
9.	रघुनाथपुर	देवी प्रसाद पांडेय,
		राम उजागर मिश्र
10.	विश्मोहरपुर	नंद लाल
11.	खमरौनी विकास	
	खंड बेलसर	बाबूराम तिवारी
12.	सुनौली मुहम्मदपुर	बिहारी, रघुराज पांडेय
13.	अरुमलपुर खास	भगौती प्रसाद
14.	महँगूपुर	भगौती प्रसाद पांडेय
15.	ढोंढेपुर	भभूति, माता प्रसाद
16.	कौचिहा	भानु प्रताप तिवारी
17.	मुकुंदपुर	महादेव मिश्र,
		रामखेलावन सिंह
18.	उदयपुर	रखेले
19.	पिपरी रहुआ	रमाकांत शुक्ल
20.	रामचेरापुर	रामप्यारी, शीतल देव
21.	कुरहा	रामफल
22.	अकबरपुर	रामफेर मिश्र

23.	डिड़सिया कला	रामयज्ञ त्रिपाठी
24.	बरसड़ा	राम सिंह
25.	बभनी	विद्याधर सिंह आजाद
26.	लालमन पुरवा	शंभू
27.	सिधौली	श्यामलाल सिंह
28.	दत्तनगर	सुखनंदन सिंह
29.	नैपुर	सूरत सिंह

स्वतंत्रता संग्राम से संबंधित मनकापुर तहसील के गाँव

क्रमांक	गाँव	स्वतंत्रता संग्राम सेनानी
1.	सिसई रानीपुर	अमृतनाथ मिश्र
2.	बरसैनिया	आद्याशंकर सिंह
3.	खजुरी	उमराव सिंह, बब्बन सिंह, द्वारिका सिंह, ब्रजमोहन सिंह, मथुरा सिंह (पुत्र भभूति सिंह), मथुरा सिंह (पुत्र उदित सिंह), महादेव सिंह, रामनारायण सिंह, जंग बहादुर सिंह, संत बख्श सिंह, सर्वदमन सिंह, शेरबहादुर सिंह, नरसिंह बहादुर सिंह
4.	रानी बाजार	कन्हैया लाल
5.	इसमैला	कमला प्रसाद शुक्ल
6.	कुड़ासन	केशरी दत्त सिंह, छैल बिहारी, परदेसी, रघुपति शर्मा, राम किशन, रामनारायण तिवारी, राम बरन, रामराज़, राम लखन पांडेय, राम सुफल पांडेय, सर्जन सिंह, राम लखन सिंह
7.	रानी जोत	गंगा प्रसाद, चंद्रनारायण
8.	नगरा बुजुर्ग	गया प्रसाद पांडेय
9.	फिरोजपुर	गोकुल प्रसाद, मस्तराम

10.	घुसवा	चंद्रपाल सिंह
11.	वीरपुर	छेदी
12.	डिबरी कलां	छेदी लाल
13.	सबरापुर	जयमंगल शर्मा
14.	दलपतपुर	ठाकुर प्रसाद
15.	मसकनवा	त्रिलोकचंद्र ब्रह्मचारी
16.	अशरफपुर माहरिया	दान बहादुर लाल
17.	मऊहर	दुखी
18.	छपिया	दान बहादुर सिंह, द्वारिका प्रसाद, सुफल
19.	माड़ा	प्रभुदयाल
20.	पचपुती	बलदेव सिंह, श्रीराम
21.	हरनाटायर	बहादुर, लालता प्रसाद, रामशंकर
22.	पतिजिया खुर्द	भुवनेश्वरी प्रसाद
23.	चौबेपुर	मंगल सिंह यादव
24.	गोपालपुर	महेश राय
25.	खम्हरिया बुर्जुग	राम आसरे
26.	सिसवां	राम उजागर
27.	नाथेपुर	रामदत्त
28.	हरनारायण	रामधनी
29.	हथुवा	रामफेर
30.	रानीगंज	किशोरी लाल
31.	संगवा	महादेव सिंह
32.	बीरेपुर	रामबख्श
33.	लक्ष्मीनगर गिरंट	रामशंकर
34.	कलेनिया	शिवाकांत तिवारी
35.	रसूलपुर	सूरजबली
36.	बिरिया	सोमनदास

स्वतंत्रता संग्राम से संबंधित करनलगंज तहसील के गाँव

क्रमांक	गाँव	स्वतंत्रता संग्राम सेनानी
1.	मरचौर	अयोध्या सिंह, चिरकुट माली, जगन्नाथ सिंह, बेचन सिंह, राजदत्त शुक्ल
2.	रघुपुरवा	छोटे लाल
3.	परसपुर	ज्ञानचंद्र पांडेय, रामनारायण मिश्र
4.	मैजापुर	पराग दत्त शुक्ल
5.	खरगूचाँदपुर	बनवारी लाल वर्मा
6.	नकही	ब्रह्मानंद मिश्र
7.	माधवपुर	मथुरा प्रसाद शुक्ल
8.	चकसनियाँ	मनीरामदास
9.	मलाँव	मनोहर सिंह, खुनखुन सिंह, शिवदास
10.	रूपी पुरवा	माता प्रसाद पांडेय
11.	कौड़हा	मुहम्मद यूनुस खाँ
12.	पतिसा	आचार्य राम अचल द्विवेदी
13.	बिछूड़ी	राम आशीष मिश्र
14.	पांडेय पुरवा	रामशंकर पांडेय
15.	डेहरास	शांति चंद्र शुक्ल
16.	अंदूपुर	श्याम नाथ पांडेय
17.	सुसुंडा	सिद्धनाथ पांडेय

स्वतंत्रता संग्राम सेनानी राम आशीष मिश्र का गाँव : बिछूड़ी

दोनों ओर सजी दुकानों के बीच से गुजरती सँकरी-सी सड़क कौड़िया बाजार पार करते ही सर्पाकार बलखाती सड़क में बदल जाती है जो पाँच किलोमीटर की दूरी तय कर सीधे राम आशीष मिश्र गाँव बिछूड़ी पहुँचती है।

हमारे आने की सूचना पाते ही राम आशीष जी के पुत्र सपरिवार आ जुटे। राम आशीष जी के स्मारक के समीप ही पेड़ों तले हमारे लिए प्लास्टिक की कुर्सियाँ डाल दी गईं। सामने के पेड़ों से तोड़कर ताजा नींबू की शिकंजी बनी। जून की भीषण गर्मी में घने

पेड़ों की छाया तले शिकंजी के रसास्वादन के साथ प्राकृतिक एयर कंडीशनर का आनंद लेते हुए हमारा वार्तालाप प्रारंभ हुआ।

राम आशीष मिश्र की पाँच संतानों में से सबसे बड़े फूलचंद्र मिश्र का देहांत हो चुका है। मेरे समीप वेद प्रकाश (66 वर्ष) और जय प्रकाश (62 वर्ष) अपने बच्चों सहित उपस्थित थे। दोनों ने पिता के बारे में विस्तार से बात की। बताया कि सरकार विरोधी गतिविधियों के कारण उनको गोली मारने का आदेश हो गया था। बचने के लिए खेत में जा छुपे, पर मुखबिर की सूचना पर पुलिस पहुँच गई। इमली के पेड़ के खोखल में छिपकर जान बचाई थी।

जयप्रकाश ने बताया कि गाँव की स्थिति में कोई विशेष अंतर नहीं आया है। हाँ, कोड़िया बाजार से बिछूड़ी तक की सड़क पक्की कर दी गई है। हमसे तो यही बताया गया था कि सड़क आपके पिताजी के नाम पर बनाई जा रही है, पर सड़क की पट्टिका पर स्थानीय विधायक का नाम है। जय प्रकाश ने बड़े दुख के साथ बताया कि हमने पी.डब्ल्यू.डी. वालों से अनुरोध किया था कि सड़क 200 गज और पक्की कर दें, जिससे सड़क हमारे पिताजी के घर तक पहुँचे सके, पर हमारा अनुरोध नहीं माना गया।

जय प्रकाश ने तत्कालीन प्रधानमंत्री इंदिरा गांधी द्वारा राम आशीष मिश्र को प्रदत्त ताम्रपत्र तथा अन्य पदक भी दिखाए। राम आशीष जी के स्मारक को प्रणाम कर हम लौट आए।

राम अचल आचार्य का गाँव पतिसा लोहाँडी

गोंडा नगर के समीपस्थ बालपुर से सटा गाँव है—बटौरा बख्तावर। इसी का एक पुरवा है पतिसा लोहाँडी, जो राम अचल आचार्य का गाँव है। बटौरा बख्तावर के निवासी डिप्टी सेल्स टैक्स कमिश्नर भूपाल बहादुर सिंह गाँवों की गिरती स्थिति देखकर क्षुब्ध होते हैं। वे कहते हैं, "पहले गाँव और पशु के मध्य एक सामंजस्य था जो गाँव को खुशहाल बनाता था। पशु दूध देते थे, जो गाँव वालों को पुष्ट करता था। उनका गोबर खेतों को पुष्ट करता था। अब यह समीकरण गड़बड़ा गया है। खेती यांत्रिक हो गई है। गाँवों में पशुओं का स्थान नहीं रहा। नई पीढ़ी शहरों को जा रही है। अब गाँवों में पहले जैसी रौनक या खुशहाली नहीं रही। अगर सरकार गाँवों को सुविधा मुहैया कराए तो शायद नई पीढ़ी यहाँ बसने के बारे में सोचे।"

अध्याय : 8

आजादी के बाद स्वतंत्रता के रक्षक तथा विशिष्ट जन की भूमिका

(क) विभिन्न युद्धों में शहीद

लंबी परतंत्रता के बाद अथक संघर्ष, उत्पीड़न और बलिदान के बाद भारत को स्वतंत्रता प्राप्त हुई। स्वतंत्रता प्रत्येक प्राणी के लिए बहुमूल्य है, उसका अधिकार है। परतंत्रता भोगने के सुदीर्घ काल में भारतीयों ने इस आजादी की कीमत को भली प्रकार समझा था। अत: भारत की आजादी के बाद साम्राज्य विस्तारवादी अथवा सांप्रदायिकता की दुर्भावना को लेकर जब-जब पड़ोसी देशों ने भारत की स्वतंत्रता पर आघात करने की कुचेष्टा की, पूरा भारत इसकी रक्षा हेतु एकजुट हो गया। चीन और पाकिस्तान के साथ हुए युद्धों में वीरभूमि गोंडा जनपद के सेनानियों ने भी देश की रक्षा के लिए प्राणों की बाजी लगा दी। सेना कार्यालय से मिली सूचना के अनुसार मातृभूमि की रक्षा हेतु प्राणोत्सर्ग करनेवाले गोंडा जनपद के सेनानियों का विवरण इस प्रकार है—

सुनील कुमार तिवारी : लांस नायक सुनील कुमार तिवारी पोस्ट बमबेरा तहसील करनलगंज के निवासी थे। आठ वर्ष पूर्व कश्मीर उग्रवाद में आपकी मृत्यु हुई। सेना ने आपको शहीद माना।

अयोध्या राम : रानी पुरवा पोस्ट उसरैना निवासी सिपाही अयोध्या राम की मृत्यु भारत सीमा पर लड़ाई के दौरान एक नाव दुर्घटना में हुई। 'ऑन ड्यूटी' मृत्यु होने के कारण आपको शहीद माना गया।

विश्वनाथ तिवारी : आर्मी नंबर 41470667 सिपाही विश्वनाथ तिवारी सन् 1962 को भारत-चीन युद्ध में शहीद हुए।

गंगाराम : आर्मी नंबर 6451446 रेजीमेंट ए.एफ.सी.एम.टी. और गाँव सतिया पोस्ट सीमारामपुर ग्रंट निवासी सिपाही गंगाराम 8.8.1971 को भारत-पाक युद्ध में शहीद हुए।

वसंत राम : कुमाऊँ रेजीमेंट के आर्मी नंबर 4142639 और गाँव दर्शन तिवारीपुर, पोस्ट बीना सिंह, तहसील करनलगंज निवासी हवलदार वसंत राम भारत-पाक युद्ध में 18.11.1971 को शहीद हुए।

(ख) कारगिल के रणबाँकुरे सेना नायक विजय कुमार सिंह

सेना कार्यालय से ज्ञात हुआ कि कारगिल युद्ध में शामिल होनेवाला पूरे गोंडा जनपद से केवल एक फौजी है तो उस फौजी से साक्षात्कार का लोभ मुझसे संवरण न हो पाया।

एस.पी. आवास से कुछ दूरी पर उनका सुंदर-सा घर था। नाम पट्टिका पर उन्होंने अपने नाम 'विजय कुमार सिंह' के साथ 'कारगिल' भी लिखवा रखा है। आसपास के लोग उनको 'कारगिल' कहते हैं।

घंटी दबाने पर एक गौर वर्णा सुदर्शना महिला ने द्वार खोलकर स्वागत किया। पता चला वे विजय कुमार सिंह की पत्नी बिंदु सिंह हैं। मैंने आने का उद्‍देश्य बताया। जरा ही देर में मेरे सामने श्यामल वर्ण, आकर्षक मुखाकृति और लंबी देहयष्टि के सेना नायक विजय कुमार सिंह सस्मित आ खड़े हुए। साक्षात्कार के दौरान मेरे पूछे प्रत्येक प्रश्न का उन्होंने बड़े विस्तार और तसल्ली से जवाब दिया। उनसे हुई लंबी बातचीत का सारांश इस प्रकार है—

3.5.1970 को जन्मे विजय कुमार सिंह की तैनाती सेना में नायक पद पर सन् 1988 में 16 ग्रिनेडियर, जबलपुर में हुई। कारगिल युद्ध जब प्रारंभ हुआ तो उनकी पोस्टिंग बारामूला (कश्मीर) में थी। "मैं एम.एम. ए.के. 47 के संचालन में 'मोस्ट क्वालीफाइड' था"—विजय कुमार सिंह सगर्व बताते हैं।

"बारामूला में मैं क्यू.ए.टी. यानी क्विक एक्शन टीम में था। कारगिल युद्ध छिड़ते ही हमारी यूनिट ने हमें बुलाया। छह दिन का ब्रेक देकर हमें श्रीनगर पहुँचने का आदेश मिला। श्रीनगर से हम सोनमार्ग से द्रास हेडक्वार्टर पहुँचे। द्रास में जून के महीने में भी तापमान शून्य डिग्री से नीचे रहता है। ऑक्सीजन इतनी कम रहती है कि थोड़ा-सा चलना भी पस्त कर देता है।

"हमने वहाँ के छोटे-छोटे पहाड़, जैसे काला पत्थर, भूरा पत्थर पर फतह हासिल कर ली। मेजर अजित सिंह हमारे कमांडर थे। उनके नेतृत्व में 5,100 फिट ऊँची टाइगर हिल पर हमारी पाकिस्तानी फौज से लड़ाई हुई। कवरिंग फायर लेकर हम आगे बढ़ रहे थे कि असावधानीवश एक बड़ा पत्थर फिसलकर गिर पड़ा। दुश्मन ने हमारी लोकेशन

भाँपकर तत्क्षण फायरिंग शुरू कर दी। हमारे साथ इलाहाबाद के सेनानायक अमर बहादुर थे। गोली उनके सिर में लगी। फौरन ही उनकी मौत हो गई। उसी फायरिंग में एक गोली मेरी दाहिनी जाँघ में लगी। तभी एक बम फटा। सेपलेंटर (बम विस्फोट में छिटककर उड़े धातु के टुकड़े) मेरे दाहिने पुट्ठे में जा धँसा। मैं बेहोश हो गया। मुझे बाद में बताया गया कि मुझे स्ट्रेचर पर लिटा दिया गया था। हम फौजियों को दिया जानेवाला झोला जरूरत पड़ने पर स्ट्रेचर में बदल जाता है। उस बेहोशी की हालत में भी मेरे सी.ओ. द्वारा झुक कर मेरे कान में कहे गए शब्द मैंने सुने—"घबराना मत। मैं हूँ। तुम्हें कुछ नहीं होने दूँगा।"

"भारतीय सेना ने टाइगर हिल फतह कर ली। तब घायलों और मृतकों को उठाने के लिए हेलीकॉप्टर आया। मुझे हेलीकॉप्टर पर लादा गया। हेलीकॉप्टर पर दो पायलट थे। एक हेलीकॉप्टर चला रहा था, दूसरा बराबर मुझे दिलासा दे रहा था, "तुम्हें कुछ नहीं हुआ है। तुम ठीक हो जाओगे।"

मुझे श्रीनगर के फौजी अस्पताल में ले जाया गया। वह अस्पताल में मेरा संभवत: तीसरा दिन था जब तत्कालीन रक्षा मंत्री जार्ज फर्नांडीस मेरे पास आए। उन्होंने मेरा सिर सहलाकर सांत्वना के शब्द कहे। मैं कुछ बोल पाने की स्थिति में नहीं था। बस मेरी आँखों से आँसू बह निकले। मुझे 18 जुलाई, 1999 को अस्पताल में भर्ती कराया गया था। वहाँ से मैं 2001 में डिस्चार्ज किया गया।"

विजय कुमार सिंह ने घावों के निशान दिखाए। मांस की गहराई में धँसी लगभग आधा फुट की लकीर खींचते दोनों निशान जख्म की गहराई और गंभीरता साफ-साफ बताते हैं।

विजय कुमार सिंह ने बताया कि ऑपरेशन के बाद उनका दाहिना पैर बायें पैर से साढ़े सात सेंटीमीटर छोटा हो गया है। उन्होंने दिखाया कि उनके दाहिने पैर में अतिरिक्त ऊँचाई देनेवाले सोल की चप्पल थी।

"अब भी बरसात और जाड़े की हवा चलने पर जख्म के स्थान पर असहनीय पीड़ा होती है"—बताते हुए वे कहते हैं, "पहले तो 4 घंटा 22 मिनट 32 सेकेंड में मेरा 50 किलोमीटर दौड़ का रिकार्ड था, पर इन चोटों के बाद मैं फौज की सेवा के लायक नहीं रह गया था क्योंकि अब मैं न दौड़ सकता हूँ और न वजन ही उठा सकता हूँ। आठ साल की नौकरी के बाद मुझे कंपलसरी पेंशन दे दी गई है।"

साक्षात्कार समापन की ओर था। मेरे इनकार की कोई गुंजाइश न छोड़ते हुए नाश्ता पूरी बाकायदगी के साथ मेज पर सज चुका था।

सिंह साहब ने अपने बेटों, अखिलेंद्र प्रताप सिंह और विश्वजीत सिंह से मिलवाया। पिता की ही तरह विनम्र और शालीन। दोनों ने परंपरागत ढंग से पैर छूकर प्रणाम किया।

चलते हुए मेरी दृष्टि बैठक के शो-केस में सज्जित विजय कुमार सिंह के पदक, पुरस्कार और विभिन्न फौजी अवसरों पर खींची गई तसवीरों पर गई, जो बिन बोले ही उनकी शौर्यगाथा सुना रही थीं।

पूरा परिवार बाहर तक विदा करने आया। विजय कुमार सिंह ने एक लजीली मुस्कान के साथ बताया, "अमूमन अफसरों के गार्ड के तौर पर किसी हैंडसम फौजी को खड़ा किया जाता है और यह दायित्व मुझे हमेशा मिलता था।" जरा देर पहले शो-केस में रखी फौजी पोशाक में सज्जित उनकी भव्य तसवीर मेरी दृष्टि में कौंध गई। सच ही तो कह रहे थे।

"देश की सेवा से संबंधित कोई भी काम हो, मैं आज भी अपनी पूरी सामर्थ्य से करने को तैयार हूँ। आप मुझसे बेहिचक कह सकती हैं, "कहते हुए उनके चेहरे पर ढलक आया सात्त्विक अभिमान का भाव मन को बहुत भला लगा।

विदा लेकर चलते हुए दृष्टि एक बार फिर नाम पट्टिका पर जा पड़ी। सूर्य की अस्तंगता में खुद को समेट रही धूप नाम पट्टिका को छू रही थी। पीतल से लिखे 'विजय कुमार सिंह' और 'कारगिल' के अक्षर सोने-से चमक रहे थे। मन-ही-मन कारगिल के इस रणबाँकुरे को प्रणाम करके मैं आगे बढ़ आई।

आजादी के 75 वर्षों में विशिष्ट कार्यों वाले गोंडा जनपद के विशिष्ट जन

आजादी की प्राप्ति के बाद आजादी को अक्षुण्ण बनाए रखना भी महत्त्वपूर्ण है। आजादी का तात्पर्य केवल राजनीतिक आजादी ही नहीं होता। सत्यार्थों में हमें सामाजिक और आर्थिक आजादी भी अपेक्षित है तभी हम स्वयं को पूर्णत: आजाद महसूस कर सकते हैं। इस आजादी की अक्षुण्णता में पूरे देश का सहयोग अपेक्षित होता है। इस सहयोग की सहभागिता समाजसेवा, राजनीति, शिक्षा, सेना, प्रशासन और कला क्षेत्र के लोग अपने-अपने स्तर से करते हैं। गोंडा जनपद के इन विभिन्न क्षेत्रीय विशिष्ट जन का विवरण अधोलिखित है—

(क) समाज सेवाक्षेत्र के विशिष्ट जन

गोंडा जनपद में समाज-सेवा के क्षेत्र में अग्रणी लोगों के नाम इस प्रकार हैं—

अब्दुल अलीम बकई : करनलगंज में आप एक अनाथालय संचालित करते थे। इस अनाथालय में निराश्रितों के रहने-खाने की व्यवस्था थी।

गंगा प्रसाद बरवार : बरवार जाति के लिए आपने अपने दो बार विधायक कार्यकाल में सराहनीय कार्य किया। आजादी से पूर्व आप राष्ट्रीय आंदोलन में भाग लेते रहे। गोंडा में आश्रम की पद्धति पर आपने एक स्कूल खुलवाया।

ज्वाला प्रसाद सिन्हा : औहरवा बख्श के पुत्र ज्वाला प्रसाद सिन्हा गोंडा के शीर्षस्थ वकीलों में थे। आप 'भारत सेवक समाज' के अध्यक्ष रहे। शैक्षिक संस्थाओं में दान के अलावा आपने गोंडा के मुख्य चिकित्सालय में तीमारदारों की सुविधा के लिए एक भोजन कक्ष भी बनवाया।

रामकृष्ण सिन्हा : आपने अपनी सारी भूमि दलितों को दान कर दी थी।

हृदय नारायण मिश्र : आपने कराची कॉरपोरेशन सदस्य के रूप में हिंदी का प्रचार-प्रसार किया।

शकुंतला वर्मा : आप सुप्रसिद्ध साहित्यकार भगवती चरण वर्मा की पुत्री थीं। आप ऑनरेरी मजिस्ट्रेट और 'गोंडा महिला समाज कल्याण' की संयोजिका रहीं।

कुसुम कुमारी गुप्ता : आप स्पेशल ऑनरेरी मजिस्ट्रेट तथा जेल विजिटर थीं।

सोहनी देवी : सोहनी देवी को गोंडा में स्त्री आर्य समाज के स्थापना का श्रेय है।

कृष्णा सिन्हा : गोंडा की बालिकाओं के लिए आपने डिग्री स्तर पर पहली बार बालिका विद्यालय 'नारी ज्ञान स्थली' की स्थापना की।

(ख) शिक्षा क्षेत्र के विशिष्ट जन

सुरेंद्र प्रताप सिंह : लाल बहादुर शास्त्री स्नातकोत्तर महाविद्यालय के अर्थशास्त्र विभाग के अध्यक्ष डॉ. सुरेंद्र प्रताप सिंह ने कालांतर में लखनऊ विश्वविद्यालय के कुलपति पद को सुशोभित किया।

हरिकेश सिंह : लाल बहादुर शास्त्री स्नातकोत्तर महाविद्यालय गोंडा के शिक्षा विभाग के प्राध्यापक डॉ. हरिकेश सिंह कालांतर में काशी हिंदू विश्वविद्यालय के शिक्षा विभाग में नियुक्त हुए। इसके बाद बिहार के जय प्रकाश विश्वविद्यालय के कुलपति पद को सुशोभित किया। संप्रति आप गोपाल नारायण सिंह विश्वविद्यालय में विजिटर नियुक्त किए गए हैं। आप यू.जी.सी. नैक, एन.सी. के आर.टी., आर.सी.आई., एम.एच.आर.डी., एन.यू.ई.पी.ए. के अलावा विभिन्न विश्वविद्यालयों के कुलपति चयन समिति के सदस्य भी रह चुके हैं।

नजीर अहमद : सादुल्ला नगर के निवासी नजीर अहमद अलीगढ़ विश्वविद्यालय में फारसी विभाग के अध्यक्ष तथा कला संकाय के डीन रहे।

मंजुल मंयक : कुकुरभुकवा निवासी मंजुल मंयक विश्व भारती विश्वविद्यालय में संस्कृत प्राध्यापक रहे।

राम नरेश शर्मा : छगन बाबू के पुत्र गोंडा निवासी राम नरेश शर्मा बनारस हिंदू विश्वविद्यालय में हिंदी विभाग में रीडर रहे।

शेरबहादुर सिंह : गोंडा के लाल बहादुर शास्त्री महाविद्यालय के डॉ. शेरबहादुर सिंह उच्च शिक्षा विभाग द्वारा दिग्विजयनाथ पी.जी. कॉलेज बस्ती में प्राचार्य नियुक्त किए गए। वहाँ से सेवा-निवृत्त होकर आप उच्च शिक्षा सेवा आयोग के सदस्य मनोनीत हुए। संप्रति आप 'नैक' के सदस्य के रूप में अपनी सेवाएँ दे रहे हैं।

छोटे लाल दीक्षित : डॉ. छोटे लाल दीक्षित इटावा तथा गोंडा के महाविद्यालयों में प्राचार्य रहे। हिंदी साहित्य जगत को आपने अपनी बहुत-सी पुस्तकों से संवर्द्धित किया है।

भगवती प्रसाद सिंह : हिंदी के लब्ध प्रतिष्ठित विद्वान डॉ. भगवती प्रसाद सिंह का जन्म गोंडा जनपद के अनभुला गाँव में रामरेज सिंह के यहाँ 4 मार्च, 1919 को हुआ। यह 19वीं शताब्दी के सुप्रसिद्ध महात्मा बनादास के वंशज थे। आपने गोरखपुर विश्वविद्यालय के हिंदी विभाग के अध्यक्ष और प्रोफेसर पद को सुशोभित किया। हिंदी साहित्य जगत को आपने अपनी बहुमूल्य कृतियों से संवर्धित किया। इन कृतियों का नामोल्लेख इस प्रकार है—राम भक्ति में रसिक संप्रदाय, राम भक्ति परंपरा और साहित्य, राम-काव्यधारा : अनुसंधान एवं चिंतन, महात्मा बनादास : जीवन और साहित्य, भुशुंडि रामायण : आलोचना और कथावस्तु, साहित्य और संस्कृत : कुछ अंतर्यात्राएँ और हिंदी साहित्य : अनिर्दिष्ट शोध भूमियाँ। भगवती प्रसाद सिंह का संपादन के क्षेत्र में भी महत्त्वपूर्ण योगदान रहा है। "राष्ट्रीय स्वतंत्रता संघर्ष और गोंडा जनपद" आपके द्वारा संपादित एक महत्त्वपूर्ण ग्रंथ है। वस्तुतः आपके ही खानदान के चार लोगों ने स्वतंत्रता संग्राम में प्राणोत्सर्ग किया था और उनकी पत्नियाँ सती हो गई थीं। इस प्रकार भगवती प्रसाद सिंह भारत के स्वतंत्रता के प्रत्यक्ष द्रष्टा तो थे ही वे इस संग्राम से जुड़े सेनानियों के कृत्यों, संघर्षों और बलिदानों से भली-भाँति परिचित भी थे। इस पृष्ठभूमि में सन् 1992 में, महात्मा गांधी के "भारत छोड़ो आंदोलन" की स्वर्ण जयंती के उपलक्ष्य में जब मनकापुर की आई.आई.टी. संस्था ने "राष्ट्रीय स्वतंत्रता संघर्ष और गोंडा जनपद" शीर्षक स्मारिका निकालने का प्रस्ताव रखा तो भगवती प्रसाद सिंह ने स्मारिका के स्थान पर इसे ऐतिहासिक वृत्तांत के ग्रंथ बनाने के किंचित संशोधन के साथ सहर्ष स्वीकार कर लिया। गोंडा जनपद के कई विद्वानों के सम्मिलित प्रयास और भगवती प्रसाद सिंह के कुशल संपादकत्व का प्रतिफल है उक्त

ग्रंथ। इसके अतिरिक्त उनके संपादकत्व में प्रकाशित अन्य ग्रंथ हैं—'महंत दिग्विजय नाथ स्मृति ग्रंथ', 'भाई जी (हनुमान प्रसाद पोद्दार) : पावन स्मरण', 'भुशुंडि रामायण' (संस्कृत), 'महात्मा बनादास ग्रंथावली', 'उभय प्रबोधक रामायण', 'राधाकृष्ण भक्तकोश', 'श्री राम विश्वकोश' तथा 'पद्मावति' (अपूर्ण) आपके द्वारा प्रणीत महामहोपाध्याय पंडित गोपीनाथ कविराज पर आद्धृत 'मनीषी की लोकयात्रा' तथा हनुमान प्रसाद पोद्दार पर आद्धृत 'कल्याणपथ : निर्माता और साहित्य' शीर्षक जीवन-चरित भी हिंदी साहित्य की अमूल्य निधि है।

(ग) उच्च पदों पर सुशोभित विशिष्ट जन

अवध नरेश सिन्हा : अंबिका प्रसाद सिन्हा के पुत्र अवध नरेश सिन्हा ग्राम बनगवाँ के निवासी थे। आप देवरिया में चीफ ज्यूडीशियल मजिस्ट्रेट रहे।

कृष्ण चंद्र वैश्य : गोंडा निवासी कृष्ण चंद्र वैश्य हैवी इलेक्ट्रिक लिमिटेड ऑफ इंडिया में स्टीम टरबाइन सेक्शन में चीफ इंजीनियर रहे।

गिरिजा प्रसाद शुक्ल : सकरौरा ग्राम के निवासी गिरिजा प्रसाद शुक्ल अमेरिका में इंजीनियर थे।

गिरीश चंद्र सक्सेना : गोंडा निवासी तथा विष्णु प्रसाद के पुत्र गिरीश चंद्र सक्सेना सिविल जज रहे।

चंद्रभान सिंह : महुआ ग्राम के निवासी चंद्रभान सिंह उत्तर प्रदेश के केन कमिश्नर रहे।

दिनेश चंद्र श्रीवास्तव : गोंडा निवासी दिनेश चंद्र श्रीवास्तव कानपुर में फर्स्ट सिविल जज रहे।

धीरेंद्र प्रताप सिंह : गोपाल सिंह के पुत्र धीरेंद्र प्रताप सिंह मैसूर के जिलाधिकारी रहे। इनको भारत सरकार द्वारा विदेश भेजा गया।

अमल कुमार बनर्जी : गोंडा के चोटी के वकील तरुण चंद्र बनर्जी के पुत्र अमल कुमार बनर्जी ने ग्लास्गो विश्वविद्यालय से पी-एच.डी. की उपाधि प्राप्त की। आप ग्रेट ब्रिटेन में मेडिकल ऑफिसर रहे।

पृथ्वीनाथ : ग्राम उमरा निवासी पृथ्वीनाथ एन.ई. रेलवे में डिप्टी जनरल मैनेजर रहे।

प्रमोद चंद्र सेठ : कृष्ण बिहारी सेठ के पुत्र प्रमोद चंद्र सेठ इंग्लैंड में वरिष्ठ डॉक्टर रहे।

मुरली श्याम मनोहर : गोंडा के नौशहरा मुहल्ले के निवासी मुरली श्याम मनोहर शाहजहाँपुर के जिलाधिकारी रहे।

राज किशोर मिश्र : गोंडा के राधाकुंड मुहल्ले के निवासी राज किशोर मिश्र कानपुर में एस.डी.एम. रहे।

राजेंद्र कुमार श्रीवास्तव : साँवली मोहन श्रीवास्तव के पुत्र राजेंद्र कुमार श्रीवास्तव ब्राजील विश्वविद्यालय में प्रोफेसर रहे।

विष्णु कुमार मित्तल : राम जियावन लाल के पुत्र विष्णु कुमार मित्तल ने परीक्षा में 88 प्रतिशत अंक प्राप्त कर कीर्तिमान स्थापित किया। आप हिंदुस्तान ऐरोनॉटिक्स लिमिटेड में इंजीनियर रहे।

शेख कमरुद्दीन अहमद : सन् 1930 में ऑल इंडिया मैरीन इंजीनियरिंग प्रतियोगिता उत्तीर्ण करके आपने छः वर्ष तक इंग्लैंड में जहाज इंजीनियरिंग की ट्रेनिंग ली। आप भारत लोक सेवा आयोग के मैरीन सर्विसेज एक्सपर्ट सलाहकार रहे।

संतराम तिवारी : मध्य प्रदेश में एस.डी.एम. रहने के बाद आप सरगुजा में पुनर्वास अधिकारी रहे।

सर्वजीत सिंह : गैंजहवाँ गाँव के निवासी सर्वजीत सिंह गोरखपुर में एस.डी.एम. रहे।

जितेंद्र कुमार : आप ज्ञानेंद्र नाथ श्रीवास्तव के पुत्र हैं। आप मुंबई में एटानॉमिक एनर्जी में वैज्ञानिक पद पर रहे।

उमेश्वर दत्त मिश्र : उत्तरी अमेरिका में एम.एस. की उपाधि प्राप्त करके आप कैलिफोर्निया में वरिष्ठ अभियंता रहे।

चितरंजन शरण : आप न्यूयार्क विश्वविद्यालय में कृषि इंजीनियरिंग में प्रोफेसर रहे।

भूपाल बहादुर सिंह : बटौरा बख्तावर गाँव के निवासी भूपाल बहादुर सिंह संप्रति सीतापुर में डिप्टी सेल्स टैक्स कमिश्नर हैं।

(घ) सेना में पदासीन विशिष्ट जन

सेना में विविध पदों पर आसीन रहते हुए राष्ट्र सेवा में लगे गोंडा जनपद के लोगों का विवरण इस प्रकार है—

अनूप कुमार सेठ : गोंडा निवासी अनूप कुमार सेठ सेना में उच्च पदस्थ अफसर रहे।

नरेंद्र बहादुर सिंह : गोंडा के रहनेवाले नरेंद्र बहादुर सिंह भी फौजी अधिकारी रहे।

मथुरा प्रसाद पांडेय : माधव प्रसाद पांडेय के पुत्र और रमवापुर गोविंदा गाँव के

निवासी मथुरा प्रसाद पांडेय 'आजाद हिंद फौज' के वीर सिपाही थे। बाद में कृषि मंडी समिति के निदेशक रहे।

मोहसिन जलील शम्सी : अब्दुल रज्जाक के पुत्र और गोंडा निवासी फौज की मेडिकल कोर में उच्चाधिकारी रहे।

एम.एल. शर्मा : डेहरासन गाँव के निवासी शर्मा जी जल सेना में लेफ्टिनेंट कमांडर रहे।

रामायण सिंह : भटरवा गाँव के निवासी रामायण सिंह भारतीय थल सेना की इंजीनियरिंग कोर में अधिकारी रहे।

आर.आई.एम. चौहान : लोलपुर गाँव के निवासी चौहान जी कुमायूँ रेजीमेंट में अधिकारी रहे।

जी.पी. त्रिपाठी : गंगापुरवा गाँव के वासी त्रिपाठी जी सेना की आर्टिलरी कोर में उच्चाधिकारी रहे।

अवधेश प्रसाद सक्सेना : सी.आर.पी. बटालियन के कमांडेंट अवधेश प्रसाद सक्सेना पहले ऐसे भारतीय अफसर हैं, जिन्होंने वर्ष 1958 में रेडियो संचालित जीप का आविष्कार किया।

चैतन्य गोपाल गुरहा : स्वामी गोपाल गुरहा के पुत्र चैतन्य जी हाकी में उत्तर प्रदेश का प्रतिनिधित्व करते रहे। मिजोरम में साइफर अफसर रहे। आप प्रथम भारतीय अधिकारी हैं, जिन्होंने ट्रांजिस्टराइज्ड मैगाफोन का आविष्कार (सन् 1957) में किया।

(ङ) पत्रकारिता और साहित्यिक क्षेत्र के विशिष्ट जन

कृष्णचंद्र महंत : आप गोंडा नगर के अच्छे कहानीकार पत्रकार के रूप में मान्य थे। 'दैनिक जनमोर्चा' के संवाददाता रहे।

गोमती शरण प्रेमी : आप गोंडा के वरिष्ठ पत्रकार थे। 'पी.टी.आई.', 'पायनियर' एवं 'नेशनल हेरॉल्ड' के संवाददाता रहे।

चंद्रदीप सिंह : आप गोंडा पत्रकार संघ के अध्यक्ष होने के अतिरिक्त 'विचार भारती' के संपादक रहे।

रुद्रेंद्रनाथ पांडेय : आप हिंदी के अच्छे कवि और नाटककार के रूप में मान्य रहे। आपकी कई पुस्तकें भी प्रकाशित हुईं। लखनऊ से प्रकाशित 'नवजीवन' के सहायक संपादक रहे।

लक्ष्मीचंद्र श्रीवास्तव : गोंडा के राधाकुंड मुहल्ले के प्रसिद्ध व्यक्तित्व बिंदेश्वरी प्रसाद 'तकदीर' के आप सुपुत्र थे। साहित्य, संगीत और कला में आपकी विशेष रुचि रही। हिंदी और उर्दू भाषा के आप प्रसिद्ध कवि रहे।

विजय प्रताप सिंह 'विद्याव्रत' : आप वाराणसी से प्रकाशित 'आज' के सहायक संपादक रहे।

डॉ. सूर्यपाल सिंह : महाविद्यालय में प्रवक्ता तथा प्राचार्य रहे बनवरिया गाँव के निवासी डॉ. सूर्यपाल सिंह साहित्यिक अभिरुचि के व्यक्ति हैं। अब तक आपकी 18 से अधिक कविता, कहानी, नाटक और उपन्यास विषयक कृतियाँ प्रकाशित हो चुकी हैं। आप 'पूर्वापर' त्रैमासिक पत्रिका संपादन कर रहे हैं। 1984 में आप शिक्षक-शिक्षा की अन्तरराष्ट्रीय परिषद के विश्व सम्मेलन में बैंकॉक, थाईलैंड, मलेशिया और सिंगापुर देशों की यात्राएँ कर चुके हैं। उत्तर प्रदेश हिंदी संस्थान द्वारा आपको सम्मानित किया जा चुका है।

अदम गोंडवी : राम नाथ सिंह 'अदम' गोंडवी का जन्म 22 अक्टूबर, 1947 को अट्टा परसपुर के एक निर्धन किसान परिवार में हुआ था। ये जमीन से जुड़े कवि थे। इनकी कविताएँ हाशिये की जातियों, दलितों और गरीबों की दुर्दशा का सच्चा दस्तावेज हैं। जीवन की मुक्त पीड़ा अदम की कविताओं में विद्रूप का ऐसा पैना स्वर बनकर व्यक्त हुई हैं। इनकी कविताएँ और गजलें सामाजिक टिप्पणी के लिए जानी जाती हैं। इनमें सामाजिक और राजनीतिक विसंगतियों पर सीधी सरल भाषा में तीखा कटाक्ष हुआ है। हमेशा दबे-कुचलों और निर्बलों की आवाज बनकर राजनीति और नौकरशाही में व्याप्त बुराइयों के विरुद्ध अदम की कविताएँ साहित्यिक विद्रोह सदृश हैं। उन्होंने हिंदी गजल को रूमानियत के सीमित दायरे से निकालकर समाजोन्मुखी बनाया।

धनाभाव के कारण अदम स्कूली शिक्षा केवल प्राइमरी तक प्राप्त कर सके लेकिन उनकी रचनाओं में हुआ उपमेय और उपमानों का प्रयोग तथा उनकी सोच चमत्कृत कर देती है।

बाल्यावस्था से ही इनका झुकाव कविता पाठ की ओर था। धीरे-धीरे वे आसपास के मुशायरों और कवि सम्मेलन में जाने लगे। अस्सी के दशक तक वे हिंदी कविता के मंच पर अपनी अच्छी-खासी पहचान दर्ज करा चुके थे।

सन् 1998 में मध्य प्रदेश सरकार द्वारा अदम को 'दुष्यंत कुमार पुरस्कार' तथा 2001 में अवधी और हिंदी में योगदान के लिए शहीद शोभा संस्थान द्वारा 'माटी रतन' पुरस्कार से सम्मानित किया गया। 18 दिसंबर, 2011 की आपका निधन हो गया।

(च) कला क्षेत्र के विशिष्ट जन

खेमराज सिंह : ग्राम दिखलौल पूरेमदन के निवासी खेमराज सिंह गोंडा जनपद के प्रसिद्ध लोक गायक रहे। आकाशवाणी लखनऊ के आप नियमित कलाकार रहे। आपको उत्तर प्रदेश के राज्यपाल द्वारा पदक और अमेठी नरेश द्वारा स्वर्णपदक तथा 'आल्हा रत्न' की उपाधि प्रदान की गई।

समयदीन सिंह : गोंडा निवासी समयदीन सिंह उच्च कोटि के शिल्पी तथा उत्कृष्ट मूर्तिकार रहे।

डॉ. सीताराम स्वामी : मनकापुर के निवासी सीताराम स्वामी जी ने ड्राईंग तथा पेंटिंग में अखिल भारतीय स्तर पर प्रसिद्धि पाई थी।

शत्रुघ्न शुक्ल : नवाबगंज के निवासी शत्रुघ्न शुक्ल दिल्ली विश्वविद्यालय में संगीत के विभागाध्यक्ष रहे। आपने 'ठुमरी' विषय पर संगीत में 'डॉक्टर' की उपाधि प्राप्त की।

मीना चटर्जी : गोंडा निवासी, स्वर्गीय तरुणचंद्र बनर्जी की पुत्री सुश्री मीना बनर्जी का संगीत क्षेत्र में अप्रतिम योगदान रहा है। इसके लिए उनको कई पुरस्कारों से सम्मानित किया जा चुका है। गायन के अतिरिक्त उन्होंने संगीत पर कई महत्त्वपूर्ण पुस्तकों की भी रचना की है।

उपसंहार

श्रीराम अवतरण और राम-राज्य के रूप में अवध प्रदेश, जिसका एक भाग गोंडा जनपद रहा, प्राचीन काल से ही भारतीय संस्कृति का प्रेरणा स्रोत रहा है। अवध की पुरानी राजधानी अयोध्या के समीपस्थ उत्तरी सीमांत जनपद के रूप में गोंडा की अपनी मनमोहक प्राकृतिक छटा और स्वास्थ्यप्रद जलवायु लोगों को प्राचीन काल से ही आध्यात्मिक साधना हेतु अपनी ओर आकर्षित करती रही। यही कारण था कि गोंडा की भूमि अतीत में ऋषि और मुनियों की साधना भूमि बनी।

गोंडा जनपद का भू-क्षेत्र प्राचीन काल में सघन वनों से ढका था। उस समय यहाँ पहाड़ों से आकर बस जानेवाली जंगली जातियों का आधिपत्य था। वनवासी जातियाँ कृषि और पशुचारण व्यवस्था अपनाकर यहीं की होकर रह गईं।

पौराणिक संकेतों के अनुसार यह भू-क्षेत्र आज से 6,000 वर्ष पूर्व मनु और उनके वंशजों के आधिपत्य में था। इसके बाद इक्ष्वाकु वंशियों का आधिपत्य हुआ। इस वंश के अंतिम सम्राट प्रसेनजित के बाद इतिहास का स्वरूप लक्षित होने लगता है। इक्ष्वाकु वंश के बाद इस भू-क्षेत्र का आधिपत्य क्रमशः शिशुनाग वंश, नंद वंश, मौर्य वंश, शुंग वंश, कण्व वंश, आंध्र शिमुक वंश, कुषाण वंश, नाग वंश, भारशिव वंश, गुप्त वंश, मौखरी वंश, पुष्यभूति वंश और गुर्जर प्रतिहार वंश में हस्तांतरित होता रहा।

प्रतिहारों के समय में यवन आक्रमण प्रारंभ हो गए। इन आक्रमणों से आक्रांत कुछ जन समुदाय भागकर गोंडा भू-क्षेत्र में आ गया। इनमें क्षत्रिय जाति के लोग भी थे। इन्होंने पहले से रह रही जंगली जातियों को परास्त कर अपने राज्य स्थापित कर लिये। इन्हीं राज्य स्थापकों में थे—बैस क्षत्रिय त्रिलोकचंद। इनकी वंश परंपरा के सुहेलदेव ने इस क्षेत्र पर हमला करनेवाले महमूद गजनवी के भांजे सैयद सालार मसऊद को मार गिराया था। इसके 50 वर्षों के बाद यहाँ चंद्रदेव गहड़वाल का

आधिपत्य स्थापित हुआ। इस बीच भारत में गुलाम वंश की स्थापना के रूप में मुस्लिम शासन का सूत्रपात हो चुका था। खिलजी, तुगलक और मुगलवंश के रूप में शासन व्यवस्थाएँ बदलती रहीं। गोंडा जनपद में खोरासा, मनकापुर, बलरामपुर, मझगवाँ, धानेपुर, सिंगहा चंदापुर, तुलसीपुर और बूढ़ा पायर जैसी कई रियासतें कायम हो चुकी थीं। यहाँ पर बिसेन और कलहंस वंशीय क्षत्रियों का आधिपत्य रहा। बिसेन वंशीय राजा मानसिंह ने वर्तमान गोंडा नगर बसाया और अपने ताल्लुके की राजधानी खोरासा की जगह गोंडा कायम की। इनकी वंश परंपरा के राजा गुमान सिंह ने संतान विहीन होने के कारण अपने भतीजे देवी बख्श सिंह को गोंडा राज्य का अधिपति बनाया। राजा देवी बख्श सिंह ने सन् 1857 के स्वतंत्रता संग्राम में अद्‌भुत जीवट का परिचय देते हुए अंग्रेजों को नाकों चने चबवाए। दुर्भाग्यवश राजा देवी बख्श विजयी न हो सके। बताया जाता है उन्होंने नेपाल के जंगलों में शरण ली और वे वहीं मृत्यु को प्राप्त हुए। महारानी विक्टोरिया की क्षमादान याचना के प्रस्ताव द्वारा मेजर बैरो ने राजा देवी बख्श सिंह की स्थिति पूर्ववत रखने का आश्वासन दिया था, पर स्वाभिमानी राजा देवी बख्श सिंह ने प्रस्ताव ठुकरा दिया। 9 दिसंबर, 1858 को गोंडा पर अंग्रेजी हुकूमत हो गई।

1857 के स्वाधीनता संग्राम के विफलता के बाद महात्मा गांधी के नेतृत्व में देश ने फिर आजादी की लड़ाई छेड़ी—आंदोलनों के माध्यम से। सविनय अवज्ञा आंदोलन, व्यक्तिगत सत्याग्रह आंदोलन, स्वदेशी लगान बंदी आंदोलन और भारत छोड़ो आंदोलन के माध्यम से पूरा देश स्वतंत्रता-प्राप्ति के लिए कमर कसकर तैयार हो गया। गोंडा जनपद भी पीछे न रहा। गोंडा जनपद के ईश्वर शरण, लाल बिहारी टंडन, द्वारिका सिंह, उमराव सिंह, बब्बन सिंह, मथुरा सिंह, राम अशीष मिश्र तथा राम अचल आचार्य ने आंदोलनों में बढ़-चढ़कर भाग लिया। भारतवासियों की आजादी की लड़ाई अंततः देश की स्वतंत्रता का सद्‌परिणाम लेकर आई।

प्रस्तुत पुस्तक में उपयुक्त बिंदुओं पर विस्तार से चर्चा हुई है। स्वतंत्रता संग्राम के परिप्रेक्ष्य में गोंडा जनपद के अध्ययनोपरांत कुछ बहुत महत्त्वपूर्ण तथ्य सामने आए, जैसे कि मनकापुर तहसील के खजुरी जैसे छोटे-से गाँव के एक ही परिवार के 14 लोग आंदोलन में कूद पड़े। इसी प्रकार की स्थिति खजुरी के निकटवर्ती गाँव कुड़ासन की भी है, जहाँ के 12 लोग आंदोलन से जुड़े। इसी प्रकार का जीवट और राष्ट्र-प्रेम करनलगंज के छोटे-से गाँव मरचौर के वासियों ने भी दिखाया। दुख की बात यह है कि गाँव में इन सेनानियों के नाम पर कोई स्मारक, सड़क, स्कूल या

अस्पताल तक नहीं है। खजुरी में द्वारिका सिंह की एक मूर्ति आधी-अधूरी-सी स्थिति में जरूर देखने को मिली। मुझे विश्वास है कि यह पुस्तक इस दिशा में अवश्य कोई सकारात्मक पहल करेगी। देश की स्वतंत्रता के लिए अपना घर-परिवार छोड़कर प्राणों की बाजी लगा देनेवाले सेनानियों का कोई ऐसा चिह्न यथा—स्मारक, पट्टिका, गेट या उनके नाम पर विद्यालय, चिकित्सालय या गाँव अवश्य होना चाहिए, जिससे आनेवाली पीढ़ी उन्हें याद रखे और उनसे प्रेरणा ले। यही उन सेनानियों के प्रति हमारी श्रद्धांजलि होगी।

चित्रावली

गोंडा तहसील के स्वतंत्रता संग्राम सेनानी

श्री मालिक राम

श्री मथुरा प्रसाद पाण्डेय

श्री परमेश्वर शरण

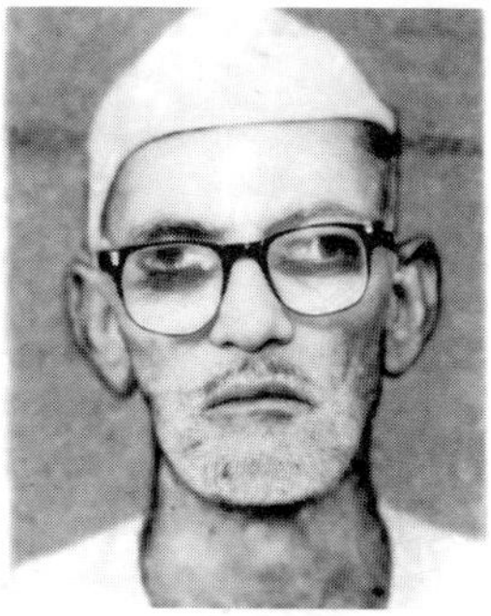
श्री बच्चू लाल

श्री लाल बिहारी टण्डन

मो. शरीफ

श्री विन्देश्वरी प्रसाद

श्री राम चन्द्र श्रीवास्तव

श्री राम चरित्र तिवारी

श्री भवानी भीख उर्फ भवानी प्रसाद

श्री पृथ्वीराज सिंह

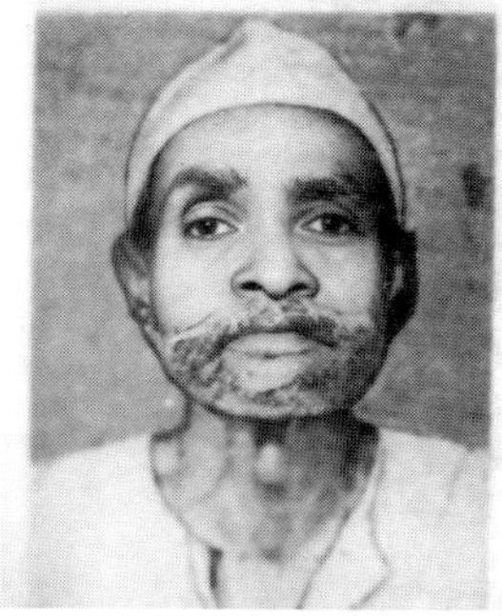
श्री राम चन्द्र

श्री अर्जुन प्रसाद तिवारी

श्री बाबू ईश्वर शरण

श्री राम नरायन शुक्ल

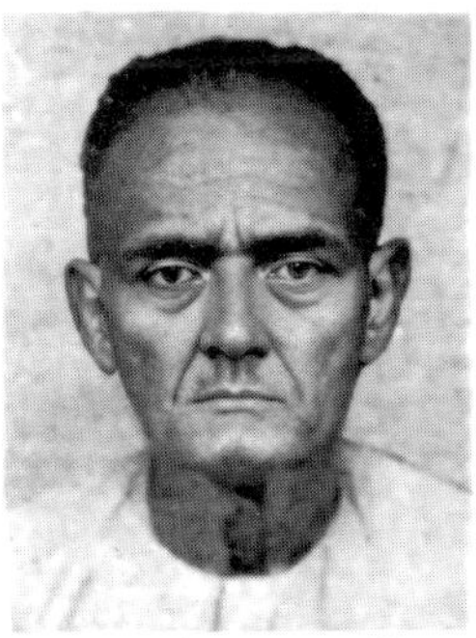
श्री राजदेव नारायन सिंह

श्री रामेश्वर दत्त तिवारी

श्री काली प्रसाद

श्री गंगा प्रसाद उर्फ नान्हू

श्री केदार नाथ शुक्ल

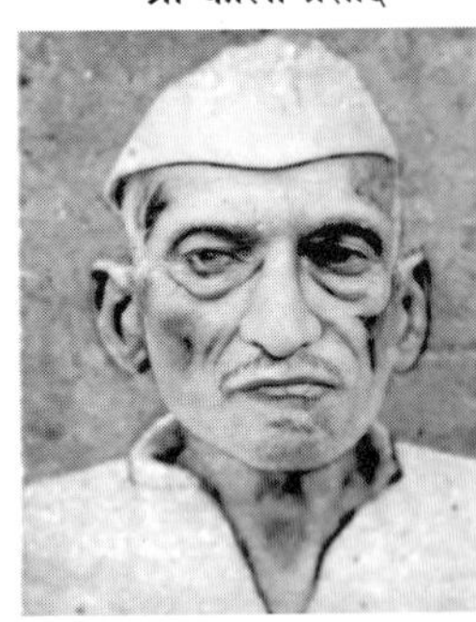
श्री आदित्य प्रसाद पाण्डेय

तरबगंज तहसील के स्वतंत्रता संग्राम सेनानी

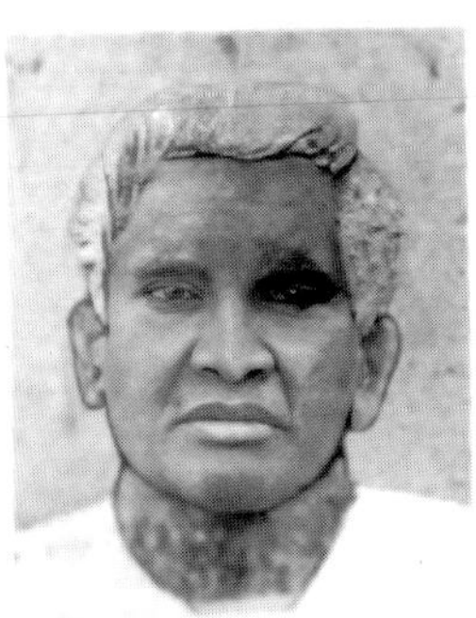
श्री सूरत नारायण शुक्ल

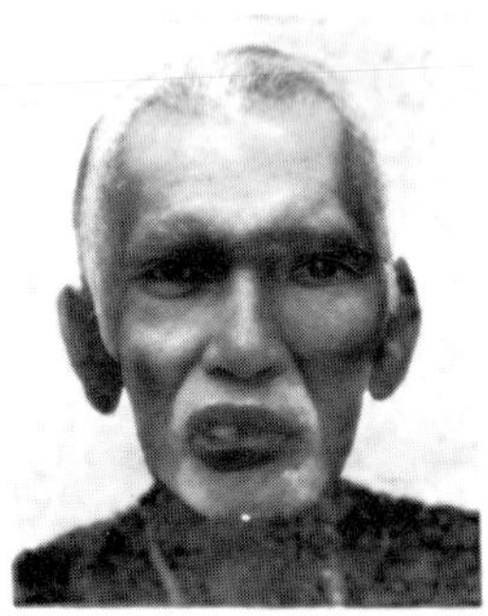
श्री सरजू सिंह

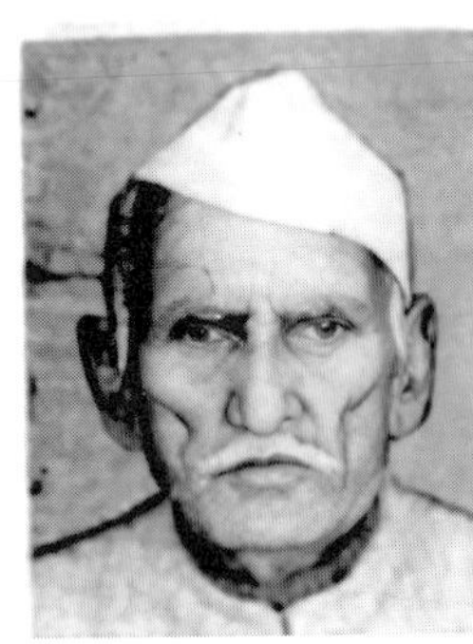
श्री अनिरुद्ध सिंह

श्री गया प्रसाद आजाद

श्री गया प्रसाद

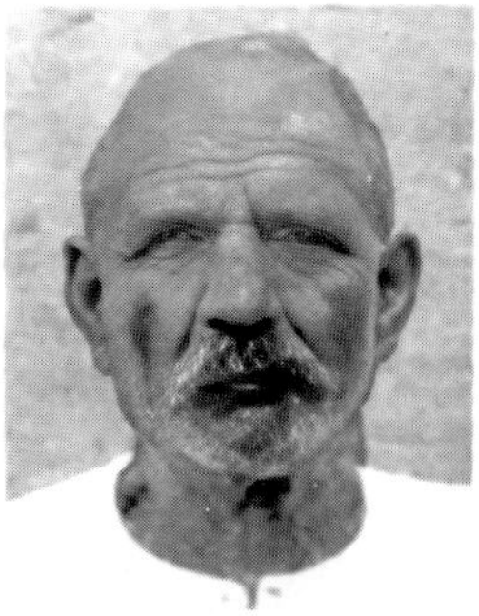

श्री गल्हू

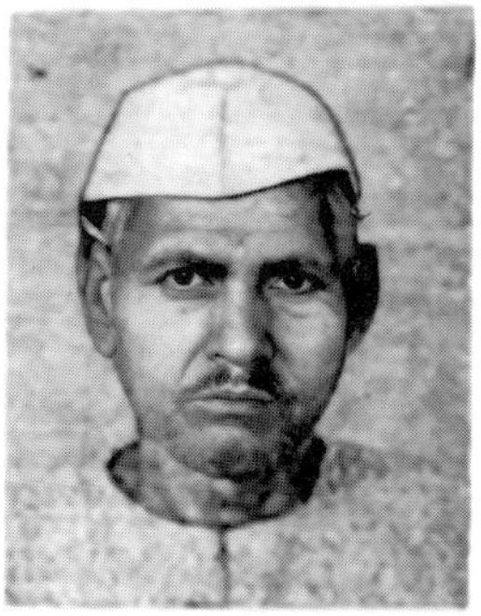

श्री गौरीशंकर

श्री गोपीनाथ तिवारी

श्री चन्द्रिका सिंह

श्री जगपाल तिवारी

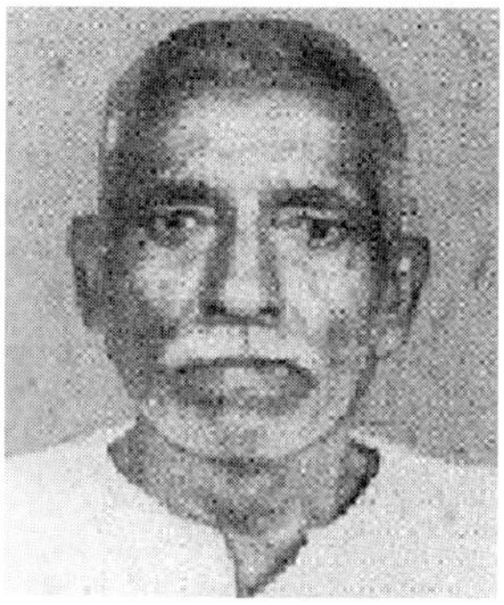

श्री दशरथ सिंह

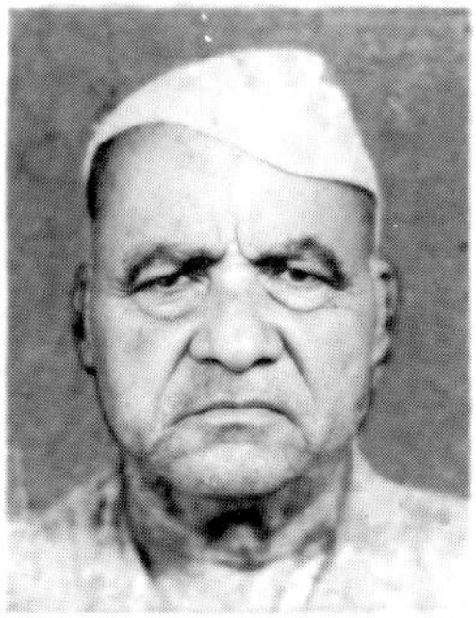

श्री देवी प्रसाद पाण्डेय

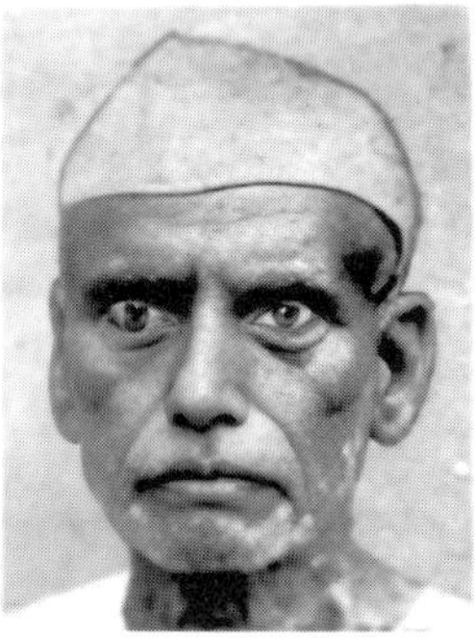

श्री बद्री प्रसाद गुप्त

श्री बृजनन्दन ब्रह्मचारी

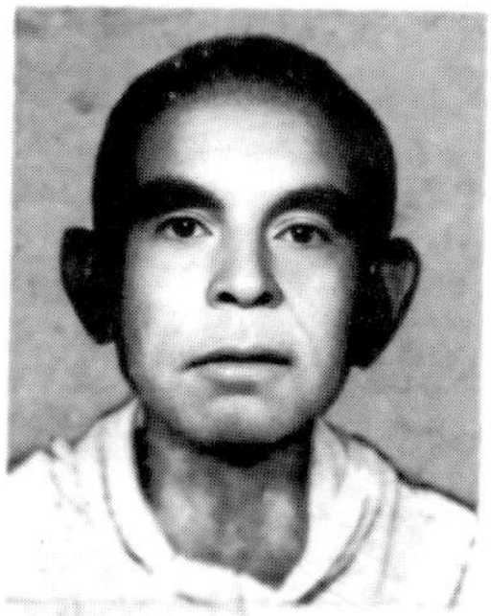

श्री भानु प्रताप त्रिपाठी

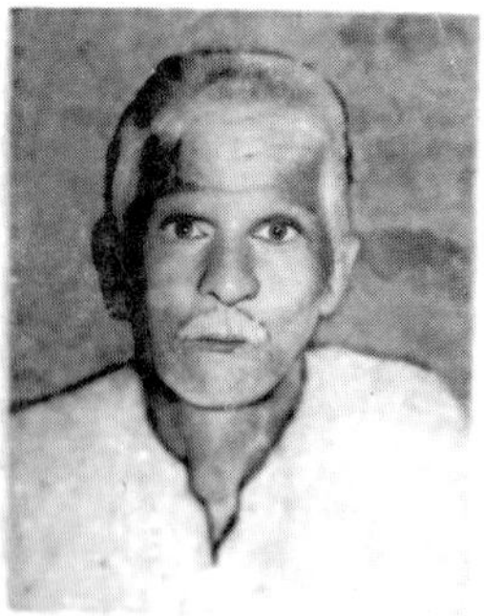
श्री भगौती प्रसाद

श्री भगौती प्रसाद पाण्डेय

श्री बलिराम आर्य

श्री महादेव मिश्र

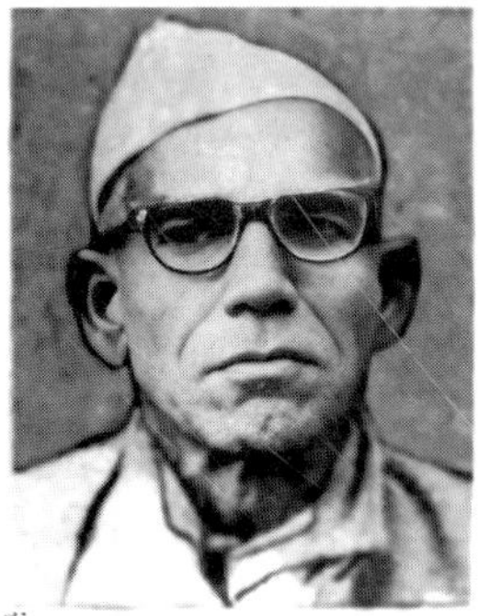
श्री बाबू राम तिवारी

श्री माता प्रसाद

श्री रखेले

श्री सालिक राम

श्री सुन्दर लाल आर्य

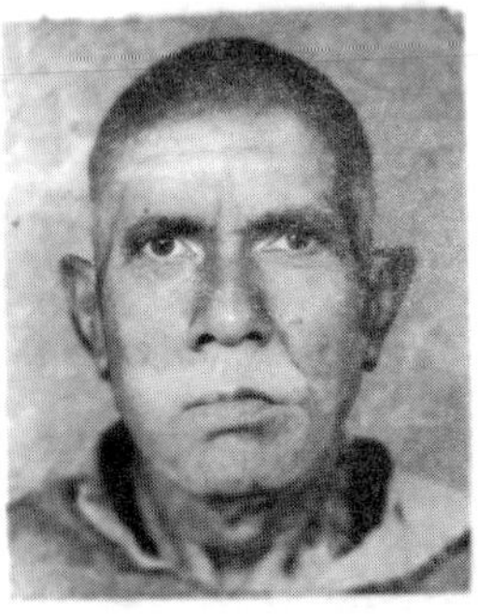
श्री विद्याधर आजाद

श्री रामयज्ञ त्रिपाठी

श्री राम प्यारे आर्य

श्री राम निहोरे तिवारी

श्री राजाराम सिंह

श्री रामनरेश तिवारी

श्री राम उजागर मिश्र

श्री राम सिंह

श्री रघुराज सिंह

श्री राममिलन

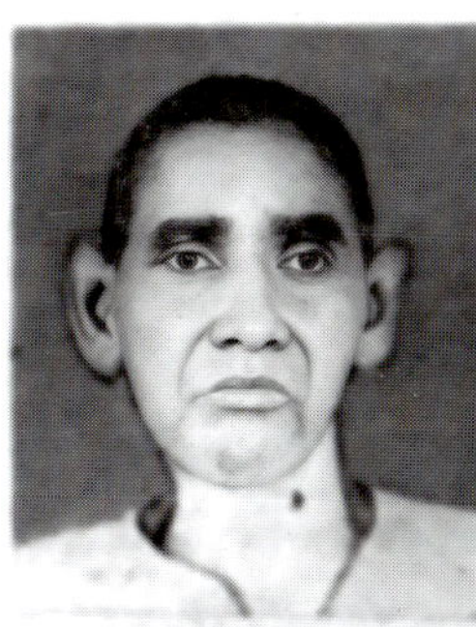

श्री रामसुन्दर पाण्डेय

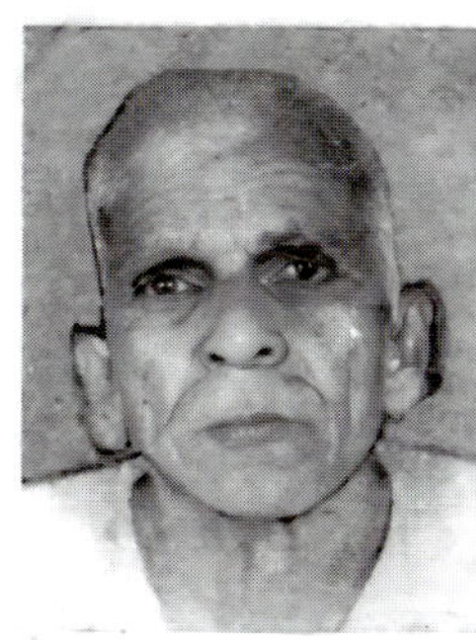

श्री श्याम लाल तिवारी

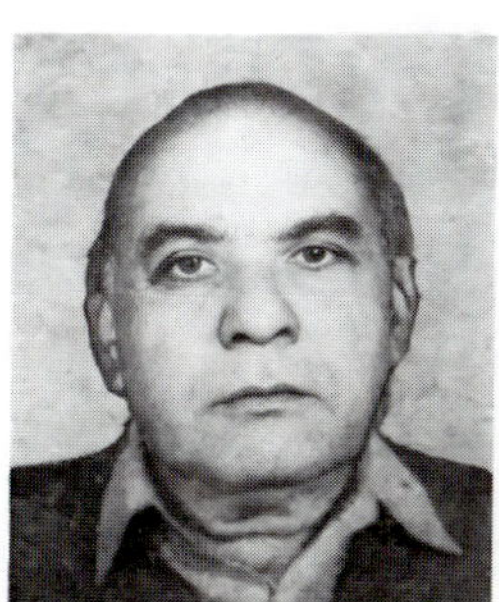

श्री संत बहादुर सिंह

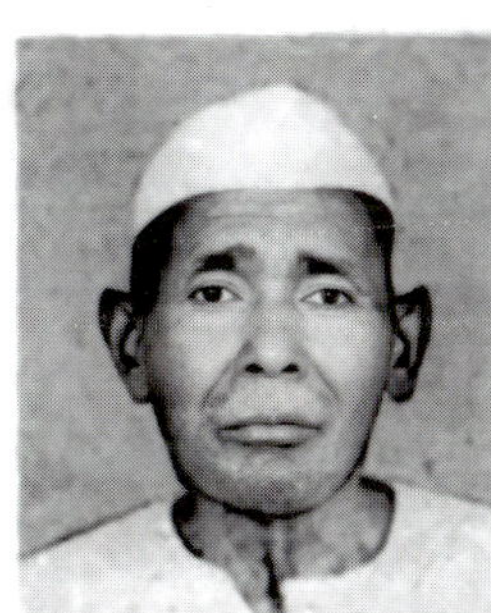

श्री सूरत सिंह

मनकापुर तहसील के स्वतंत्रता संग्राम सेनानी

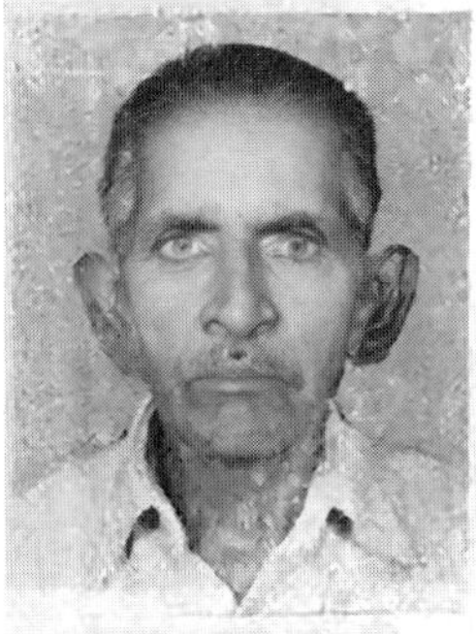
श्री राम धनी

श्री शिवकान्त तिवारी

श्री शेर बहादुर सिंह

श्री राजा रघुराज सिंह

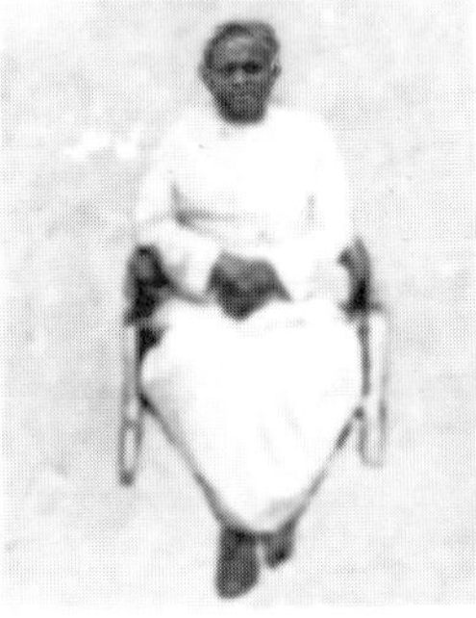
श्री कमला प्रसाद शुक्ल

श्री गंगा प्रसाद

श्री गया प्रसाद पाण्डेय

श्री नरसिंह बहादुर सिंह

श्री रघुपति शर्मा

श्री बब्बन सिंह

श्री बहादुर वर्मा

राजा राघवेन्द्र प्रताप सिंह

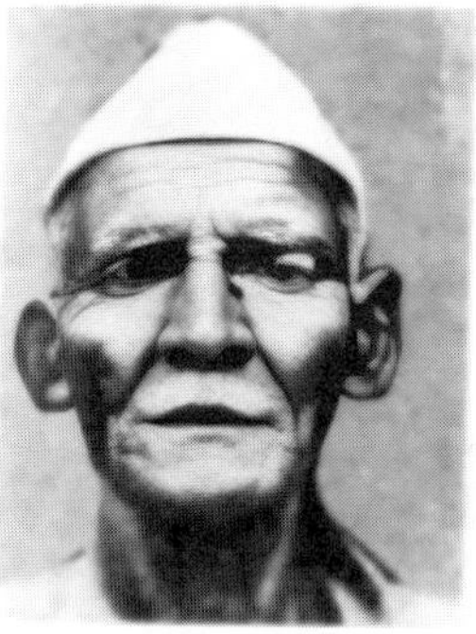
श्री राम शंकर

श्री राम सुफल पाण्डेय

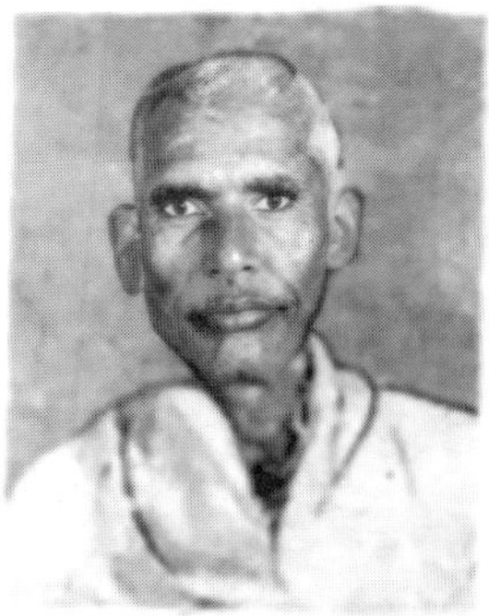
श्री राम राज

श्री राजा राम वर्मा

श्री देवेन्द्र प्रताप सिंह

श्री बृज मोहन सिंह

करनलगंज तहसील के स्वतंत्रता संग्राम सेनानी

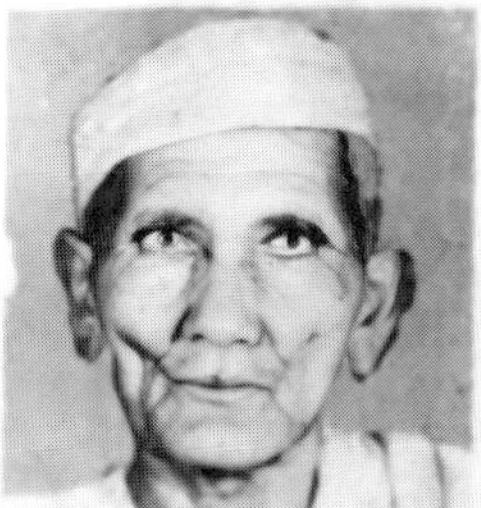
श्री अयोध्या सिंह

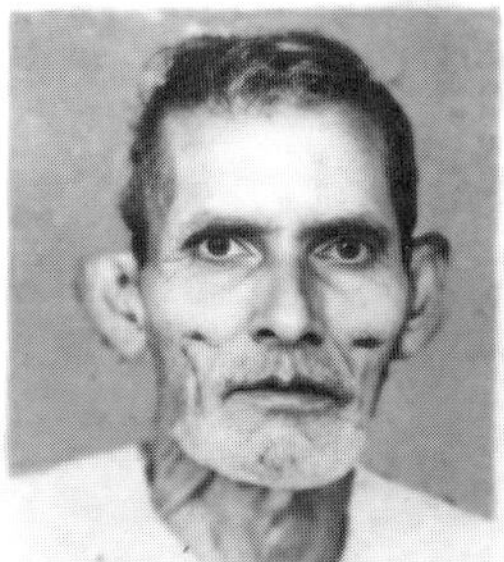
श्री प्रयाग दत्त शुक्ल

श्री बनवारी लाल वर्मा

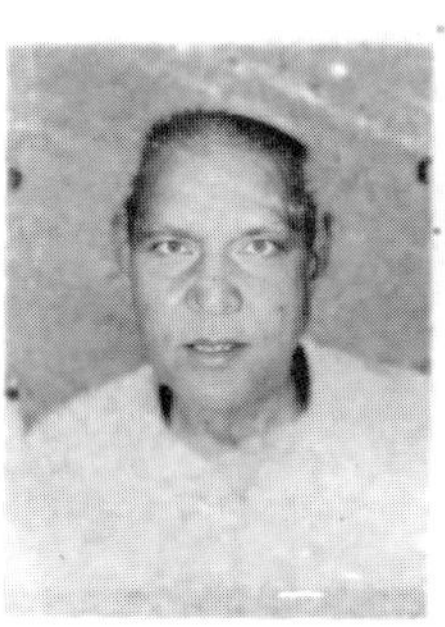
श्री मथुरा प्रसाद शुक्ल

श्री माता प्रसाद पाण्डेय

मु. यूनुस खाँ

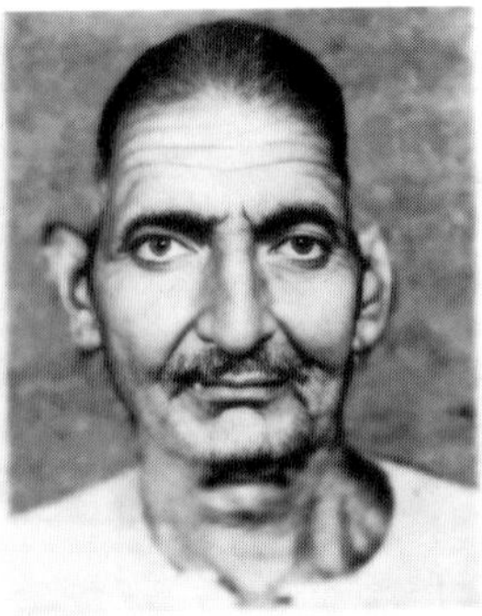

श्री राम आशीष मिश्र

श्री ज्ञान चन्द पाण्डेय

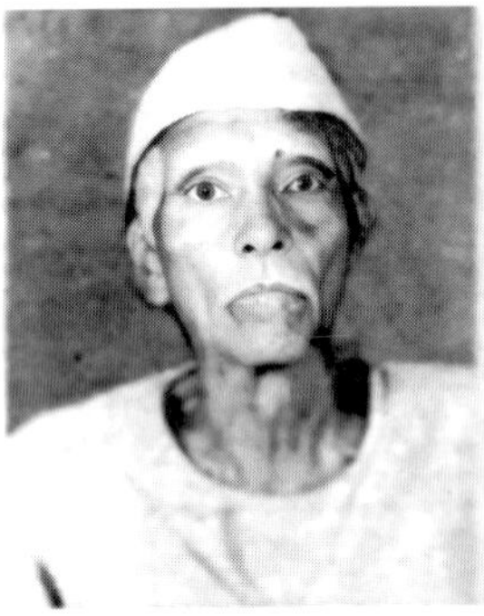

श्री राज दत्त शुक्ल

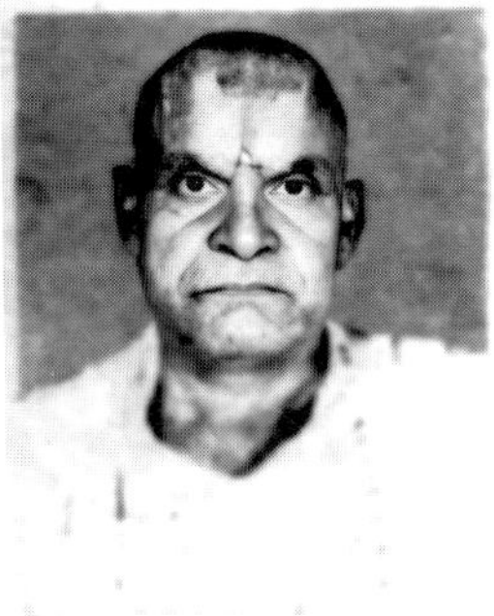

श्री राम अचल आचार्य

शेख बकरीदी आजाद

गोंडा सिविल लाइंस स्थित क्रान्ति स्तम्भ

शहीद राजेन्द्र लाहिड़ी का स्मारक 'शहीद स्मारक' गोंड़ा

स्वतंत्रता संग्राम सेनानी राजा देवी बक्श सिंह की ड्योढ़ी स्थल का शिलान्यास

गोंडा नरेश राजा देवी बख्श सिंह की प्रतिमा

कारगिल के वीर श्री विजय कुमार सिंह का निवास

कारगिल के वीर सेनानायक विजय कुमार सिंह को मिले पदक

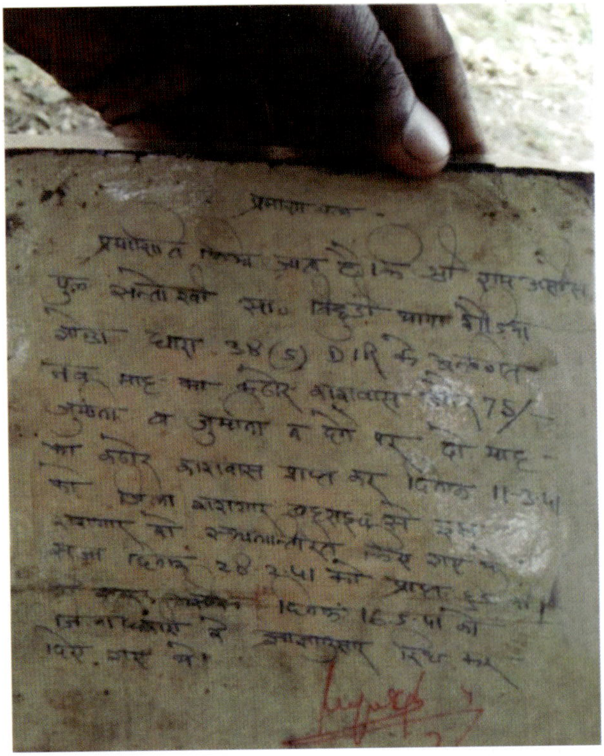

प्रमाण पत्र

प्रमाणित किया जाता है कि श्री राम असीस [illegible]
पुत्र [illegible] सा० [illegible] थाना [illegible]
[illegible] धारा 38(5) D.I.R के अन्तर्गत
[illegible] माह का कठोर कारावास और 75/-
जुर्माना व जुर्माना न देने पर दो माह
का कठोर कारावास प्राप्त कर दिनांक 11-3-41
को जिला कारागार [illegible] से [illegible]
कारागार को स्थानान्तरित किये गए [illegible]
[illegible] दिनांक 28-3-41 को प्राप्त हुए थे।
[illegible] दिनांक 16-5-41 को
[illegible] के आज्ञानुसार रिहा कर
दिए गए थे।

स्वर्गीय राम आशीष को दिया गया प्रमाण पत्र

स्वतंत्रता संग्राम सेनानी स्वर्गीय राम आशीष का गाँव

स्वतंत्रता संग्राम सेनानी स्वर्गीय राम आशीष का गाँव

खजुरी गाँव में द्वारिका सिंह की प्रतिमा के नीचे लेखिका और डॉ. सूर्यपाल सिंह

राज देवी बख्श सिंह के उत्तराधिकारी माधव राज सिंह विशंभरपुर में
राजा देवी बख्श सिंह की प्रतिमा के समक्ष